PRATIQUE GRAMMAIRE

640 exercices

A1 A2

Évelyne Siréjols
Giovanna Tempesta

Crédits photographiques

Droits de reproduction : www.stock.adobe.com.

p. 21 a : © v_paulava ; b : © dariaustiugova ; c : © Oleg ; d : © budogosh ; e : © v_paulava ; f : © artinspiring ; g : © dariaustiugova ; h : © Sonulkaster. – **p. 31** a : © topvectors ; b : © npaveln ; c : © Olga Serova ; d, e, f, g : © Happypictures ; h : © Vectorvstocker ; **p. 39** : © skarin ; **p. 75** a : © Dennis Cox ; b : © Mario ; c : © Darla Hallmark ; d : © Andrey1005 ; e : © jennys_world_of_arts ; f : © akiradesigns ; g : © Igor Zakowski ; h : © nataliahubbert ; i : © arleevector ; **p. 79** a : © Alexander Pokusay ; b : © Sonulkaster ; c : © mast3r ; d : © emjay smith ; e : © haru_natsu_kobo ; f : © Gstudio Group ; g : © ankomando ; h : © ケイーゴ K ; i : © werezu ; **p. 130-131** : © nokastudio ; **p. 201, ex.** : © goodluz ; a : © Mauro ; b : © angel_nt ; c : © nadianb ; d : © exclusive-design ; e : © Dmitry Lobanov ; f : © Africa Studio ; g : © Nataliiap ; h : © jarik2405.

Direction éditoriale: Béatrice Rego
Marketing : Thierry Lucas
Édition: Noëlle Rollet
Conception maquette : Dagmar Stahringer
Mise en pages: AMG
Couverture : Sophie Ferrand

© CLE International / Sejer – Paris 2019
ISBN : 978-2-09-038985-2

Sommaire

01 • Le nom — p. 5
Le genre — p. 5
Le nombre — p. 10

02 • Les déterminants — p. 15
Les articles — p. 15
Les adjectifs démonstratifs — p. 25
Les adjectifs possessifs — p. 26
Les adjectifs indéfinis — p. 29

03 • L'adjectif qualificatif — p. 30
Le genre et le nombre — p. 30
La place de l'adjectif — p. 34

04 • Les pronoms — p. 38
Les pronoms personnels sujets — p. 38
Les pronoms personnels toniques — p. 42
Les pronoms compléments directs — p. 44
Les pronoms compléments indirects — p. 49
Le pronom complément « en » — p. 54
Les pronoms compléments de lieu — p. 55
Synthèse — p. 58
Les pronoms possessifs — p. 61
Les pronoms relatifs — p. 63
Les pronoms démonstratifs — p. 71

05 • Le présent — p. 74
Le présent des verbes « avoir » et « être » — p. 74
Le présent des verbes en « -er » — p. 78
Le présent des verbes en « -ir » — p. 85
Le présent des autres verbes — p. 89
Synthèse — p. 94
Le présent des verbes pronominaux — p. 97
Le présent progressif — p. 99

06 • Les temps du passé — p. 103
Le passé récent — p. 103
Le passé composé avec « avoir » — p. 105
Le passé composé avec « être » — p. 109
L'accord avec « avoir » — p. 113
Les verbes pronominaux — p. 114
Les formes négative et interrogative — p. 115
L'imparfait — p. 117
L'emploi des temps du passé — p. 121

07 • « C'est », « il y a » et les verbes impersonnels — p. 126
« C'est », il y a » et « il est » — p. 126
Les verbes impersonnels — p. 130

08 • L'impératif — p. 132
La formation de l'impératif — p. 132
Les verbes pronominaux — p. 135
Les pronoms compléments — p. 137

09 • Le conditionnel et les temps du futur — p. 144
Le conditionnel de politesse — p. 144
Le futur proche — p. 145
Le futur simple — p. 147

10 • La négation — p. 153
La négation simple — p. 153
La négation complexe — p. 157
Synthèse — p. 160
La place de la négation — p. 160

11 • L'interrogation — p. 164
L'interrogation simple — p. 164
Les mots interrogatifs — p. 170

12 • La condition et l'hypothèse réalisable — p. 186
L'hypothèse réalisable dans le présent — p. 186
L'hypothèse réalisable dans le futur — p. 187

13 • Les prépositions — p. 190
Les prépositions de lieu — p. 190
Les prépositions de temps — p. 198

14 • Les adverbes — p. 201
Les adverbes de lieu — p. 201
Les adverbes de temps et de fréquence — p. 202
L'adverbe « bien » — p. 203

15 • La comparaison — p. 206
Le comparatif — p. 206
Le superlatif — p. 213

16 • L'expression de la quantité — p. 216
La quantité indéterminée — p. 216
Les adverbes — p. 219
La quantité définie — p. 220

01 • Le nom
Le genre

> **• Les noms en « e »**
>
> un village • une ville • un paragraphe • un bagage • une valise
>
> • Les noms féminins se finissent souvent par « e ». Les noms masculins se terminent parfois par un « e ».

1 Soulignez les noms masculins de cette liste

Exemples : <u>genre</u>   nationalité

a. nom   **b.** prénom   **c.** âge   **d.** adresse   **e.** rue
f. ville   **g.** pays   **h.** profession   **i.** courriel   **j.** numéro de téléphone

2 Les noms de la famille : masculin ou féminin ? Notez M ou F.

Exemples : cousin (M)   cousine (F)

a. fille (......)   **b.** fils (......)   **c.** père (......)   **d.** mère (......)   **e.** sœur (......)
f. frère (......)   **g.** oncle (......)   **h.** tante (......)   **i.** beau-frère (......)   **j.** mari (......)
k. neveu (......)   **l.** nièce (......)   **m.** grand-mère (......)   **n.** grand-père (......)   **o.** belle-fille (......)

> **• La terminaison et le genre**
>
> une fourchette • une profession • une explication • une publicité • une carrière
> un bateau • un camion • un aspirateur • un cahier • un livret
>
> • Quelques terminaisons de noms toujours féminins : -ette, -tion, -ion, -té, -euse, -esse.
>
> • Quelques terminaisons de noms toujours masculins : -eau, -eur, -ier, -et, - eu, -ou.

3 Les vêtements : Classez ces noms dans la bonne liste.

chaussette – pantalon – pull – sweatshirt – jupe – chaussure – basket – manteau – blouson – chemise – casquette – veste – robe – costume – cravate – gant – écharpe – tee-shirt – foulard – jean – botte

Noms masculins : pantalon ....
....

Noms féminins : chaussette ....
....

4 La maison : écrivez « le » ou « la » devant ces noms.

Ex : la cuisine   **a.** .... couloir   **b.** .... chambre   **c.** .... bureau   **d.** .... salon
e. .... cave   **f.** .... grenier   **g.** .... dressing   **h.** .... salle de bains   **i.** .... balcon

01 • Le nom

5 Les meubles de la maison : complétez les phrases avec « le » ou « la ».

Exemple : Les serviettes sont dans le placard de droite

a. Je mets les draps sur .... lit.
b. Prends ton manteau dans .... penderie.
c. Tes lunettes sont sur .... bureau.
d. Je pose le vase sur .... table ?
e. Asseyez-vous sur .... canapé.
f. Les chaussettes sont dans .... commode.
g. Tes chaussures sont sous .... chaise.
h. Pose ton sac sur .... fauteuil.

6 Les médias : Soulignez les noms féminins.

Exemples : <u>télévision</u>   magazine

radio – station – journal – internet – réseau social – publicité – reportage – revue – chaîne – émission – reportage – documentaire

7 Masculin ou féminin ? (Notez M ou F.)

Exemples : tableau (M)   tablette (F)

a. cahier (......)   b. feuille (......)   c. photocopie (......)   d. document (......)   e. livre (......)
f. stylo (......)   g. dictionnaire (......)   h. salle (......)   i. ordinateur (......)   j. table (......)

8 Retrouvez les titres de ces chansons françaises. Soulignez le mot juste.

Exemple : L'homme à le / <u>la</u> moto (Édith Piaf)

a. « Le / La drapeau de la colère » (Jacques Higelin)
b. « Le / La chercheur d'or » (Arthur H.)
c. « Le / La lettre » (Renan Luce)
d. « Le / La peur de l'échec » (Orelsan)
e. « Le / La bal des oiseaux » (Thomas Fersen)
f. « Le / La droit de vivre » (Johnny Hallyday)
g. « Le / La nuit je mens » (Alain Bashung)
h. « Le / La berceuse » (Benabar)

9 Parmi les trois pays, soulignez les deux noms féminins.

Exemple : <u>Grande-Bretagne</u> – Luxembourg – <u>Allemagne</u>

a. Islande – Belgique – Danemark
b. Inde – Pakistan – Indonésie
c. Norvège – Suède – Équateur
d. Chine – Japon – Thaïlande
e. Espagne – Italie – Maroc
f. Bolivie – Mexique – Argentine
g. Portugal – Grèce – Suisse
h. Colombie – Bolivie – Paraguay

Le genre

> **• Les noms de nationalité**
>
> un Allemand / une Allemande • un Afghan / une Afghane • un Népalais / une Népalaise • un Vénézuélien / une Vénézuélienne
>
> • Pour le féminin des noms de nationalité, on ajoute un « e » au masculin. Certaines terminaisons sont modifiées comme -ien/-ienne
>
> ✋ un Grec / une Grecque • un Turc / une Turque.

10 Écrivez les noms masculins et féminins correspondant à chaque pays.

Exemple : La France : un Français / une Française

a. L'Italie : ....
b. La Belgique : ....
c. L'Espagne : ....
d. La Suisse : ....
e. Le Portugal : ....
f. La Grèce : ....
g. La Suède : ....
h. Le Danemark : ....
i. L'Allemagne : ....
j. La Norvège : ....

11 Répondez aux questions à partir du modèle.

Exemple : Tu connais les États-Unis ? → Non, mais je connais un Américain et une Américaine.

a. Tu connais la Chine ? → ....
b. Tu connais l'Inde ? → ....
c. Tu connais le Cambodge ? → ....
d. Tu connais le Japon ? → ....
e. Tu connais le Pérou ? → ....
f. Tu connais le Mexique ? → ....
g. Tu connais le Chili ? → ....
h. Tu connais la Bolivie ? → ....

> **• Les noms de profession**
>
> un masseur / une masseuse • un dessinateur / une dessinatrice • un gardien / une gardienne • un boucher / une bouchère • un infirmier / une infirmière
>
> • Certaines terminaisons changent beaucoup au féminin :
>
> -er/-ère   -ier/-ière   -eur/-euse   -teur/-trice   -ien/-ienne

12 Écrivez le féminin de ces professions.

Exemple : un boulanger → une boulangère

a. un charcutier → ....
b. un pharmacien → ....
c. un poissonnier → ....
d. un informaticien → ....
e. un crémier → ....
f. un comédien → ....
g. un électricien → ....
h. un musicien → ....

01 • Le nom

13 Écrivez ces phrases au masculin.

Exemple : Elle est coiffeuse. → Il est coiffeur.

a. Elle est serveuse. → ....
b. Elle est danseuse. → ....
c. Elle est chanteuse. → ....
d. Elle est institutrice. → ....
e. Elle est vendeuse. → ....
f. Elle est directrice. → ....
g. Elle est actrice. → ....
h. Elle est restauratrice. → ....

14 Écrivez ces phrases au féminin.

Exemple : C'est un éditeur. → C'est une éditrice.

a. C'est un agriculteur. → ....
b. C'est un aviateur. → ....
c. C'est un traducteur. → ....
d. C'est un ambassadeur. → ....
e. C'est un skieur. → ....
f. C'est un programmeur. → ....
g. C'est un basketteur. → ....
h. C'est un nageur. → ....

15 Soulignez la forme correcte.

Exemple : Léa est *enseignant / enseignante*.

a. Zoé est *formateur / formatrice*.
b. Alex est *marchand / marchande* de journaux.
c. Paul est *laborantin / laborantine*.
d. Antoine est *agriculteur / agricultrice*.
e. Julia est *avocat / avocate*.
f. Louise est *employé / employée* de banque.
g. Théo est *commerçant / commerçante*.
h. Alice est *représentant / représentante*.

16 Soulignez les noms de profession qui ont un féminin différent.

Exemple : journaliste – couturier – ébéniste

médecin – infirmier – ingénieur – peintre – pâtissier – libraire – mécanicien – secrétaire – photographe – confiseur – vétérinaire – banquier – architecte – pianiste – assistant – chercheur – dentiste – fleuriste – scientifique

Le genre

17 Les animaux : classez ces noms dans la bonne colonne puis associez les mots qui se correspondent.

un chat – une chienne – une poule – un cheval – une truie – une vache – une chatte – une jument – un taureau – un chien – un cochon – un coq

Animaux masculins	Animaux féminins
Un cheval ———————————→	Une jument
....	....
....	....
....	....
....	....
....	....
....	....

18 Quelques noms très différents au masculin et au féminin : soulignez les noms féminins et écrivez le masculin entre parenthèses.

Exemple : La comtesse est arrivée dans une limousine. (le comte)

a. La jumelle est dans la chambre. (le ....)
b. Une héroïne gagne toujours. (le ....)
c. La princesse vient d'entrer dans l'hôtel. (le ....)
d. La reine assiste à la cérémonie. (le ....)
e. La duchesse porte un vêtement sombre. (le ....)
f. La veuve n'arrête pas de pleurer. (le ....)
g. On a rattrapé la fugitive. (le ....)
h. L'hôtesse est très agréable. (l' ....)

19 Écrivez des phrases avec le féminin de ces professions quand c'est possible.

Exemple : Écrivain sympathique : C'est une écrivaine sympathique.

a. Boucher timide : ....
b. Auteur belge : ....
c. Fermier énergique : ....
d. Professeur sévère : ....
e. Peintre médiocre : ....
f. Animateur dynamique : ....
g. Médecin antipathique : ....
h. Technicien extraordinaire : ....

01 • Le nom

Le nombre

• Les pluriels avec ou sans « s »

Un jour/des jours – une année /des années – une heure /des heures – un mois/des mois – un prix/des prix

- En général, au pluriel, on ajoute un « s » à la fin. Quand le mot au singulier finit déjà par un « s » ou un « x », il ne change pas au pluriel.
- Certains noms s'utilisent toujours au pluriel ; les funérailles – les archives – les fiançailles
---

20 Soulignez les noms qui s'emploient souvent ou toujours au pluriel.

Exemple : les enfants   les mœurs   les informations

les vacances – les pieds – les toilettes – les gens – les vêtements – les ciseaux

21 Rayez ce qui ne convient pas et retrouvez le titre de ces films français.

Exemple : Le fabuleux destin / ~~destins~~ d'Amélie Poulain (Jean-Pierre Jeunet)

a. La femme / femmes d'à côté (François Truffaut)
b. Les beaux gosse / gosses (Riad Satouff)
c. Les enfant / enfants du Paradis (Marcel Carné)
d. La famille / familles Bélier (Éric Lartigau)
e. Les frère / frères Sisters (Jacques Audiard)
f. Les bronzé / bronzés font du ski (Patrick Leconte)
g. Le grand bain / bains (Gilles Lellouche)
h. Les visiteur / visiteurs (Jean-Marie Poiré)

22 Retrouvez les grands lieux touristiques de Paris : reliez l'article et le nom.

a. Le
b. La
c. L'
d. Les

1. tour Eiffel
2. Champs-Élysées
3. Moulin-Rouge
4. musée d'Orsay
5. arche de la Défense
6. Galeries Lafayette
7. pyramide du Louvre
8. Folies Bergère
9. Arc de Triomphe

• Les noms en « -eu », « -eau » et « -ou »

Un jeu / des jeux – un bateau / des bateaux – un fou / des fous

- En général, les noms masculins avec une terminaison en « -eu » ou « -eau » prennent un « x » au pluriel, sauf : des pneus, des bleus.
- Les noms en « -ou » prennent généralement un « s » au pluriel, sauf : des cailloux, des hiboux, des bijoux, des choux, des genoux.

Le nombre

23 Mettez au singulier.

Exemples : des lieux → un lieu   des châteaux → un château

a. des taureaux → ....
b. des feux → ....
c. des vœux → ....
d. des bleus → ....
e. des bijoux → ....
f. des chameaux → ....
g. des cheveux → ....
h. des rideaux → ....

24 Écrivez ces noms au pluriel.

Exemples : un marteau → des marteaux   un pneu → des pneus

a. un jumeau → ....
b. un chapeau → ....
c. un manteau → ....
d. un carreau → ....
e. une eau → ....
f. un gâteau → ....
g. un jeu → ....
h. un neveu → ....

25 Trouvez le pluriel de ces noms.

Exemples : un caillou → des cailloux   un sou → des sous

a. un genou → ....
b. un cou → ....
c. un bijou → ....
d. un clou → ....
e. un chou → ....
f. un fou → ....
g. un trou → ....
h. un hibou → ....

• Les noms en « -al » et « -ail »

un général / des généraux • un mal / des maux • un éventail / des éventails • un rail / des rails • un détail / des détails

- Le pluriel des noms en « -al » se forme en général avec « -aux » à la fin, sauf : des carnavals, des bals, des récitals…
- En général, les noms en « -ail » font leur pluriel en « -ails », sauf : un bail/des baux ; un corail/des coraux ; un émail/des émaux.

---

26 Retrouvez le singulier de ces noms.

Exemples : des animaux → un animal   des hameaux → un hameau

a. des bateaux → ....
b. des bocaux → ....
c. des tableaux → ....
d. des vitraux → ....
e. des travaux → ....
f. des gâteaux → ....
g. des maux → ....
h. des coraux → ....

01 • Le nom

27 Accordez les noms entre parenthèses.

Exemple : Tu achètes des bocaux (bocal) de cerises ?

a. Il y a des .... (festival) de jazz dans le Sud.
b. Elle ne connaît pas les .... (hôpital) de la région.
c. J'adore les .... (animal).
d. Julia préfère les .... (carnaval) d'Amérique latine.
e. Il a des .... (mal) d'estomac.
f. Léa donne des .... (récital) dans toute l'Europe.
g. M. Jaguin a des .... (capital) dans une banque suisse.
h. Ce couple danse dans tous les .... (bal) du quartier.

28 Soulignez les mots qui ne changent pas au singulier et au pluriel.

Exemples : Mois – voix – zoos

a. souris – stylos – sacs
b. riz – croix – roux
c. nez – pays – mains
d. lits – ours – rues
e. noix – prix – lois
f. os – rois – rues
g. poids – livres – sœurs
h. chinois – places – étudiants

29 Écrivez le pluriel de ces noms et lisez-les à haute voix.

Exemples : un aïeul → des aïeux   un ciel → des cieux

a. un œil → ....
b. mademoiselle → ....
c. monsieur → ....
d. madame → ....
e. un gentilhomme → ....
f. un œuf → ....
g. un bonhomme → ....
h. un bœuf → ....

30 Écrivez les noms entre parenthèses au pluriel

Exemple : Achète des fruits (fruit).

a. Les voisins ont deux .... (animal) : un chat et un chien.
b. Léo aime les .... (jeu) de cartes.
c. Elle a très mal aux .... (œil).
d. Les enfants adorent les .... (carnaval).
e. Alice fait des .... (travail) chez elle.
f. Je prends deux .... (autobus) pour rentrer chez moi.
g. Mon père n'aime pas les .... (oiseau).
h. Il y a trois .... (chambre) dans notre appartement.

31 Écrivez les noms entre parenthèses au pluriel.

Exemple : Cette actrice est couverte de bijoux (*bijou*).

a. Les voisins adorent danser dans les .... (*bal*) populaires.
b. Dans cette église il y a des .... (*vitrail*) magnifiques.
c. Tu préfères manger des .... (*chou*) ou des .... (*poireau*) ?
d. Regarde ces .... (*cheval*) comme ils courent vite !
e. Martin adore les .... (*tableau*) de Modigliani.
f. Coupe-toi les .... (*cheveu*) courts, ce sera joli.
g. Je ne sais pas où sont mes .... (*ciseau*), tu les as ?
h. Il y a quinze maisons dans nos deux .... (*hameau*).

Bilan 1

1. Écrivez les noms entre parenthèses à la forme correcte et soulignez la forme correcte.

Je viens d'aller au zoo avec Artur et Zoé, je les garde tous les .... (a. *mercredi*) après-midi. Ils adorent les .... (b. *parc*) d'attractions, surtout le .... (c. *zoo*). Pourquoi ? Parce que, comme tous les .... (d. *enfant*), ils adorent les .... (e. *animal*).
Zoé a une préférence pour les .... (f. *oiseau*), surtout les .... (g. *hibou*) parce qu'ils ont des .... (h. *œil*) ronds. Arthur, lui, préfère les .... (i. *kangourou*) parce qu'ils font des .... (j. *saut*) amusants. Il aime aussi les .... (k. *lion*) , les .... (l. *éléphant*) et le .... (m. *cou*) des .... (n. *girafe*). Quand on arrive devant la section des camélidés, les enfants me posent la question : « Qui a deux bosses : les .... (o. *dromadaire*) ou les .... (p. *chameau*) ? » Je ne sais plus alors je regarderai en rentrant sur Internet. Les petits posent toujours la question imprévue !

2. Soulignez la forme correcte.

Tous les *an/ans* (a) en février et mars, on fête *le/la* (b) carnaval. Dans les *magasin/magasins* (c), on peut acheter *un/une* (d) masque pour les enfants.
Les adultes aussi font quelquefois des *fête/fêtes* (e) et on peut louer un *costume/tenue* (f) pour une *soirée/soirées* (g) dans des *agence/agences* (h) spécialisées.
Le choix des *déguisement/déguisements* (i) est très large : pour les *monsieur/messieurs* (j), des *magicien/magiciens* (k), des *chevalier/chevaliers* (l), des *général/généraux* (m), des *fou/fous* (n) du roi ou des *sultan/sultans* (o)…
Et les *dame/dames* (p), peuvent choisir d'être pour une soirée une *prince/princesse* (q), une *Indien/Indienne* (r), une *sorcier/sorcière* (s), une *duc/duchesse* (t) ou une *infirmier/infirmière* (u).
Emma choisit un costume de *marquis/marquise* (v) parce qu'elle aime beaucoup la belle robe longue, les *bottine/bottines* (w) roses à boutons et les *ruban/rubans* (x) de la perruque blanche. Louis préfère un costume de Dracula avec un grand manteau noir, des *botte/bottes* (y) noires et deux grandes *dent/dents* (z) terribles. Quel beau couple ils feront !

02 • Les déterminants

Les articles

> **• Les articles indéfinis**
>
> Il y a **un** fauteuil, **une** chaise, **une** table, **un** lit et **une** armoire. • J'ai **des** meubles, **des** objets et **des** livres.
>
> - Les déterminants peuvent être masculins ou féminins. Ils s'accordent avec le nom qu'ils désignent.
> - Au singulier, pour des personnes ou des objets imprécis, on emploie « **un** » + nom masculin et « **une** » + nom féminin.
> - Au pluriel on utilise « **des** » + nom masculin ou féminin indéterminé.

32 Rayez le nom qui ne va pas avec l'article.

Exemples : une *maison* / ~~*hôtel*~~   un ~~*cabane*~~ / *appartement*

a. un *propriété* / *chalet*
b. un *logement* / *habitation*
c. une *studio* / *auberge*
d. un *trois-pièces* / *location*
e. un *duplex* / *résidence secondaire*
f. un *lotissement* / *chambre d'étudiant*
g. une *immeuble* / *villa*
h. un *suite* / *loft*

33 Complétez les phrases avec « un », « une » ou « des ».

Exemple : À Paris, on peut voir **des** films de tous les pays.

a. On expose .... photos remarquables à la Fnac.
b. Il y a .... beau concert ce soir à l'église Saint-Eustache.
c. .... touristes font toujours la queue en bas de la tour Eiffel.
d. .... nouvelle exposition commence ce mois-ci au centre Pompidou.
e. Mes amis veulent assister à .... pièce à la Comédie-Française.
f. Pour le 14 Juillet, la ville organise .... immense feu d'artifice près de la Seine.
g. Parfois, ... musiciens étrangers passent à la Philharmonie.
h. À Bercy, on donne parfois .... opéras.

34 Reliez le début et la fin des phrases.

a. Nous avons écouté une
b. Vous feuilletez un
c. Elles achètent des
d. Tu lis une
e. Elle organise une
f. Je fais des
g. On écoute un
h. J'admire un
i. Tu regardes des

1. livres pour les enfants.
2. nouvelle revue.
3. progrès étonnants en dessin.
4. vieux disque d'Aznavour.
5. conférencière intéressante.
6. tableau magnifique.
7. visite du quartier.
8. album de photos.
9. séries anglaises.

Les articles

35 Écrire une carte postale : complétez par « un », « une » ou « des ».

Exemple : Vous choisissez une belle carte postale.

a. Vous pensez à .... amis.
b. Vous choisissez .... table agréable dans .... café.
c. Vous prenez .... stylo.
d. Vous écrivez .... choses gentilles et l'adresse de vos amis.
e. Vous n'oubliez pas de coller .... timbre.
f. Vous déposez votre carte dans .... boîte aux lettres.
g. .... facteur vient prendre le courrier.
h. Dans .... autre ville, ... gens reçoivent votre carte.

• Les articles définis

le fauteuil de ma mère • les chaises rouges • la table du salon • le lit de Léo • l'armoire de droite • le placard du couloir • les étagères du bureau.

• Avec un nom singulier précis, on emploie « le » + nom masculin, « la » + nom féminin et « l' » + nom masculin ou féminin commençant par une voyelle ou un « h » muet. Avec un nom pluriel précis, on emploie « les » + nom masculin ou féminin.

---

36 Complétez la liste avec « le » ou « la ».

Lisa et sa famille partent en vacances ; elle doit prendre…

Exemple : le pantalon d'Hugo.

a. .... robe à fleurs de Tania.
b. .... pull gris en laine d'Hugo.
c. .... ceinture de Paul.
d. .... blouson de Paul.
e. .... jean de Tania.
f. .... jupe à carreaux de Tania.
g. .... pantalon noir de Paul.
h. .... chemise à pois d'Hugo.

37 Reliez les articles et les noms.

a. Le
b. La
c. L'

1. école
2. lycée
3. hôtel de ville
4. mairie
5. hôpital
6. bibliothèque
7. église
8. cinéma
9. théâtre

38 Complétez par « le », « la » ou « l' ».

Exemples : l'appartement   le couloir

a. .... escalier
b. .... cuisine
c. .... étage
d. .... chambre
e. .... bureau
f. .... salon
g. .... ascenseur
h. .... salle de bains

02 • Les déterminants

39 Complétez par « le », « la » ou « l' ».

Exemple : Voici Louis, le frère de ma copine.

a. Je te présente ……… amie de ma sœur.
b. C'est ……… cousin de Thomas.
c. Je ne connais pas ……… tante de Gabriel.
d. Voici ……… mari de ma cousine.
e. Veux-tu rencontrer ……… oncle de Mattéo ?
f. C'est ……… nièce de Léa ?
g. Tu as rendez-vous avec ……… grand-père de Sacha ?
h. J'ai croisé ……… belle-sœur de Lou dans la rue.

40 Rayez ce qui ne convient pas.

Exemple : C'est le / ~~la~~ / ~~l'~~ livre que nous utilisons.

a. Je fais le / la / l' exercice pour demain.
b. Emma regarde le / la / l' couverture de son livre.
c. Les étudiants adorent le / la / l' prof d'histoire.
d. Voici le / la / l' salle E36.
e. Le / La / L' amphithéâtre B se trouve à droite.
f. Le / La / L' secrétariat ouvre à 10 heures.
g. On se retrouve à le / la / l' bibliothèque à midi.
h. Il y a deux semestres dans le / la / l' année.

41 Écrivez les mots en italique au singulier.

Exemple : Le lundi, il lit *les journaux sportifs* → Le lundi, il lit le journal sportif.

a. On aime *les champions nationaux*. → ....
b. Ma mère regarde *les derniers jeux*. → ....
c. Elle préfère *les piscines olympiques*. → ....
d. Regarde *les chevaux noirs*. → ....
e. On admire *les footballeurs européens*. → ....
f. Hugo aime *les drapeaux régionaux*. → ....
g. On encourage *les équipes féminines*. → ....
h. Tu connais *les skieuses suisses* ? → ....

• **La généralité**

L'hiver il peut neiger. • Elle aime le cinéma et la lecture. • On prend le métro ou la voiture ?

• Pour une chose en général ou unique, on utilise « le », « la », « l' » ou « les ».

---

42 Complétez par « le », « la », « l' » ou « les ».

Exemple : Tous les matins, j'écoute les nouvelles.

a. ……… soir, Adèle suit ……… actualité à ……… télévision.
b. À midi, j'écoute toujours ……… radio.
c. Nous suivons ……… informations avec attention.
d. Léa et Nicolas sont ……… grands présentateurs de France Inter.
e. Arte est ……… chaîne culturelle franco-allemande.
f. Radio France est ……… seule radio publique.
g. ……… pages de publicité sont très nombreuses sur Europe 1.
h. Jeanne achète ……… journal *Le Monde* tous ……… jours.

Les articles

43 Complétez par « le », « l' » ou « un ».

Exemples : C'est un ami.   C'est le directeur de l'hôtel.

a. Regarde .... programme des films.
b. Qu'est-ce que c'est ? C'est .... cadeau ?
c. Quel est .... chemin le plus court pour Lyon ?
d. Pouvez-vous me donner .... renseignement ?
e. Je cherche .... bon restaurant.
f. Nous avons une chambre à .... hôtel.
g. Il a manqué .... train de 8 h 07.
h. Je voudrais .... billet pour Paris.

44 Soulignez l'article correct.

Exemple : Ce soir, je voudrais voir *le / un* film ; ça te dit *un / le* nouveau film de Téchiné ?

a. Louise veut inviter *les / des* voisins, *les / des* parents des petits jumeaux.
b. Théo va acheter *le / un* livre pour son frère : il choisit *le / un* roman du prix Goncourt.
c. C'est *l' / un* anniversaire d'Adèle et je veux trouver *le / un* cadeau original.
d. Anna cherche *l' / une* adresse de son amie pour lui envoyer *la / une* carte postale.
e. Je voudrais *le / un* sandwich ; donnez-moi *un / le* dernier sandwich poulet salade.
f. Tu viens de perdre *un / le* papier ; je crois que c'est *un / le* ticket de caisse de ton pull.
g. Léo n'aime pas *la / une* salade. Fais-lui *le / un* steak.
h. J'ai commandé *le / un* Uber il y a cinq minutes mais *la / une* voiture n'est pas encore là.

45 Complétez par « le », « la », « l' », « un » ou « une ».

Exemple : On va voir un ballet à l'Opéra Garnier.

a. Pour aller à .... gare Saint-Lazare, il faut prendre .... bus, le 174 ou le 84.
b. .... avion pour Montpellier, ... vol AF361, décolle dans dix minutes.
c. Il y a .... gros camion devant .... porte de l'immeuble.
d. J'ai pris .... place dans .... dernier T.G.V. pour Marseille.
e. À Nîmes, ... autoroute A6 est fermée pour travaux.
f. .... bus 92 va à .... porte de Champerret.
g. .... aéroport de Nice se trouve au bord de .... mer.
h. Regarde, il y a .... taxi au coin de .... rue. Fais-lui signe !

46 Soulignez l'article correct.

Exemple : Est-ce qu'il y a *le / un* médecin dans la salle ?

a. Elle a *le / un* rendez-vous chez *le / un* docteur Martin.
b. Je cherche *le / un* numéro de téléphone de *un / l'* hôpital Necker.
c. Connais-tu *la / une* infirmière dans *le / un* quartier ?
d. Il y a *le / un* centre de santé au coin de *la / une* rue.
e. Voici *l' / une* adresse d'Alex Bessis, c'est *le / un* bon dentiste.
f. Adam doit passer à *une / la* pharmacie pour acheter *les / des* médicaments.
g. Bonjour madame, c'est vous *une / l'* infirmière ?
h. Toutes *les / des* semaines, *le / un* médecin de service vient chez ma mère.

02 • Les déterminants

47 Complétez par « le », « la », « l' », « les », « un », « une » ou « des ».

Exemple : Quelles sont les formalités pour aller en Inde ?

a. Faut-il avoir .... passeport et .... visa ?
b. Y a-t-il .... vaccins obligatoires ?
c. Quelle est .... saison idéale ?
d. Combien coûte .... vol aller-retour ?
e. .... hôtels sont-ils chers ?
f. Il y a .... chambres sur Airbnb ?
g. Quelles sont .... villes intéressantes à visiter ?
h. Peut-on louer .... voiture sans chauffeur ?

48 Complétez par « le », « la », « l' », « les », « un », « une » ou « des ».

Exemple : Pour aller en Bretagne, tu prends la voiture ?

a. Non, je crois que je vais prendre .... covoiturage, ma voiture est vieille.
b. Tu connais .... site intéressant ?
c. Oui je connais .... site Blablacar. C'est bien.
d. .... prix est beaucoup moins cher que .... train
e. Tu choisis .... date et .... trajet qui te conviennent.
f. .... conducteur ou .... conductrice te donne .... rendez-vous.
g. Pendant .... trajet, vous parlez, vous faites connaissance.
h. Et on te dépose à .... endroit que tu veux. Super, non ?

49 Complétez par « le », « la », « l' », « les », « un », « une » ou « des ».

Exemple : Tu as déjà fait des achats en ligne ?

a. Oui c'est très pratique : tu reçois .... articles commandés chez toi.
b. Tu prends .... temps de choisir tranquillement sur le site.
c. Par exemple, pour .... vêtements tu sélectionnes .... modèle.
d. Tu indiques .... couleur et .... taille que tu veux.
e. Tu payes avec .... carte de crédit et tu indiques .... adresse de livraison.
f. Tu reçois .... mail de confirmation.
g. On t'indique .... date de .... livraison.
h. .... livreur t'apporte .... article commandé et tout ça sans te déplacer !

• L'article contracté pour les activités

Je fais du judo, de la musculation et de l' haltérophilie.

▪ Pour parler de ses activités, on utilise « faire du » + nom masculin, « faire de la » + nom féminin ou « faire de l' » + nom qui commence par une voyelle ou un « h » muet.

---

50 Parler de ses activités sportives : complétez par « du », « de la » ou « de l' ».

Dans ce centre sportif, on peut faire...

Exemple : du tennis.

a. .... tir à l'arc.
b. .... gymnastique.
c. .... jogging.
d. .... escrime.
e. .... natation.
f. .... danse.
g. .... yoga.
h. .... athlétisme.
i. .... escalade.

Les articles

51 Les activités artistiques : soulignez le déterminant correct.

Exemple : Au conservatoire Léa fait *du / de la / de l'* poterie.

a. Gabriel fait *du / de la / de l'* peinture.
b. Anna joue *du / de la / de l'* piano.
c. Louis fait *du / de la / de l'* guitare.
d. Olivia joue *du / de la / de l'* accordéon.
e. Adam fait *du / de la / de l'* sculpture.
f. Lena joue *du / de la / de l'* violon.
g. Alex fait *du / de la / de l'* modelage.
h. Alice fait *du / de la / de l'* photographie.

• Les articles partitifs pour les aliments

(*Chez le boucher*) : Je voudrais un poulet fermier. • (*À table*) : Maman, donne-moi du poulet. Je préfère la cuisse. • (*Chez la fromagère*) : Donnez-moi un camembert bien fait. • (*À la boulangerie*) : Un pain s'il vous plaît. • (*À la maison*) Tu veux manger du pain avec du camembert et du beurre ?

- Pour un tout, on utilise « le », « la », « l' », « un » ou « une ».

- Pour une partie, on utilise « du », « de la » ou « de l' » : *du* pain, *du* poulet, *de l'*ananas (un morceau de pain, de poulet, d'ananas).

✋ Les verbes « aimer », « adorer » et « détester » s'emploient toujours avec « le », « la », « l' », « les ». J'aime le café, j'adore le thé, mais je déteste les tisanes.

---

52 Soulignez le déterminant correct.

Exemple : J'adore *le / un / du* chocolat. Je prends toujours *le / un / du* chocolat avec le café.

a. Irma se fait *le / un / du* thé avant de partir au lycée. *Le / Du / Un* café lui donne mal à l'estomac.
b. Tous les matins, je mange *le / du / un* pain avec *un / le / du* beurre et *une / la / de la* confiture.
c. Camille aime *un / le / du* lait. Elle met *le / un / du* lait dans ses céréales le matin.
d. Ma mère a préparé *la / une / de la* grosse tarte aux cerises et ce soir, en dessert, on a *une / la / de la* tarte.
e. Donnez-moi *la / une / de la* baguette bien cuite, s'il vous plaît, madame.
f. Maman, tu me donnes *le / un / du* gâteau au chocolat, juste un petit morceau pour goûter ?
g. J'ai préparé *la / de la / une* soupe de légumes. Pour commencer le repas, tu préfères *la / une / de la* soupe ou directement *la / une / de la* viande ?
h. J'adore *le / un / du* poisson et je mange *le / un / du* poisson trois fois par semaine.

53 Complétez par « du », « de la » ou « de l' ».

J'ai une faim de loup ! Donne-moi…

Exemple : du gâteau au chocolat.

a. ……… pain.
b. ……… fromage.
c. ……… omelette.
d. ……… purée.
e. ……… couscous.
f. ……… salade.
g. ……… choucroute.
h. ……… ananas.
i. ……… pizza.

02 • Les déterminants

54 Rayez ce qui ne convient pas.

Thomas meurt de soif ; apporte-lui...

Exemple : ~~du / de la /~~ de l'eau.

a. du / de la / de l' lait.
b. du / de la / de l' bière.
c. du / de la / de l' cidre.
d. du / de la / de l'orangeade.
e. du / de la / de l' Coca.
f. du / de la / de l' limonade.
g. du / de la / de l' thé glacé.
h. du / de la / de l' jus de fruit.

55 Faites des phrases comme dans l'exemple.

Exemple : Je voudrais une tasse de chocolat → Donnez-moi du chocolat.

a. Nous prendrons un plateau de fruits de mer. → ....
b. Voulez-vous un bol de soupe ? → ....
c. Donnez-moi une assiette de charcuterie. → ....
d. Elle achète une bouteille d'eau. → ....
e. On boit une tasse de café ? → ....
f. Prenez donc une assiette de crudités. → ....
g. Je voudrais un plat de poisson. → ....
h. Ils commandent deux verres de vin blanc. → ....

56 Expliquez à votre ami la liste des courses à faire. Faites des phrases.

Il faut acheter des yaourts. ....

- Yaourts
- Fromage
- Crème fraîche
- Petits pois
- Jambon
- Pommes
- Confiture
- Café
- Sucre
- Pain

57 Expliquez ce qu'il faut pour faire les crêpes.

Pour faire des crêpes, il faut du lait, ...

- Lait
- Farine
- Œufs
- Sucre en poudre
- Beurre
- Rhum

Les articles

• Les articles à la forme négative

« Tu bois une bière ou du vin ?
– Je ne bois pas d'alcool. »
« Vous faites du jogging, de la danse, des exercices d'assouplissement ?
– Non je ne fais pas de sport. »

- À la forme négative, « un », « une », « des », « du », « de la », « de l' » deviennent « de » ou « d' » devant un nom commençant par une voyelle ou un « h » muet.

- « Le », « la », « l' » et « les » ne changent pas.

58 Répondez négativement.

Exemples : Lisa fait du yoga ? → Non elle ne fait pas de yoga.
Théo, tu veux des frites ? → Non je ne veux pas de frites.

a. Le soir, vous écoutez de la musique classique ? → ....
b. Elle joue du violoncelle ? → ....
c. Vous voulez du pain ? → ....
d. Tu as du travail ce soir ? → ....
e. Vous prenez de l'argent ? → ....
f. Julia fait du ski ? → ....
g. Tu as de la monnaie ? → ....
h. Elsa fait de la voile aujourd'hui ? → ....

59 Faites des réponses négatives.

Exemples : Vous aimez les fruits ? → Non je n'aime pas les fruits.
Elle prend un dessert ? → Non elle ne prend pas de dessert.

a. Vous mangez des glaces ?
→ ....

e. Il mange du poisson ?
→ ....

b. Tu aimes les pâtes ?
→ ....

f. Ils prennent des escargots ?
→ ....

c. Tu veux une soupe à l'oignon ?
→ ....

g. Vous aimez les huîtres ?
→ ....

d. Elle aime le potage aux légumes ?
→ ....

h. Vous reprenez du carpaccio ?
→ ....

02 • Les déterminants

60 Reliez les questions et les réponses.

a. Lina aime la choucroute ?
b. Raphaël boit du vin rouge ?
c. Tu prends les profiteroles ?
d. Vous voulez un café ?
e. Zoé mange de la choucroute ?
f. Arthur aime le vin ?
g. On prend un apéritif ?
h. Vous buvez du champagne ?
i. Hugo aime la mousse au chocolat ?

1. Non, il n'aime pas le vin.
2. Non, je ne bois pas de café.
3. Non, ne prenons pas d'apéritif.
4. Non, elle n'aime pas la choucroute.
5. Non, je ne bois pas d'alcool.
6. Non, je n'aime pas les profiteroles.
7. Non, il ne mange pas de chocolat.
8. Non, il ne boit pas de vin rouge.
9. Non, elle ne mange pas de choucroute.

61 Posez la question correspondant aux réponses données.

Exemples : Vous mangez des cuisses de grenouilles ? ← Non, je ne mange pas de cuisses de grenouilles.
Clara aime les asperges ? ← Non, elle n'aime pas les asperges.

a. .... ← Non, il n'aime pas le porc.
b. .... ← Non, elle n'achète pas de bonbons.
c. .... ← Non, elle n'aime pas la crème chantilly.
d. .... ← Non, je ne mange pas de beurre.
e. .... ← Non, je ne bois pas de whisky.
f. .... ← Non, je ne mange pas de haricots.
g. .... ← Non, ils ne veulent pas de cidre.
h. .... ← Non, elle n'aime pas le fromage.

62 Complétez avec « le », « la », « l' », « les », « un », « une », « des », « du », « de la », « de l' », « de » ou « d' ».

Exemple : « Isabelle fait du ski ? » « Non, elle déteste le froid et la montagne en hiver. »

a. « Tu fais .... progrès ? » « Oui, j'ai .... bon professeur et .... temps pour travailler. »
b. « Voulez-vous .... bière ? » « Non, je préfère .... verre .... eau avec .... sirop de menthe et .... glace. »
c. « Tu prends .... plat du jour ? » « Non, je vais prendre .... gigot avec .... frites et .... salade verte. »
d. « Vous prendrez .... dessert ? » « Non, apportez-moi directement .... café et .... addition. »
e. « Tu fais .... jogging ? » « Non, je ne fais pas .... jogging, mais je fais .... natation. »
f. « Elle joue .... accordéon ? » « Non, elle ne joue plus .... accordéon ; maintenant elle joue .... clarinette. »
g. « Vous prenez .... parapluie, j'espère. » « Non, je n'aime pas .... parapluies ; je préfère mettre .... imperméable. »
h. « Tu fais .... voyage cet été ? » « Non, je n'ai pas .... argent alors je ne prends pas .... vacances cette année. »

Les articles

63 Soulignez l'article correct. (Il y a parfois plusieurs possibilités.)

Exemple : On n'a pas un / *de* / du pétrole mais on a les / d' / *des* idées.

a. « Vous avez une / de la / l'heure ?
  – Désolée, je n'ai pas une / la / de montre. »
b. « Aimez-vous des / les / d'animaux ?
  – J'adore des / les / de chats et des / les / de chiens, mais je n'ai pas de la / une / de place chez moi. »
c. « Tu veux le / du / un dessert ?
  – Volontiers, je vais prendre une / la / de glace au café. »
d. Le / Du / Un réfrigérateur est vide. Je vais préparer une / des / les pâtes.
e. Achète les / des / un fruits, une / de la / la viande et le / du / de fromage, mais ne prends pas les / des / de yaourts, il y en a encore.
f. « Tu parles l' / d' / un anglais couramment ?
  – Oui j'ai le / un / des ami en Angleterre ; il a la / de / une grande maison et il m'invite souvent. »
g. « Vous aimez une / de la / la musique ?
  – Oui, j'écoute souvent la / une / de la variété française, mais je n'aime pas du tout du / de / le rap. »
h. « Un / Le matin, tu prends le / du / un thé ?
  – Non je préfère le / du / un café mais je ne mets pas le / du / de sucre et pas du / de / un lait. »

64 Parler de ses activités : complétez avec l'article qui convient.

a. Adrien adore la montagne. Les week-ends, ……… été, il fait ……… randonnée et ……… alpinisme. ……… hiver, il fait ……… ski alpin mais il ne fait pas ……… promenades en raquettes.
b. Éléonore aime beaucoup ……… mer. Elle fait ……… voile quand il y a ……… vent. Mais elle aime aussi aller à ……… plage et se baigner avec ……… amis.
c. Alexis apprend …… italien ; Il adore …… professeur et il fait …… progrès rapides. Il a rencontré ……… belle Italienne pendant ……… été et il veut envoyer ……… SMS à son amie.
d. Emma prend ……… bus ou ……… Vélib* pour aller à ……… fac et dans ……… cafés du centre. Elle aimerait avoir ……… vélo à elle mais elle n'a pas assez ……… argent.
e. Lucas a mal à ……… jambe. Il ne peut plus faire ……… sport pendant ……… semaine : il passe ……… temps sur Internet et il regarde ……… films en streaming.
f. ……… week-end, Thomas et ……… enfants prennent ……… voiture et ils vont à ……… campagne. Ils emportent ……… pique-nique et ils font ……… grande marche dans ……… forêt de Fontainebleau.
g. Louis aime ……… cinéma. Il connaît tous ……… vieux films noirs américains mais il ne va jamais voir ……… comédies. Avant de choisir ……… film, il lit ……… critiques.
h. Mon neveu Alex adore …… jeux vidéo. Il a ……… masque de réalité virtuelle et il est totalement dans ……… atmosphère du jeu avec ……… musique, ……… sons et ……… images.
i. Lou ne fait plus ……… piano. Maintenant, elle préfère jouer ……… guitare et faire ……… chant. Avec ……… copains du quartier, ils vont monter ……… groupe de rock : Arthur fait ……… basse et Florent joue ……… batterie.

* Vélib : vélo en libre-service à Paris.

02 • Les déterminants

Les adjectifs démonstratifs

> • « Ce », « cet », « cette » et « ces »
>
> J'adore ce chanteur et surtout cette chanson. • Prends ces bottes, elles sont confortables. • Regarde cet oiseau !
>
> • Pour indiquer ou faire référence à un objet ou une personne précis, au singulier, on utilise ce + nom masculin, cette + nom féminin ou cet + nom masculin ou féminin commençant par une voyelle ou « h » muet. Au pluriel, on utilise ces.

65 Reliez les éléments qui vont ensemble.

Vous désirez ? Je voudrais voir...

a. Ce

b. Cet

c. Cette

1. costume gris.
2. ensemble rouge.
3. robe verte.
4. jean bleu marine.
5. jupe à fleurs.
6. écharpe en laine.
7. pull noir.
8. imperméable rouge

66 Complétez avec « ce », « cet », « cette » ou « ces ».

S'il vous plaît, donnez-moi...

Exemple : ce gros chou vert.

a. ……… cerises bien rouges.
b. ……… ananas bien mûr.
c. ……… petite pastèque.
d. ……… haricots verts équeutés.
e. ……… oignons blancs.
f. ……… salade bio.
g. ……… mangue de Thaïlande.
h. ……… fraises des bois.

67 Rayez ce qui ne convient pas.

Exemple : J'aimerais bien voir *ce* / ~~*cet*~~ / ~~*cette*~~ film.

a. Tu peux me prêter *ce / cet / cette* roman ? Je voudrais le lire.
b. Lisa doit écrire *ce / cet / cette* article avant demain.
c. Tu connais *ce / cet / cette* album de la chanteuse Camille ?
d. On aimerait voir *ce / cet / cette* pièce de Marivaux.
e. Vous connaissez *ce / cet / cette* émission sur la chaîne Arte ?
f. Léa adore *ce / cet / cette* série française.
g. Je cherche *ce / cet / cette* CD mais il n'est pas à sa place.
h. Théo veut acheter *ce / cet / cette* livre d'art.
i. Nous allons à *ce / cet / cette* bibliothèque.

Complétez avec « ce », « cet », « cette » ou « ces ».

Les adjectifs démonstratifs

Exemple : Mon frère adore ces constructions modernes.
a. Vous connaissez .... architecte ?
b. .... bâtiment est très ancien.
c. Regarde .... balcons comme ils sont fleuris !
d. .... porte et .... fenêtres sont magnifiques.
e. Je n'aime pas beaucoup .... immeubles.
f. .... monuments sont intéressants.
g. Allons voir .... ruines antiques.
h. .... cathédrale est très grande.

Faites des réponses comme dans l'exemple et employez « ce », « cet », « cette » ou « ces ».

Exemple : (chaussures rouges) : Je vais prendre ces chaussures rouges.
a. (ceinture en cuir) : ....
b. (pantalon en lin) : ....
c. (paire de boucles d'oreilles) : ....
d. (anneau en argent) : ....
e. (bottes noires) : ....
f. (élégant chemisier) : ....
g. (foulard en coton) : ....
h. (montre en acier) : ....

Les adjectifs possessifs

• « Mon », « ton », « son », « notre », « votre », « leur »

C'est mon frère et voilà sa fille Anaïs. Ils habitent à Lyon. Leur appartement est confortable. • « Tes enfants viennent pour Noël ? – Non, ils passent les fêtes chez leurs amis à la montagne. »

- Les adjectifs possessifs marquent l'appartenance. Ils varient avec les personnes et s'accordent avec le nom.
- Je : mon fils, ma fille, mes enfants ; tu : ton fils, ta fille, tes enfants ; il/elle/on : son fils, sa fille, ses enfants.
- Nous : notre fils, notre fille, nos enfants ; vous : votre fils, votre fille, vos enfants ; ils/elles : leur fils, leur fille, leurs enfants.

✋ Pour une personne ou un objet singulier commençant par une voyelle ou un « h » muet, on utilise « mon », « ton », « son ». Adèle, tu me donnes ton adresse ?

Complétez par « mon », « ma » ou « mes ».

Exemples : mon appartement   mes meubles
a. .... bureau
b. .... table
c. .... chaises
d. .... commode
e. .... étagères
f. .... lit
g. .... armoire
h. .... bibliothèque

02 • Les déterminants

71 Soulignez le mot juste.

Exemples : <u>mon</u> / ma université   mon / <u>ma</u> faculté

a. mon / ma société
b. mon / ma entreprise
c. mon / ma école
d. mon / ma agence de voyages
e. mon / ma boutique
f. mon / ma usine
g. mon / ma auberge
h. mon / ma banque

72 Complétez par « ton », « ta » ou « tes ».

Exemple : Tu oublies tes livres.

a. Tu vas toujours à ………………… cours de russe ?
b. Comment est ………………… professeur ?
c. Qui sont ………………… nouveaux amis ?
d. Parle-moi des étudiants de ………………… classe.
e. Je voudrais regarder ………………… livre de portugais.
f. Peux-tu me prêter ………………… notes ?
g. Donne-moi ………………… adresse à la cité universitaire.
h. As-tu fini ………………… exercices pour demain ?

73 Complétez par « notre », « nos », « votre » ou « vos ».

Exemple : Notre voiture fonctionne très bien, nous n'avons pas besoin de dépanneuse !

a. Comment va ………………… sœur ? Vous m'avez dit qu'elle était malade.
b. Ah, vous habitez maintenant dans le 18e ! Vous aimez ………………… nouveau quartier ?
c. J'ai une bonne surprise pour vous : j'ai retrouvé ………………… gants.
d. Nous n'avons pas de chance. Nous venons de rater ………………… train.
e. En juillet, nous envoyons ………………… enfants en colonie de vacances.
f. Nous n'avons plus de problèmes ; ………………… banque nous accorde un prêt.
g. Louis, j'aimerais rencontrer ………………… parents.
h. Nous étudions la philosophie et ………………… cours sont passionnants.

74 Faites des phrases comme dans les exemples.

Exemples : Alice / abonnement SNCF → C'est **son** abonnement SNCF.
            Léa / réservations → Ce sont **ses** réservations.

a. mon frère / moto → C'est …………………
b. Lucas et Camille / voiture → C'est …………………
c. Mme Daumier / tickets de métro → Ce sont …………………
d. Léa et Julien / minibus → C'est …………………
e. Paul et Thomas / billets d'avion → Ce sont …………………
f. les enfants / train → C'est …………………
g. Emma / vélo → C'est …………………
h. Louis / trottinette → C'est …………………

Les adjectifs possessifs

75 Complétez ces phrases par « leur » ou « leurs ».

Exemple : Ses parents sont propriétaires de leur appartement.
a. Vos voisins ont invité .... amis pour fêter .... anniversaire de mariage.
b. M. et Mme Legendre ont le plaisir de vous annoncer la naissance de .... fille Amélie.
c. Les voyageurs sont priés de surveiller .... bagages dans les gares.
d. Les familles nombreuses ont des réductions sur .... billets de train.
e. Les clients doivent régler .... achats avant de sortir du magasin.
f. Charlotte et Guillaume vont avoir .... premier enfant.
g. Nos amis ont déménagé : ils font des travaux dans .... nouvelle maison.
h. Mes cousins sont ennuyés ; .... enfants ont des difficultés au collège.

76 Complétez ces phrases par « son », « sa », « ses », « leur » ou « leurs ».

A. Ma grand-mère est étourdie ; avant de sortir faire ses courses, elle passe dix minutes à chercher (a) .... clés, (b) .... téléphone portable, (c) .... lunettes et (d) .... porte-monnaie.
B. M. et Mme Legrand ont acheté une résidence secondaire. (a) .... maison est très agréable avec (b) .... grand jardin et (c) .... arbres fruitiers. (d) .... deux filles et (e) .... fils Théo aiment beaucoup y passer le week-end. Ils invitent souvent (f) .... copains de collège, mais pas tous en même temps.

77 Réécrivez ce texte en remplaçant « Charlotte » par « Charlotte et Pauline », des sœurs jumelles.

Charlotte vient de fêter ses douze ans. Dans son collège, elle étudie le japonais. Elle adore son professeur mais elle ne fait pas toujours ses exercices ; alors ses résultats ne sont pas très bons. Sa mère est plutôt sévère et elle interdit à Charlotte de voir ses amies le mercredi. Charlotte passe donc son jour de repos à faire la tête, sans ouvrir son livre de japonais.

Charlotte et Pauline viennent de fêter leurs douze ans. ....
....
....
....

78 Complétez avec l'adjectif possessif correct.

(À l'aéroport.)
J'attends mon amie Manon et (a) .... vol a trente minutes de retard. Je commence à regarder (b) .... mails sur (c) .... portable. J'ai un message de (d) .... amis de Lyon : ils vont venir nous voir dans un mois avec (e) .... bébé. Ils ont réservé une chambre dans (f) .... quartier et ils viendront dîner un soir dans (g) .... nouvel appartement. Ah, mais voilà Manon !
« Coucou Clara, tu vas bien ?
– Bonjour Manon. (h) .... voyage s'est bien passé ?
– Oui, très bien. Désolée, (i) .... avion a un peu de retard. Mais où est (j) .... compagnon ?
– Paul est à (k) .... agence. Tu le verras ce soir. Viens, tu me raconteras (l) .... projets pour le week-end. »

02 • Les déterminants

Les adjectifs indéfinis : « tout », « quelques », « chaque »

> • « Tout », « toute », « tous », « toutes »
>
> Tous les jours, toutes les semaines, toute l'année... en fait, tu me dis tout le temps de faire attention !
>
> • L'adjectif indéterminé « tout », « toute », « tous », « toutes » exprime la totalité. Il s'accorde en genre et en nombre avec le nom.

79 Complétez par « tout » à la forme correcte.

Exemple : On a cours d'espagnol *tous* les lundis et mercredis.
a. .... ses cours sont formidables et dynamiques.
b. Même Anita, qui dort .... le temps, participe !
c. .... la classe a décidé d'offrir un cadeau à la prof d'espagnol.
d. .... les élèves ont participé à l'achat.
e. On a réfléchi .... la journée au cadeau de la prof.
f. Lucia, Marine et moi, ... les trois, on est tombées d'accord.
g. On a choisi une boîte de crayons pastel de .... les couleurs.
h. On savait que la prof passait .... son dimanche matin à dessiner.
i. Elle a dit qu'elle nous apporterait .... ses prochains dessins.

> • « Chaque » et « quelques »
>
> Chaque dimanche matin, nous allons à la piscine avec les enfants. Au printemps, nous passons quelques week-ends à la mer.
>
> • « Chaque » indique la répartition, un par un ; il est toujours singulier.
>
> • « Quelques » précise un petit nombre supérieur à deux, il est toujours pluriel.

80 « Quelques » ou « chaque » ? Soulignez le mot correct.

Exemple : Vous devez ranger *chaque* / *quelques* chose à sa place pour préparer la fête.
a. Dans *chaque* / *quelques* jours, ce sera Noël.
b. *Chaque* / *Quelques* année, on décore la maison.
c. Il faudra acheter *chaque* / *quelques* décorations pour le sapin.
d. On invite toujours la famille proche et *chaque* / *quelques* amis.
e. *Chaque* / *Quelques* personne doit recevoir et donner un petit cadeau.
f. *Chaque* / *Quelques* invités oublient leurs cadeaux, alors on en prévoit plus.
g. Sur la table, on indique le nom de *chaque* / *quelques* invité devant le couvert.
h. Après le repas et la distribution des cadeaux, on met de la musique et *chaque* / *quelques* invités dansent.

81 Complétez les phrases avec « chaque », « quelques » ou « tout » à la forme correcte.

Exemple : Tous les ans, il y a les soldes d'hiver entre janvier et février.

a. .... famille, ... personne, femme ou homme, en profite pour faire des courses.
b. Dans .... les magasins, il y a un monde fou et la queue à la caisse.
c. Il y a des produits intéressants dans .... les boutiques, à .... rayon.
d. Il faut regarder de près .... article, car il peut avoir un défaut.
e. Il y a .... années, ... femmes se levaient très tôt pour être les premières, mais ça a changé.
f. Quand je fais les soldes, je prépare une liste avec .... les achats que je dois faire.
g. Mais souvent j'achète en plus .... petites choses, parfois totalement inutiles.
h. Aujourd'hui, ... les Français sont toujours aussi consommateurs, mais ils préfèrent faire .... leurs courses en ligne pour éviter la foule.

Bilan 2

1. Complétez ce dialogue par des articles définis, indéfinis, des partitifs, des adjectifs démonstratifs ou des adjectifs possessifs.

– Allô Lisa, nous venons de déménager. (a) .... nouvel appartement est assez grand et nous allons organiser (b) .... petite fête avec (c) .... amis.
– Voilà (d) .... excellente idée ! Est-ce que tu inviteras aussi (e) .... sœur ?
– Bien sûr, j'inviterai aussi (f) .... famille : (g) .... parents et (h) .... père de Julien.
– Quand pensez-vous faire (i) .... fête ?
– À (j) .... fin d'octobre, peut-être (k) .... 25, c'est (l) .... samedi.
– C'est très bien pour moi. Tu sais, j'ai (m) .... nouveau copain. Je peux venir avec lui ?
– J'imagine que c'est (n) .... garçon charmant ! Évidemment viens avec (o) .... nouvel ami. Alors je vais envoyer (p) .... mail à tout (q) .... monde. Je m'en occupe (r) .... soir.
– N'oublie pas de donner (s) .... indications pour venir chez vous, avec (t) .... adresse et (u) .... codes de (v) .... porte. Oh ! mais il est tard. Je te laisse : je dois aller chez (w) .... dentiste (x) .... après-midi et je ne suis pas prête. Bises à bientôt !
– À bientôt !

2. Complétez ce dialogue par des articles définis, indéfinis ou partitifs, des adjectifs démonstratifs ou des adjectifs possessifs.

– Regarde Adam, c'est .... (a) café célèbre : .... (b) Café de Flore. .... (c) artistes et .... (d) écrivains viennent souvent y prendre .... (e) verre. Tu veux boire .... (f) café à .... (g) terrasse ?
– Avec plaisir mais nous n'avons pas .... (h) chance : il n'y a pas .... (i) célébrités aujourd'hui.
– Mais si ! Tu vois .... (j) homme assis là-bas ? C'est .... (k) acteur Lambert Wilson. Tu le reconnais ?
– Non, mais dommage, il part déjà. Oh, regarde, il a oublié .... (l) lunettes sur la table. Monsieur, vous oubliez .... (m) lunettes !

03. L'adjectif qualificatif

Le genre et le nombre

> **• L'accord au féminin en « -e »**
>
> un grand appartement / une grande maison • le petit chat / la petite chienne.
>
> - L'adjectif qualificatif s'accorde en genre avec le nom. Au féminin, il prend généralement un « e » à la fin.
> - Quand l'adjectif au masculin finit par un « e », il ne change pas au féminin : un garçon calme / une fille calme.

82 Soulignez les adjectifs qui changent au masculin.

grande – calme – petite – facile – noire – large – souriante – tranquille – courte – originale – lourde – rouge – remarquable – magnifique – jaune – laide

83 Soulignez la forme correcte.

Exemple : J'aime beaucoup cette jupe court / courte.

a. Le pharmacien est très poli / polie.
b. La conductrice est blessé / blessée.
c. Sarah est matinal / matinale.
d. Mon voisin est portugais / portugaise.
e. Louis est élégant / élégante.
f. L'histoire est vrai / vraie.
g. Adam est bavard / bavarde.
h. Ce pull est joli / jolie.

> **• Les terminaisons du féminin**
>
> un professeur indien / une enseignante indienne • un commerçant voleur / une caissière voleuse • un homme observateur / une femme observatrice • Il est particulier. / Elle est particulière. • Il est bon en sport/elle est bonne en maths.
>
> - Parfois, les adjectifs changent de terminaison au féminin : -et/-ette ; -x/-se ; -(i)er/-(i)ère ; -eur/-euse ; -ien/-ienne ; -teur/-trice ; -el/-elle ; -eil/-eille ; -f/-ve.

84 Accordez les adjectifs.

Exemple : Mon amie est bolivienne (bolivien).

a. Marie habite dans une capitale .... (européen).
b. Elle parle une langue .... (étranger), le portugais.
c. Sa sœur est .... (menteur).
d. J'aime beaucoup cette soie .... (naturel).
e. Regarde, c'est une bague très .... (ancien).
f. Sa mère est très .... (actif).
g. Je connais une histoire .... (merveilleux).
h. Ma grand-mère est assez .... (conservateur).

Le genre et le nombre

85 Rayez la forme inexacte et retrouvez les titres de ces films français.

Exemple : L'amour *flou* / ~~floue~~ (R. Bohringer)

a. Le *petit* / *petite* Nicolas (L. Tirard)
b. *Premier* / *Première* année (T. Lilti)
c. Un *long* / *longue* dimanche de fiançailles (J.-P. Jeunet)
d. Une famille *syrien* / *syrienne* (P. Van Leeuw)
e. L'école *buissonnier* / *buissonnière* (N. Vannier)
f. Mon *cher* / *chère* enfant (M. Ben Attia)
g. Un homme *pressé* / *pressée* (H. Mimran)
h. L'auberge *espagnol* / *espagnole* (C. Klapisch)

86 Complétez par « Il est » ou « Elle est ».

 a. .... laid comme un pou.

 e. .... gaie comme un pinson.

 b. .... bavarde comme une pie.

 f. .... frisée comme un mouton.

 c. .... heureux comme un poisson dans l'eau.

 g. .... noire comme un corbeau.

 d. .... malin comme un singe.

 h. .... légère comme une plume.

87 Soulignez l'adjectif correct.

Exemple : C'est un *faux* / *fausse* problème.

a. Voici mon *nouveau* / *nouvelle* vélo.
b. La peinture est *sec* / *sèche*.
c. Je mets ma robe *blanc* / *blanche*.
d. Mon fils est très *jaloux* / *jalouse*.
e. Achète de la crème *frais* / *fraîche*.
f. Tu as une *beau* / *belle* maison.
g. Ma voiture est *neuf* / *neuve*.
h. J'adore cette *vieux* / *vieille* chanson.

• Adjectifs masculins irréguliers

Cet homme est beau. / C'est un bel homme. • Cet hôtel est vieux. / C'est un vieil hôtel.

▪ Devant un nom masculin commençant par une voyelle ou un « h » muet, les adjectifs « beau », « vieux », « fou » et « nouveau » deviennent « bel », « vieil », « fol » et « nouvel ».

---

88 Indiquez si on parle d'un homme (H) ou d'une femme (F).

Exemple : Tu es courageuse. (F)

a. Vous êtes certain ? ......
b. Comme tu es belle ! ......
c. Tu es sérieuse ? ......
d. Tu es trop gentille. ......
e. Tu es inquiet ? ......
f. Tu es bon en maths ? ......
g. Vous êtes folle ! ......
h. Tu es un peu trop gros ! ......

03 • L'adjectif qualificatif

89 Mettez les adjectifs à la forme correcte.

Exemple : Je vis dans un immeuble ancien (*ancien*).

a. C'est un .... aéroport (*beau*).
b. Vous occupez la suite .... (*royal*).
c. Elle vit dans un .... (*vieux*) immeuble.
d. Il habite dans une résidence .... (*marseillais*).
e. Nous descendons toujours dans ce .... hôtel (*beau*).
f. Vous êtes au .... étage (*premier*).
g. Notre maison se trouve rue du .... espoir (*fou*).
h. Je suis maintenant dans un .... arrondissement (*nouveau*).

• L'accord en nombre

Des hommes intelligent**s** ; des femmes intelligent**es** • des magazines intéressant**s** ; des revues intéressant**es** • un enfant joyeu**x** / des enfants joyeu**x** / des amies joyeu**ses**

• Au pluriel, l'adjectif prend généralement un « **s** » à la fin. Les adjectifs qui finissent par « **s** » ou « **x** » ne changent pas au masculin pluriel.

---

90 Soulignez les adjectifs masculins identiques au pluriel et au singulier.

Exemple : jolis – <u>roux</u> – <u>japonais</u>

a. blancs – heureux – nouveaux
b. français – bas – grands
c. nerveux – rapides – gras
d. souriants – bruns – courageux
e. intelligents – doux – malheureux
f. vieux – beaux – généreux
g. mauvais – jaloux – blonds
h. gris – faux – longs

91 Accordez les adjectifs.

Exemple : Ce sont des vêtements neufs (*neuf*).

a. Ces .... (*petit*) filles sont .... (*intelligent*).
b. Elle n'aime pas les romans trop .... (*long*) et .... (*triste*).
c. Ces billets sont .... (*faux*) ; rendez-moi le mien !
d. Ces gâteaux sont .... (*beau*), mais trop .... (*crémeux*).
e. Les chaussures .... (*noir*) sont plus .... (*élégant*) que les autres.
f. Noé a attrapé des papillons .... (*magnifique*), très .... (*coloré*).
g. J'ai acheté des .... (*gros*) tomates et des haricots .... (*vert*) pour faire une salade.
h. Ses cheveux sont maintenant .... (*blond*) et .... (*court*). Ça la change beaucoup !

• Les adjectifs en « -al »

un appartement roy**al** / des appartements roy**aux** – un employé loy**al** / des employés loy**aux**

• Les adjectifs masculins en « **-al** » ont généralement une terminaison plurielle en « **-aux** ».

✋ **bancal**, **fatal**, **naval** et **banal** prennent un « **-s** » : des fauteuils **bancals** ; des jugements **banals**.

Le genre et le nombre

92 Mettez les adjectifs au pluriel.

Exemple : Je fais mes courses dans les centres commerciaux (commercial).
a. Elle adore les jeux .... (international) d'athlétisme.
b. Il travaille dans les chantiers .... (naval).
c. Le président annonce des changements .... (radical).
d. Les prix sont .... (normal).
e. Les .... (principal) musées sont fermés le mardi.
f. Les articles de ce journaliste sont .... (banal).
g. Ce sont des artistes .... (original).
h. Ils ont des tarifs .... (spécial).

• Les adjectifs de couleur

Elle porte une jolie jupe blanche, un pull marine, une écharpe turquoise et des chaussures marron.

- Les adjectifs de couleur s'accordent avec le nom sauf quand ils correspondent à un nom, comme « marron », « citron », « turquoise », « or », « kaki », « olive », « marine », « orange », « framboise ». Ils sont alors invariables.

---

93 Accordez les adjectifs.

Exemple : Elle déteste les roses jaunes (jaune).
a. Lucas a les yeux .... (marron).
b. Je viens d'acheter ces chaussures .... (blanc).
c. Tu mets souvent ces gants .... (orange).
d. Je n'aime pas ces lunettes .... (vert). Je vais prendre les .... (bleu).
e. Nous prenons le bouquet de fleurs .... (rose) et .... (violet).
f. J'adore ces bottes .... (noir).
g. Vous avez des boucles d'oreilles .... (rouge) ?
h. Tu préfères les sandales .... (kaki) ou .... (gris) ?

94 Soulignez la forme qui convient.

Nous avons passé une *excellent / excellente* soirée d'anniversaire : il y avait notre fille (**a**) *aîné / aînée* et nos deux (**b**) *vieux / vieilles* amies de Vence ainsi que mon frère.
Chacun avait apporté un plat, le repas était (**c**) *varié / variée* et tous les plats (**d**) *succulents / succulentes*. On a dégusté une (**e**) *délicieux / délicieuse* salade (**f**) *niçois / niçoise* avec des olives (**g**) *noirs / noires* et des tomates (**h**) *frais / fraîches* avec de l'huile d'olive (**i**) *naturel / naturelle*. Nos amies ont apporté une (**j**) *gros / grosse* daube provençale et les enfants ont acheté des pâtisseries (**k**) *italiens / italiennes* à base d'amandes (**l**) *blancs / blanches* et de citrons (**m**) *vert / verts*.
Pierre a reçu des écouteurs (**n**) *orange / oranges* et une borne Bluetooth (**o**) *nouvel / nouvelle* génération. Il était très content de ses cadeaux (**p**) *imprévu / imprévus* et nous avons passé une (**q**) *merveilleux / merveilleuse* soirée tous ensemble.

Les adjectifs de nationalité : reliez les éléments qui vont ensemble. (Il y a parfois plusieurs

03 • L'adjectif qualificatif

possibilités.)

a. Ce passeport est...

b. Les passagers sont...

c. L'hôtesse est...

d. Ces femmes sont...

1. uruguayens.
2. brésiliens.
3. espagnole.
4. argentin.
5. marocain.
6. chiliennes.
7. colombiennes.
8. iraniennes.
9. français.

Les adjectifs de nationalité : faites les accords nécessaires.

Exemple : Ma sœur adore l'omelette norvégienne (norvégien)

a. J'aimerais me faire des tresses .... (africain).
b. Emma aime la cuisine .... (chinois), mais elle préfère les vrais pâtes .... (italien).
c. Tu me prêterais ta tenue .... (indien) pour une soirée costumée chez des amis ?
d. Loïc n'aime pas beaucoup le whisky .... (écossais). Il préfère la vodka .... (polonais).
e. Elle cherche des pierres .... (turc) pour les monter en bijoux.
f. Ma mère aime beaucoup les tentures .... (japonais) pour la décoration de sa maison.
g. Il collectionne les statuettes .... (indonésien) en ivoire.
h. J'aimerais goûter ces spécialités .... (grec).

La place de l'adjectif

> **• La place de l'adjectif**
>
> Sarah a une *jolie* bague *argentée* avec une *petite* pierre. Elle adore les bijoux *artisanaux* et les accessoires *ethniques*. C'est une fille très *extravagante* ; elle porte souvent des tenues *africaines*.
>
> ▪ En général les adjectifs se placent *après* le nom, en particulier les adjectifs de couleur et de nationalité. Quelques adjectifs courts se placent *avant* le nom : *petit*, *gros*, *grand*, *gentil*, *bon*, *long*, *beau*, *double*, *vieux*, *joli*, *jeune*, *nouveau*...
>
> ✋ La place peut varier pour quelques adjectifs comme : *prochain*, *dernier*, *premier*...

Mettez les adjectifs à la bonne place.

Je pars ce weekend en Bretagne. Je prends avec moi...

Exemple : mes baskets (*vieilles*) → mes vieilles baskets.

a. un parapluie (*grand*) → ....
b. un pull en laine (*gros*) → ....
c. mon imperméable (*gris*) → ....
d. mon bonnet (*nouveau*) → ....

La place de l'adjectif

- **e.** mes bottes (*neuves*) → ....
- **f.** un pantalon (*épais*) → ....
- **g.** des gants (*chauds*) → ....
- **h.** une écharpe (*grande*) → ....

98 Remettez les mots dans l'ordre.

Exemple : loué / ils / belle / maison / ont / une → Ils ont loué une belle maison.

- **a.** perdu / montre / j'ai / ma / nouvelle
  → ....
- **b.** ils / une / grande / ferme / cherchent / Bretagne / en
  → ....
- **c.** voudrait / Anita / passer / différentes / des / vacances
  → ....
- **d.** retrouvé / elle / une / vieille / amie / a
  → ....
- **e.** natal / anciennes / des / village / dans / mon / il y a / rues
  → ....
- **f.** un / donnez / melon / moi / gros / sucrées / quatre / pêches / et
  → ....
- **g.** fille / une / j'ai / belle / suédoise / rencontré
  → ....
- **h.** une / ou / une / préfères / salade / salée / tu / niçoise / tarte / ?
  → ....

99 Placez les adjectifs correctement et faites l'accord si nécessaire.

Exemple : voiture (*américain, gros*) → Mon frère adore les grosses voitures américaines.

- **a.** théière (*japonais, beau*) → Emma m'a offert une ....
- **b.** timbres (*international, rare*) → Léo collectionne les ....
- **c.** plante (*vert, grand*) → Je voudrais acheter une .... pour mon salon.
- **d.** chansons (*irlandais, traditionnel*) → Mon père aime beaucoup les ....
- **e.** écharpe (*thaïlandais, petit*) → Amélie a offert à sa sœur une ....
- **f.** musique (*indien, sacré*) → J'écoute souvent de la ....
- **g.** salade (*grec, normal*) → Théo commande une ....
- **h.** antiquaire (*italien, vieux*) → Le .... vend quelques peintures.

100 Accordez et placez correctement les adjectifs.

Exemple : Léon aime la bière (*blond, bon*). → Léon aime la bonne bière blonde.

- **a.** C'est une prof (*amusant, nouveau*).
  → ....
- **b.** Arthur a une voiture (*blanc, vieux*).
  → ....

03 • L'adjectif qualificatif

   c. Annie Ernaux est une romancière (*grand, français*).

   → ....

   d. C'est une peinture (*remarquable, petit*).

   → ....

   e. Mes parents connaissent un restaurant (*parisien, étoilé*).

   → ....

   f. Ma voisine vend une table (*rond, joli*).

   → ....

   g. Louis travaille dans une entreprise (*international, commercial*).

   → ....

   h. Lucie a deux poissons (*gros, rouge*).

   → ....

101 Complétez les phrases avec les adjectifs à la forme et à la place correctes.

Il y a beaucoup de travail ce matin au bureau : il faut…

Exemple : accueillir les clients (*nouveau, brésiliens*) → accueillir les nouveaux clients brésiliens.

   a. lire et répondre aux mails (*dernier, urgent*)

   → ....

   b. écouter les messages (*divers, enregistré*)

   → ....

   c. brancher les imprimantes (*nouveau, coréen*)

   → ....

   d. répondre aux appels (*téléphonique, nombreux*)

   → ....

   e. préparer un café (*bon, petit*) pour les clients

   → ....

   f. réceptionner les colis (*postal, gros*)

   → ....

   g. classer les dossiers (*différent, commercial*)

   → ....

   h. ranger les factures (*ancien, payé*)

   → ....

Bilan 3

1. Complétez ce dialogue. Placez correctement les adjectifs et accordez-les.

Delphine : Qu'est-ce qu'on pourrait acheter pour Papa : une .... (**a.** *cravate : bleu, beau*) ou le .... (**b.** *CD : dernier*) de Johnny Hallyday ?

Bastien : On pourrait lui offrir les deux, non ? Et pour maman, j'ai une idée : une .... (**c.** *chemise : confortable, rouge*) et des .... (**d.** *gants : fourré*)

Delphine : Très bien, elle a toujours les .... (**e.** *mains : froid*). Bon maintenant, pour grand-père, je pensais à une .... (**f.** *robe de chambre : long*) et des .... (**g.** *chaussons : chaud*)

Bastien : Tu es géniale ma sœur préférée. Une idée aussi pour Mamie ?

Delphine : Alors c'est facile : le .... (**h.** *prix Goncourt : nouveau*) et un .... (**i.** *parapluie : pliant*). Elle a perdu le sien la .... (**j.** *semaine : dernier*)

Bastien : J'ai trouvé pour Manon : une (**k.** *boîte de peintures : grand*)

Delphine : Il y a quelques semaines, elle a vu des .... (**l.** *bottes : noir, joli*). Je sais qu'elle aimerait bien les avoir.

Bastien : C'est noté. Et le petit Colas, qu'est-ce que le Père Noël va lui apporter ? Moi je sais : une .... (**m.** *boîte : gros*) de Lego et une .... (**n.** *trottinette : vert, petit*)

Delphine : Et voilà on a la liste. Il n'y a plus qu'à commander sur Internet !

Bastien : Et pour toi et moi, ce sera une .... (**o.** *surprise : gros, superbe*).

2. Voici une lettre de remerciement. Soulignez les mots corrects.

Ma (**a**) *cher / chère / chers* Mathilde,

Une merveille, le (**b**) *petit / petite / petits* pull (**c**) *bleu / bleue / bleus* que tu as choisi pour notre fille Léa. C'est le (**d**) *plus beau / plus beaux* cadeau qu'on a reçu. Il va très bien avec ses cheveux (**e**) *roux / rousse* et son teint (**f**) *clair / claires / claire*. Il est bien (**g**) *chaud / chaude* pour l'hiver, qui risque d'être (**h**) *glacial / glaciale* cette année. Les (**i**) *premiers / premières* neiges sont tombées avant-hier, ça promet !

J'espère que tu pourras bientôt venir nous voir dans notre (**j**) *nouveau / nouvel / nouvelle* appartement. Il est situé dans le centre de la (**k**) *vieil / vieille / vieux* ville, dans un quartier agréable, bien mieux desservi par les transports en commun que l'ancien. Pour les deux mois de Léa, le samedi 6 janvier, nous organisons à la maison une fête (**l**) *familial / familiale* et il y aura aussi nos meilleurs amis de (**m**) *long / longue* date. On partagera une (**n**) *énorme / énormes* galette des rois avec une (**o**) *bon / bonne* coupe de champagne. On t'attend bien sûr !

Donne-moi vite des nouvelles.

Je t'embrasse,

Ta plus (**p**) *vieille / vieil* amie, Louise

04 • Les pronoms

Les pronoms personnels sujets

> **• Le pronom sujet**
>
> Lucas et Léo sont frères. **Ils** habitent sur la Côte d'Azur. • **J'**habite à Paris. **J'**aime beaucoup ma ville.
>
> • Le pronom personnel sujet (« je/j' », « tu », « il », « elle », « on », « nous », « vous », « ils » et « elles ») remplace souvent un nom. « Je » se transforme en « j' » devant une voyelle ou un « h » muet.

102 Rayez les pronoms incorrects.

Exemple : ~~J'~~ / ~~Je~~ / Tu cherches un appartement à Marseille ?

a. J' / Je / Tu étudie l'italien à l'université.
b. J' / Je / Tu héberge un étudiant à la maison.
c. J' / Je / Tu habites en colocation ?
d. J' / Je / Tu reste à la maison aujourd'hui.
e. J' / Je / Tu manges au restaurant universitaire ?
f. J' / Je / Tu loge chez l'habitant.
g. J' / Je / Tu aimes ta chambre d'étudiant.
h. J' / Je / Tu accompagne ma fille à la faculté.

103 Rayez le verbe à la forme incorrecte.

Exemple : Tu ~~recherche~~ / recherches un trois-pièces dans cet immeuble ?

a. Tu *visite* / *visites* un studio rue Masséna ?
b. J'*habite* / *habites* dans le 12ᵉ arrondissement.
c. J'*adore* / *adores* ce quartier.
d. Tu *loge* / *loges* à l'hôtel ?
e. Je *monte* / *montes* au deuxième étage.
f. Tu *achète* / *achètes* une villa en banlieue.
g. Je *loue* / *loues* un deux-pièces.
h. Tu *déménage* / *déménages* bientôt ?

> **• Les pronoms singuliers et pluriels de la troisième personne**
>
> • Les pronoms personnels « il », « elle », « ils » et « elles » peuvent remplacer des personnes ou des choses.

104 Complétez par « il » ou « elle ».

Exemple : « **Elle** s'appelle Giovanna ? » « Oui, **elle** est italienne. »

a. « .... voyage en train ? » « Mais non, ... est aviateur. »
b. « .... est dentiste ? » « Non, ... est infirmière. »
c. « .... parle français ? » « Non , ... est américaine. »
d. « .... est russe ? » « Oui, ... s'appelle Olga. »
e. « .... boit du thé ? » « Bien sûr, ... est anglaise. »
f. .... déteste la ville, ... est agricultrice.
g. « .... aime le café ? » « Naturellement, ... est colombien. »
h. .... fait du sport, ... est nageur.

105 Cochez la ou les réponses possibles.

Exemple : *Elles* regardent la télévision.
1. Les parents. ☐   2. Les étudiantes. ☑   3. Les voisins. ☐

a. *Ils* écoutent toujours la radio ?

Les pronoms personnels sujets

| 1. Alexandre et Thomas. ☐ | 2. Anne et Marie. ☐ | 3. Les grands-parents. ☐ |

b. *Elle* lit le journal sur sa tablette.

| 1. La voisine. ☐ | 2. La directrice. ☐ | 3. Les étudiantes. ☐ |

c. *Elles* suivent une série américaine sur une chaîne étrangère.

| 1. *Les* spectateurs. ☐ | 2. Les téléspectatrices. ☐ | 3. Le public. ☐ |

d. *Il* achète le journal *Le Monde* chaque jour.

| 1. Le père de Marc. ☐ | 2. Chloé. ☐ | 3. Le professeur. ☐ |

e. *Ils* regardent les informations sur leur portable.

| 1. Les gens ☐ | 2. L'élève. ☐ | 3. Les enfants. ☐ |

f. *Elle* écoute de la musique sur un site payant.

| 1. Le frère d'Emma. ☐ | 2. Mon amie. ☐ | 3. Ma femme. ☐ |

g. *Elles* aiment la radio France Inter.

| 1. Les collègues. ☐ | 2. Les étudiants. ☐ | 3. Lisa et Julia. ☐ |

h. *Il* télécharge des films sur Internet.

| 1. Les amis de Nicolas. ☐ | 2. La famille. ☐ | 3. M. Martin ☐ |

106 Associez la description et l'objet.

a. Elle stocke les documents.   —   1. Une souris.

b. Ils sont utiles pour écouter de la musique.   —   2. Un écran.

c. Elle permet de cliquer.   —   3. Une clé USB.

d. Elle imprime les documents de votre ordinateur.   —   4. Les réseaux sociaux.

e. Il permet d'écrire avec l'ordinateur.   —   5. Un clavier.

f. Elles sont dans l'ordinateur ou à l'extérieur de l'ordinateur.   —   6. Des écouteurs.

g. Il affiche toutes les informations, les films, les photos…   —   7. Des enceintes.

h. Ils sont nombreux : Facebook, Instagram, Twitter, Skype…   —   8. L'imprimante.

• Vous » pluriel et « vous » de politesse

Les garçons, vous voulez une glace ? • Vous avez choisi, madame ?

• « Vous » peut représenter plusieurs personnes ou une seule (« vous » de politesse). Quand on parle à quelqu'un on peut lui dire « tu » (le tutoyer) ou « vous » (le vouvoyer). En général, on dit « tu » aux enfants, à la famille, aux amis et parfois entre collègues.

04 • Les pronoms

107 Utilisez « tu ».

Exemple : Vous nagez deux fois par semaine. → Tu nages deux fois par semaine.

a. Vous jouez dans une équipe de football ? → ....
b. Vous pratiquez un sport ? → ....
c. Vous avez une piscine ? → ....
d. Vous êtes sportif ? → ....
e. Vous assistez à un match de tennis ? → ....
f. Vous aimez la boxe ? → ....
g. Vous participez à une compétition ? → ....
h. Vous montez à cheval ? → ....

108 Utilisez « vous ».

Exemple : Tu vas au Festival de Cannes ? → Vous allez au Festival de Cannes ?

a. Tu assistes au spectacle ce soir ? → ....
b. Tu écoutes le concert de Zaz ? → ....
c. Tu visites l'exposition de Matisse avec moi ? → ....
d. Tu aimes les pièces de théâtre de Molière ? → ....
e. Tu regardes le film à la télévision ? → ....
f. Tu adores les boîtes de jazz ? → ....
g. Tu détestes l'opéra ? → ....
h. Tu as rendez-vous au cinéma ? → ....

109 Vouvoyez ou tutoyez.

Exemples : Tu es étudiant en philosophie.
Vous allez au lycée.

a. .... êtes en troisième année d'économie.
b. .... apprends le droit à la faculté.
c. .... études à la Sorbonne.
d. .... faites des études de langue.
e. .... as beaucoup de diplômes.
f. .... passez des examens à la fin du mois.
g. .... suivez une formation en informatique.
h. .... suis un cours de français.

• « Nous » et « on »

Toi et moi, nous avons le même âge. • Léa, Théo et moi, on est dans le même lycée. • En France, on a deux mois de vacances scolaires l'été.

• « Nous » peut représenter « je + tu », « je + lui/elle » ou « je + ils/elles ».

• « On » peut remplacer « nous » ou « les gens », et il est toujours suivi d'un verbe au singulier. « On » est très employé à l'oral.

Les pronoms personnels sujets

110 Rayez les pronoms incorrects.

Exemple : « Excusez-moi, vous êtes libre ? » « Désolé, je ~~/ on / nous~~ suis occupé. »

a. – Qu'est-ce que je peux faire pour vous ?
   – Je / On / Nous voudrais une chambre avec salle de bains, s'il vous plaît.

b. – Excusez-moi, vous avez une minute ?
   – Oui, je / on / nous sommes libres.

c. – Vous avez choisi ?
   – Oui. Je / On / Nous aime bien le vin rouge, alors un bordeaux, s'il vous plaît.

d. – Vous voulez un renseignement ?
   – Je / On / Nous voudrait connaître les horaires des trains.

e. – Vous désirez ?
   – Je / On / Nous peux sentir ce parfum ?

f. – Vous cherchez quelque chose de précis ?
   – Oui, je / on / nous cherchons le dernier roman d'Amélie Nothomb.

g. – Je peux vous aider ?
   – Non, merci. Je / On / Nous regardons seulement.

h. – Qu'est-ce que vous prenez ?
   – Je / On / Nous prend un croque-monsieur, une omelette et une carafe d'eau, s'il vous plaît.

111 « On » ou « nous » ? Soulignez la forme correcte.

Exemple : On / <u>Nous</u> sommes en vacances.

a. On / Nous est à la campagne.
b. On / Nous a un cours de ski.
c. On / Nous avons un chalet à la montagne.
d. On / Nous nageons tous les jours.
e. On / Nous prend le soleil au bord de la piscine.
f. On / Nous voyage dans le monde entier.
g. On / Nous passons notre temps à la plage.
h. On / Nous skie pendant les vacances de février.

112 Associez le début et la fin des phrases. (Il y a parfois plusieurs possibilités.)

a. Je	1. avons quatre enfants.
b. J'	2. vis dans une grande ville.
c. Tu	3. aime beaucoup le champagne.
d. Il / Elle	4. a faim ?
e. On	5. es espagnol ?
f. Nous	6. habitent en France.
g. Vous	7. travaillent le dimanche.
h. Ils / Elles	8. jouez du piano ?

a → 2

04 • Les pronoms

113 Cochez le pronom correct.

Exemple : Ses cousines et mes filles   1. nous ☐   2. vous ☐   3. elles ☑   4. on ☐

a. Marie et Amélie   1. nous ☐   2. vous ☐   3. elles ☐   4. ils ☐
b. Ma voisine et mes amies   1. elles ☐   2. vous ☐   3. il ☐   4. on ☐
c. Tes collègues et toi   1. vous ☐   2. ils ☐   3. nous ☐   4. on ☐
d. Toi et moi   1. ils ☐   2. elles ☐   3. vous ☐   4. on ☐
e. Votre directeur et vous   1. nous ☐   2. vous ☐   3. ils ☐   4. on ☐
f. Vous et lui   1. elles ☐   2. nous ☐   3. vous ☐   4. on ☐
g. Tes amis et ta famille   1. nous ☐   2. vous ☐   3. ils ☐   4. on ☐
h. Tes sœurs et moi   1. nous ☐   2. vous ☐   3. elles ☐   4. ils ☐

114 Soulignez la forme correcte.

Exemple : Mes enfants et moi adorent / adorez / <u>adorons</u> les vacances à la mer.
a. Mes amis et leurs femmes profitez / profitons / profitent de leur séjour à la neige.
b. Ton frère et toi goûtons / goûtez / goûtent aux spécialités locales : la ratatouille et la socca.
c. Mon cousin et Théo visites / visitent / visitez le musée Picasso à Antibes.
d. Sa mère et moi sont / êtes / sommes à la campagne.
e. Ma famille et moi restent / restez / restons en France pendant les congés.
f. Les Français et vous avons / ont / avez cinq semaines de congés par an.
g. Votre mari et votre fils partons / partent / partez en vacances à Nice.
h. Les touristes et mes parents passons / passez / passent leurs journées sur les pistes de ski.

Les pronoms personnels toniques

> **• Les pronoms toniques**
>
> Moi, je m'appelle Lisa et toi, tu t'appelles comment ? • Moi, je suis médecin, toi, tu es dentiste.
> • Le pronom personnel tonique (« moi », « toi », « lui », « elle », « nous », « vous », « eux », « elles ») est utilisé pour des personnes. Il sert à insister.
> Les pronoms « moi » et « toi » ne peuvent pas être sujets d'un verbe. On ajoute « je » et « tu ».

115 Complétez les phrases par le pronom correct.

Exemple : Toi, tu aimes ce tableau de Matisse ?

a. ...., je suis artiste.
b. Et ...., vous êtes musicienne ?
c. ...., il est chanteur.
d. ...., ils jouent du violon ?
e. ……., nous jouons dans le même film.
f. ……………, elles visitent l'exposition ?
g. …………………… , ils sont acteurs ?
h. ……………….., tu n'aimes pas le cirque.

116 Soulignez la forme correcte.

Exemple : Elle déteste le vin, mais ses parents, elles / <u>eux</u>, adorent les vins français.
a. Lui, aime bien le fromage, mais sa sœur, elle / toi, n'aime pas le camembert.
b. Eux aiment beaucoup les pâtes, mais leurs femmes, eux / elles, préfèrent les pizzas.

Les pronoms personnels toniques

c. Moi, j'ai horreur de la viande, mais mon mari, *lui / vous*, apprécie la viande de bœuf.
d. Toi, tu adores les escargots, mais mes invités, *nous / eux*, préfèrent les cuisses de grenouille.
e. Moi, j'apprécie les crêpes, mais votre mère, *elle / elles*, préfère les croissants.
f. Elles aiment le foie gras, mais leurs amis, *eux / elles*, apprécient le coq au vin.
g. Vous raffolez des macarons, mais mon fils, *lui / moi*, préfère la crème caramel.

117 Complétez les phrases par le pronom correct.

Exemple : « Qui met la table ? » « (Max) Lui, maman. »

a. « Qui fait la vaisselle ? » « (Je) ………, maman. »
b. « Qui range la chambre ? » « (Ils) ………, papa. »
c. « Qui passe l'aspirateur ? » « (Tu) ………, Tom. »
d. « Qui prépare le repas ? » « (Emma) ………, mamie. »
e. « Qui fait les courses ? » « (Nous) ………, grand-père. »
f. « Qui nettoie le frigo ? » « (Il) ………, papa. »
g. « Qui débarrasse la table ? » « (Elles) ………, tonton. »
h. « Qui essuie les verres ? » « (Léa et Théo) ………, tata. »

• **Emploi avec les prépositions**

Elle dîne avec nous et elle dort chez toi.
• Le pronom tonique est utilisé après une préposition.
---

118 Utilisez les pronoms après les prépositions.

Exemple : Je *t'*attends, viens chez moi quand tu veux.

a. Si tu as envie d'emmener *tes sœurs*, viens avec ……………………………………………
b. La semaine prochaine, c'est l'anniversaire de *Juliette* ; ce cadeau est pour ……………
c. Elle n'habite plus chez *ses parents*, mais elle a pris un studio à côté d'………………
d. *Maxime* n'est pas drôle ; à cause de ……………, on est arrivé en retard au théâtre.
e. J'ai rencontré *M. et Mme Dubois*, c'est par ……………… que j'ai appris votre mariage.
f. Heureusement que tu connais *Tom*. Grâce à ………………, j'ai trouvé du travail.
g. *Je* voudrais rencontrer sa mère, parle-lui de ……………… quand tu la verras.
h. Donne-*nous* de tes nouvelles, ça ……………………………… fera plaisir.

119 Répondez aux questions. Employez un pronom.

Exemple : Tu viens avec *nous* ? → Oui, je viens avec vous.

a. Vous déjeunez avec *Claire* ? → Oui, …………………………………………………………
b. Elle fait ce tableau pour *ses parents* ? → Oui, ………………………………………………
c. Tu es assis à côté de *cet acteur* ? → Oui, …………………………………………………
d. Vous avez choisi ce disque pour *Louis* ? → Oui, …………………………………………
e. Elle marche devant *ses amies* ? → Oui, ……………………………………………………
f. Ton mari est près de *toi* ? → Oui, ……………………………………………………………
g. Nous dînerons sans *Julie et toi* ? → Oui, …………………………………………………
h. Ils ne sont pas d'accord avec *ma sœur et moi* ? → Oui, …………………………………

• **Emploi après « c'est »**

Ce n'est pas lui, ce sont eux !
• Le pronom tonique est utilisé après « c'est » (ou « ce sont »).
---

04 • Les pronoms

120 Reliez les phrases et les prénoms. (Il y a parfois plusieurs possibilités.)

a. Ce n'est pas moi, c'est lui !
b. Ce ne sont pas elles, ce sont eux !
c. C'est toi, ce ne sont pas elles !
d. C'est nous, ce n'est pas elle !
e. Ce sont eux, ce n'est pas moi !
f. C'est moi qui suis française.
g. C'est toi qui as vingt ans ?
h. Ce sont eux qui sont étudiants.

1. Thomas et Mathieu.
2. Lucas.
3. Léa et Anna.
4. Hélène.
5. Adam et Lola.

> • **Emploi après les comparatifs**
>
> Il est plus jeune que nous.
>
> • Le pronom tonique est utilisé avec les comparatifs.

121 Remplacez par un pronom tonique les mots en italique.

Exemple : Je fais plus d'achats en ligne que *mes parents*. → Je fais plus d'achats en ligne qu'eux.

a. Il se connecte plus à Internet que *ses enfants*. → ....
b. Nous avons un portable plus récent que *nos sœurs*. → ....
c. Elle utilise moins les réseaux sociaux que *ses amies*. → ....
d. Vous téléchargez moins de musique que *votre frère*. → ....
e. Il poste moins de photos sur son blog que *la stagiaire*. → ....
f. Vous passez moins de temps à lire vos SMS que *Maxime et moi*. → ....
g. Tu consultes plus ce site que *ton collègue*. → ....
h. Vos parents reçoivent moins de textos que *ta sœur et toi*. → ....

Les pronoms compléments directs

> • **« Me », « te », « nous » et « vous »**
>
> « Salut Arthur, je te dérange ? • Non, tu ne me déranges pas du tout. Je t'attendais. »
>
> • Le pronom complément direct remplace le nom ou le pronom sujet et se place avant le verbe.
> • « Me », « te », « nous » et « vous » représentent obligatoirement des personnes. « Me » et « te » deviennent « m' » et « t' » devant une voyelle ou un « h » muet.

122 Complétez les phrases avec « me », « m' », « te », « t' », « nous » ou « vous ». (Il y a parfois plusieurs possibilités.)

Exemple : « Tu m'aimes ? » « Mais oui, je t'aime. »

a. « Je vous connais ? » « Mais oui, vous .... connaissez. »
b. « Vous nous voyez ? » « Oui, nous .... voyons très bien. »
c. « Tu me crois ? » « Non, je ne .... crois pas. »
d. « Il nous regarde ? » « Non, il ne .... regarde pas. »

Les pronoms compléments directs

e. « Elle vous quitte ? » « Eh oui, elle .... quitte. »
f. « Tu m'appelles ce soir ? » « D'accord, je .... appelle. »
g. « Il te remercie ? » « Bien sûr, il .... remercie. »
h. « Elle t'entend ? » « Oui, elle .... entend parfaitement. »

• « Le », « la », « l' » et « les »

Elsa prend l'avion, elle le prend tous les mois. • Paul va se marier le mois prochain ? Je ne le savais pas !

- « Le », « la » et « les » remplacent des noms de personnes ou de choses. « Le » et « la » deviennent « l' » devant une voyelle ou un « h » muet.
- « Le / L' » peut remplacer aussi une phrase entière.

---

123 Soulignez le pronom complément correct.

Exemple : Le lundi de Pâques, je <u>le</u> / la / l' / les partage avec mes amis et ma famille.

a. La fête de Noël, je le / la / l' / les attends avec impatience.
b. La Saint-Valentin, vous le / la / l' / les fêtez au restaurant ?
c. Le jour de l'An, nous le / la / l' / les passons avec nos amis.
d. Leurs noces d'or, mes parents le / la / l' / les célèbrent l'année prochaine.
e. La fête du Travail, tu le / la / l' / les expliques à tes camarades de classe ?
f. Le 14 Juillet, nous ne le / la / l' / les ratons jamais.
g. La fête des Mères, je le / la / l' / les prépare tôt.
h. Les fêtes de fin d'année, mes enfants le / la / l' / les adorent.

124 Devinez et reliez.

a. On la mange à Noël.   1. Le feu.
b. On les cache à Pâques.   2. Les fleurs.
c. On les ouvre à Noël.   3. La galette des Rois.
d. On les offre à la Saint-Valentin.   4. Le feu d'artifice.
e. On le décore à Noël.   5. Le sapin.
f. On l'allume à la Saint-Jean.   6. Les cadeaux.
g. On l'achète à l'Épiphanie.   7. La dinde.
h. On le regarde le 14 Juillet.   8. Les œufs.

125 Complétez avec « le », « la », « l' » ou « les ».

a. « Vous voyez le médecin tous les mois ? » « Non, je .... consulte environ deux fois par an. »
b. « Tu aimes ce dentiste ? » « Oui, je .... aime beaucoup. Il est très compétent. »
c. « Vous interrogez son chirurgien ? » « Oui , nous .... interrogeons sur les conséquences de l'opération. »
d. « Elle va chez M. et Mme Lefèvre, les pharmaciens ? » « Non, elle ne .... aime pas. »
e. « Nous téléphonons à l'infirmière tout de suite ? » « Non inutile, je .... vois tout à l'heure. »
f. « Je pourrais parler à la gynécologue ? » « Oui, je .... préviens. »
g. « Il y a cinq radiologues dans ce centre médical. » « Je sais, je .... connais tous les cinq. »
h. « Tu as rendez-vous avec la vétérinaire ? » « Non, mais je .... appelle pour prendre rendez-vous. »

04 • Les pronoms

126 Reliez les questions et les réponses. (Il y a parfois plusieurs possibilités.)

a. Vous aimez les B.D. d'Astérix et Obélix ?
b. Tu prends ma voiture ?
c. Vous choisissez ce bouquet ?
d. Tu ne mets pas ces chaussures ?
e. Vous lisez cette revue ?
f. Vous aimez les huîtres ?
g. Vous prenez ce pantalon ?
h. Tu n'as pas la télévision ?

1. Oui, je le prends.
2. Non, je ne la veux pas.
3. Oui, je l'aime bien.
4. Non, je ne les aime pas.

127 Répondez aux questions en utilisant « le », « la », « l' » ou « les ».

Exemple : Elle fait sa commande par Internet. → Oui, elle la fait par Internet.

a. Tu utilises souvent les réseaux sociaux ? → Oui, je ....
b. Elle fait ses courses en ligne ? → Oui, elle ....
c. Tu prends ce portable ? → Oui, je ....
d. On allume l'ordinateur ? → Oui, on ....
e. Il télécharge ces films ? → Oui, il ....
f. Ils piratent les sites ? → Oui, ils ....
g. Vous scannez la lettre ? → Oui, je ....
h. Nous connaissons le mot de passe ? → Oui, nous ....

128 Remplacez les mots en italique par « le », « la », « l' » ou « les » comme dans l'exemple.

Exemple : On passe *le week-end* à la campagne. → On le passe à la campagne.

a. Nous faisons *les courses* avant de partir. → ....
b. Je vide *la voiture*. → ....
c. Ma femme arrose *le jardin*. → ....
d. Les enfants retrouvent *leurs copains*. → ....
e. On range un peu *la maison*. → ....
f. De temps en temps, ma femme invite *notre voisine* à déjeuner. → ....
g. L'après-midi, on fait *la sieste* dehors s'il fait beau. → ....
h. Le soir, on reçoit *nos amis*. → ....

129 Posez des questions correspondant aux réponses données.

Exemple : Ils regardent la télévision le matin ? ← Non, ils ne la regardent pas le matin.

a. .... ← Non, on ne le prend jamais à la gare de Lyon.
b. .... ← Oui, elle l'achète à la gare.
c. .... ← Oui, elle le lit de temps en temps.
d. .... ← Oui, nous les écoutons à la radio.
e. .... ← Non, il ne la prend pas ; elle est chez le garagiste.
f. .... ← Oui, on les voit souvent, au moins une fois par mois.
g. .... ← Non, je ne le prends pas souvent, je préfère le bus.
h. .... ← Oui, on le rencontre tous les jours ; c'est notre boulanger.

Les pronoms compléments directs

130 Complétez avec « me », « te », « le », « la », « l' », « nous », « vous » ou « les ».

Exemple : Lucas invite sa petite amie au restaurant. Il l'invite pour son anniversaire.

a. J'adore ce comédien. Je .... applaudis toujours très fort à la fin de son spectacle.
b. Quand les enfants sont en vacances, nous .... emmenons au cinéma.
c. Je .... attends à l'entrée du musée, si vous voulez.
d. Il .... remercie pour la place de concert que tu as achetée.
e. Je voudrais voir cette pièce de théâtre ; je ne .... connais pas.
f. Le spectacle que tu veux voir, mes parents .... voient ce soir.
g. Tu .... rejoins à l'Opéra après ton travail ? Nous t'attendrons à l'entrée.
h. J'aime beaucoup l'art. Vous .... conseillez cette expo de peinture ?

131 Remettez les mots dans l'ordre. (Rétablissez l'apostrophe si nécessaire.)

Exemple : comprends / le / ne / pas / je → Je ne le comprends pas.

a. les / ne / il / pas / connaît → ....
b. ne / trouvons / pas / la / nous / jolie → ....
c. le / beaucoup / vous / pas / aimez / ne → ....
d. reconnais / me / pas / tu / ne → ....
e. ne / écoute / pourquoi / pas / elle / me ? → ....
f. le / vous / ne / jamais / week-end / vois / je → ....
g. Max / nous / la / de / pas / mère / accompagne / ne → ....
h. appelles / ne / le / tu / plus / dimanche / nous → ....

• La place du pronom complément direct

J'ai rendez-vous avec la directrice, je dois la rencontrer demain. • Appelle-le quand tu veux, mais ne l'appelle pas au bureau.

- Avec deux verbes, le pronom personnel complément se situe entre le verbe conjugué et l'infinitif. À l'impératif affirmatif, il est placé après le verbe. À l'impératif négatif, il est devant le verbe et le trait d'union disparaît.

 « Me » et « te » se transforment en « m' » et « t' » devant une voyelle ou un « h » muet.

---

132 Reliez les questions et les réponses.

a. Tu veux lire ce roman ?
b. Elle peut conduire ta moto ?
c. On peut allumer la télé ?
d. Vous allez acheter ce tableau ?
e. Ils veulent faire les courses ?
f. Vous préférez prendre l'avion ?
g. Elle veut vendre sa voiture ?
h. Tu as envie de voir ce film ?

1. Oui, elle est capable de la conduire.
2. Non, il ne faut pas l'allumer, il est tard.
3. Non, ils refusent de les faire.
4. Oui, elle aimerait la vendre.
5. Non, je n'ai pas envie de le lire.
6. Non, je ne veux pas le voir.
7. Oui, nous voulons l'acheter.
8. Oui, j'aime bien le prendre.

04 • Les pronoms

133 Répondez aux questions avec « le », « la », « l' » ou « les ».

Exemple : Tu veux bien écouter cet opéra ? → Oui, je veux bien l'écouter. / Non, je ne veux pas l'écouter.
a. Il sait utiliser le four à micro-ondes ? → Oui, ...
b. Tu dois envoyer ton C.V. ? → Non, ...
c. Ils veulent essayer la nouvelle Peugeot ? → Oui, ...
d. Je dois lire ton rapport ? → Oui, ...
e. Vous savez conduire ce camion ? → Non, ...
f. Tu peux prendre cette valise ? → Non, ...
g. Il veut vendre son appartement ? → Oui, ...
h. Pouvez-vous commander cette biographie ? → Oui, ...

134 Répondez : remplacez les groupes de mots en italique par « le » ou « l' ».

Exemple : Tu veux *que je t'aide à porter les valises* ? → Non, je ne le veux pas.
a. Ton frère voudra bien *que je l'accompagne à l'aéroport* ? → Non, ...
b. Vous savez *pourquoi le vol est annulé* ? → Non, ...
c. Penses-tu *qu'elle a acheté les billets d'avion* ? → Oui, ...
d. Tu crois *que le tram et les bus sont en grève* ? → Oui, ...
e. Tes parents veulent *que je voyage avec eux* ? → Non, ...
f. Vous croyez *qu'il est trop tard pour enregistrer les bagages* ? → Oui, ...
g. Tu sais *s'il est possible d'emporter ce bagage à main dans l'avion* ? → Non, ...
h. Savez-vous *si le vol Naples-Paris est arrivé* ? → Non, ...

135 Complétez avec un pronom complément direct. (Ajoutez le trait d'union si nécessaire.)

Vous avez reçu ce mail :
« Peux-tu faire les courses mon cœur ? Ne (**a**) .... fais pas aujourd'hui si tu as trop de travail.
Nous avons besoin de tomates. Achète (**b**) .... au marché, ne (**c**) .... prends pas au supermarché. Prends aussi des pommes et des poires. Ne (**d**) .... choisis pas trop mûres. Il faut aussi de la viande pour un bœuf bourguignon. Ne (**e**) .... achète pas chez le boucher au coin de la rue, il est trop cher.
Ne (**f**) .... dérange pas s'il te plaît, je serai en réunion toute la journée. Appelle (**g**) .... à partir de 17 heures.
Merci. Je (**h**) .... aime. »

136 Que remplace le pronom ? Associez. (Il y a parfois plusieurs possibilités.)

a. Louons-la !
b. Faites-les !
c. Déplace-le !
d. Appelle-le !
e. Déménage-les !
f. Décore-la !
g. Meublez-le !
h. Achetons-les !

1. Le lit.
2. Les travaux.
3. La villa de nos rêves.
4. L'appartement.
5. Le propriétaire.
6. Les meubles.
7. La salle à manger.

Les pronoms compléments indirects

137 Répondez : remplacez les groupes de mots en italique par « le » ou « l' ».

Exemple : Pouvez-vous expliquer *où se trouve la compagnie Air France* ? → Non, je ne peux pas l'expliquer.

a. Peut-elle demander *s'il fait beau au Brésil en décembre* ? → Oui, ...
b. Je pourrai dire *que tu es en vacances* ? → Non, ...
c. Pouvez-vous préciser *où se trouve la porte d'embarquement* ? → Oui, ...
d. Allez-vous répéter *ce que l'hôtesse de l'air a dit* ? → Oui, ...
e. Pouvez-vous assurer *qu'il n'y aura plus de grèves* ? → Non, ...
f. Tu dois dire *pourquoi tu as raté ton avion* ? → Oui, ...
g. Aimeriez-vous ajouter *que l'aéroport de Nice est le deuxième de France* ? → Non, ...
h. Voulez-vous savoir *si vos billets sont encore valables* ? → Oui, ...

138 Transformez comme dans les exemples.

Exemples : Regarde-moi ! → Ne me regarde pas !
Ne nous interrogez pas ! → Interrogez-nous !

a. Regardez-vous ! → ....
b. Ne t'interroge pas ! → ....
c. Ne la crois pas ! → ....
d. Ne me remercie pas ! → ....
e. Invitez-les ! → ....
f. Écoute-moi ! → ....
g. Punissez-nous ! → ....
h. Présente-toi ! → ....

• « Me », « te », « lui », « nous », « vous » et « leur »

J'ai écrit un texto à Clara, je **lui** ai envoyé un mail et je **lui** ai téléphoné, mais elle ne **m'**a pas répondu.

- Le pronom personnel complément d'objet indirect (« me/m' », « te/t' », « lui », « nous », « vous » et « leur ») représente toujours des personnes et il est presque toujours placé avant le verbe. Il remplace le complément construit avec « à » + personne.

✋ Devant une voyelle ou un « h » muet « me » et « te » deviennent « m' » et « t' ».

---

139 Complétez les phrases par « me », « m' », « te », ou « t' ».

Exemple : Tu m'écoutes ? Je te parle.

a. Si tu veux sortir ce soir, tu .... téléphones.
b. Tu sais comment faire ? Attends, je .... montre.
c. J'ai besoin d'aide, tu .... expliques ce qu'il faut faire ?
d. Je ne comprends pas ce que vous .... demandez. Répétez-moi la question.
e. « Je n'ai plus de batterie. » « Attends, je .... prête mon chargeur. »
f. Tu .... apprends à télécharger un fichier ?
g. Je .... envoie le fichier en pièce jointe.
h. Si je ne réponds pas sur mon portable, tu .... laisses un message.

04 • Les pronoms

140 Répondez aux questions avec « me », « te », « m' », « t' », « nous » ou « vous ».

Exemple : Vous *nous* téléphonez au bureau ? → Oui , nous **vous** téléphonons au bureau. / Non, nous ne **vous** téléphonons pas au bureau.

a. Tu me donnes de ses nouvelles ? → D'accord, ...
b. Je t'envoie ce colis par la poste ? → Non, ...
c. On te donne notre nouvelle adresse ? → Oui, ...
d. Nous vous posons les questions en anglais ? → Non, ...
e. Vous nous rendez visite ? → Oui, ...
f. Je vous plais avec cette robe ? → Oui, ...
g. Tu nous rends service ? → Non, ...
h. Je t'emprunte ce CD ? → Non, ...

• « Lui » et « leur »

« Tu peux appeler Thomas pour **lui** dire de venir ? Puis contacte Sarah pour **lui** demander un rendez-vous, s'il te plaît.
– D'accord, je **leur** téléphone tout de suite. »

• **Lui** et **leur** sont masculin ou féminin. **Lui** est singulier et **leur** est pluriel.

141 Soulignez les pronoms compléments indirects.

Exemple : Mes parents sont ennuyés. Leur avocat <u>leur</u> répond rarement au téléphone.

a. Je lui raconterai mes vacances. Alexandra répondra à mon mail, mais son mari, lui, n'écrit jamais.
b. Leur enfant est étudiant à Paris et ils lui rendent visite tous les mois.
c. Elle lui envoie un texto avant de partir au travail. Lui préfère lui passer un coup de fil.
d. Mes parents leur répètent toujours de venir dans le Sud, mais les voisins préfèrent rester dans leur maison de campagne, pendant les vacances.
e. Vous lui dites bonjour, mais lui vous ignore.
f. Tu lui fais signe mais tu ne lui souris jamais.
g. Je leur offre un voyage pour leur mariage.
h. « C'est leur tablette ? » « Oui je leur ai donné ma vieille tablette. »

142 Associez les questions et les éléments de réponse.

a. Tu téléphones à ta famille ?   1. téléphone une fois par semaine.
b. Vous parlez à votre voisine ?   2. parle tous les jours.
c. Tu écris à ta sœur ?   Je lui   3. écris un SMS.
d. Tu réponds à tes camarades de classe ?   4. réponds sur Facebook
e. Vous souriez à vos collègues ?   5. souris.
f. Vous prêtez des livres aux étudiants ?   Je leur   6. pose parfois des questions.
g. Tu poses des questions à ton directeur ?   7. prête des livres de littérature.
h. Tu fais confiance à ton banquier.   8. fais confiance, il est sérieux.

Les pronoms compléments indirects

143 Qu'est-ce que le pronom complément remplace ? Cochez la ou les bonnes réponses.

Exemple : Le demandeur d'emploi leur envoie son C.V. immédiatement.
1. à mon patron ☐   2. aux recruteurs ☑   3. à ces employeurs ☑

a. Ils lui font confiance.
1. à ces stagiaires ☐   2. à la directrice ☐   3. aux enseignants ☐

b. Vous leur résistez ?
1. à vos syndicalistes ☐   2. à votre patron ☐   3. à la secrétaire ☐

c. Elle lui répond avec agressivité.
1. à sa collègue ☐   2. à cet employé ☐   3. aux comptables ☐

d. Nous leur proposons un meilleur salaire.
1. aux ouvriers ☐   2. à notre assistante ☐   3. à nos pilotes d'Air France ☐

e. Je lui succède à ce poste.
1. à sa mère ☐   2. à mon père ☐   3. à ses frères et sœurs ☐

f. Mon collègue lui fait face malgré ses problèmes financiers.
1. à son banquier ☐   2. aux salariés ☐   3. à l'agent des impôts ☐

g. Pendant les entretiens d'embauche, on peut leur poser n'importe quelle question.
1. à ces candidats ☐   2. à l'employé ☐   3. au directeur des ressources humaines ☐

h. Vous leur cherchez un stage en entreprise ?
1. aux étudiants ☐   2. à ce jeune ☐   3. aux collégiens ☐

144 Complétez les phrases par « lui » ou « leur ».

Exemple : « Qu'est-ce que tu enseignes aux enfants ? » « Je leur enseigne l'informatique. »

a. « Connais-tu ces élèves depuis longtemps ? » « Depuis que je .... enseigne les mathématiques. »
b. « Qu'attendez-vous des étudiants ? » « On .... demande de participer aux cours. »
c. « Quelle réponse donnera-t-elle au professeur ? » « Elle .... dira qu'elle est d'accord. »
d. « Tu vois souvent tes camarades de lycée ? » « Oui, je .... propose souvent de sortir avec moi. »
e. « Les enseignants ont des problèmes avec ces écoliers ? » « Oui, ils ne .... obéissent pas. »
f. « Valentin ressemble au professeur de géographie ? » « C'est vrai, il .... ressemble beaucoup. »
g. « Cette élève fait peur aux autres enfants ? » « Elle .... fait peur parce qu'ils ne la connaissent pas. »
h. « Vous offrez un cadeau à votre prof ? » « Nous .... offrons une place de spectacle. »

145 Complétez les phrases par « me », « te », « lui », « nous », « vous » ou « leur ». Tenez compte des mots en italique.

Exemple : Ce plan est pour *toi* ; il te rendra service à Paris.

a. Raconte-*moi* cette histoire sans .... mentir.
b. Il est tombé amoureux de *Manon* le jour où il .... a demandé de travailler dans son magasin.
c. Ce cadeau est pour *vous*. J'espère qu'il .... plaira.
d. J'aime bien *les nouveaux voisins*. On pourrait .... dire de prendre un verre à la maison.
e. Elle aime *Théo*, je crois. Elle .... sourit très souvent.
f. Vous ne vous souvenez pas de *Marine* ? Vous vouliez .... parler.
g. « *Grégory et moi* nous rentrons demain, mais vous .... manquez trop. »
h. Regarde ce que je .... donne si *tu es sage*.

04 • Les pronoms

146 Répondez négativement aux questions.

Exemple : Tu me donnes ton numéro de portable ? → Non, je ne te donne pas mon numéro de portable.

a. Tu lui parles sur Skype ? → ....
b. Nous leur écrivons un mot ? → ....
c. Je vous explique le problème ? → ....
d. Il nous raconte ses vacances sur son blog ? → ....
e. Alex lui demande son adresse électronique ? → ....
f. Tu me chantes une chanson ? → ....
g. Vous leur laissez un message ? → ....
h. Paul te donne son mot de passe ? → ....

147 Posez les questions qui correspondent aux réponses données.

Exemples : Il offre une bague à sa femme ? ← Oui, il lui offre une bague.
Elle ne te téléphone pas ? ← Si, elle me téléphone.

a. .... ← Non, je ne leur ressemble pas.
b. .... ← Oui, ils leur achèteront des chocolats.
c. .... ← Si, vous lui faites mal.
d. .... ← Si, on lui laisse un pourboire.
e. .... ← Oui, tu m'apprends l'espagnol.
f. .... ← Non, je ne te montre pas mon exercice.
g. .... ← Si, il vous rend vos livres.
h. .... ← Oui, il me manque énormément.

148 Remettez les mots dans l'ordre.

Exemple : chemin / pas / ne / leur / indiqué / le /je / ai → Je ne leur ai pas indiqué le chemin.

a. carte / m' / ne / montré / tu / as / pas / direction / la / sur / la ? → ....
b. pizza / tu / pas / commandé / une / ne / as / lui ? → ....
c. ne / avez / pas / vous / nous / dit / bonjour ? → ....
d. leur / as / ne / tu / écrit / pas ? → ....
e. vous / je / pas / ai / téléphoné / ne → ....
f. expliqué / ne / pas / m' / on / a → ....
g. voiture / pas / nous / il / a / sa / ne / prêté → ....
h. ne / ont / enfants / les / t' / confiance / fait / pas → ....

> **• La place du pronom complément indirect**
>
> Je vais leur rendre visite. Fais-lui confiance et ne lui téléphone pas avant ce week-end.
>
> • Quand il y a deux verbes, le pronom indirect se place entre les deux verbes, devant l'infinitif.
>
> • À l'impératif affirmatif, le pronom personnel complément indirect est placé après le verbe. À l'impératif négatif, il se place devant le verbe sans trait d'union. « Me », « te » deviennent « m' », « t' » devant une voyelle et un « h » muet.

Les pronoms compléments indirects

149 Reformulez ces demandes et ces conseils comme dans les exemples.

Exemples : Répondez-moi ! → Vous devez me répondre.   Souris-lui ! → Tu dois lui sourire.

a. Écrivez-nous ! → ....
b. Offrez-moi une glace ! → ....
c. Apprends-moi ! → ....
d. Dites-nous ce qui est arrivé ! → ....
e. Donne-lui une chance ! → ....
f. Demandez-moi la permission de sortir ! → ....
g. Obéis-nous davantage ! → ....
h. Expliquons-leur le trajet ! → ....

150 Répondez négativement et utilisez le pronom indirect.

Exemple : Tu aimerais ressembler à ta sœur ? → Non, je n'aimerais pas lui ressembler.

a. Il voudrait échapper à ses parents ? → ....
b. Ils aimeraient plaire à leur belle-fille ? → ....
c. Tu pourras pardonner à ton mari ? → ....
d. Vous allez permettre à vos enfants de vendre la maison ? → ....
e. Nous allons acheter un appartement à notre fils ? → ....
f. Tu vas mentir à ta femme longtemps ? → ....
g. Je peux te montrer les photos ? → ....
h. Elle veut vous parler ? → ....

151 Complétez avec un pronom indirect.

Exemple : J'ai soif. Apportez-moi un verre d'eau !

a. *Il* a chaud. Versez .... un Coca !
b. *Je* suis fatigué. Ne .... fixez pas rendez-vous.
c. *Tu* as sommeil. Offre .... une belle chambre d'hôtel !
d. *Nous* voulons dormir. Ne .... servez pas de café !
e. *J'*ai trop de travail. Ne .... écrivez pas de mails !
f. *Ils* sont fatigués. Ne .... parlons pas !
g. *J'*ai mal à la tête. Donnez .... un cachet.
h. *Nous* voilà. Montrez .... nos places.

152 Donnez l'ordre contraire.

Exemples : Dis-lui de partir. → Ne lui dis pas de partir.
Ne me fais pas confiance. → Fais-moi confiance.

a. Rendez-leur la monnaie. → ....
b. Prêtez-moi 200 euros. → ....
c. Ne leur demandez pas de signer le chèque. → ....
d. Emprunte-lui de l'argent. → ....
e. Dis-nous de retirer de l'argent au distributeur. → ....
f. Ne me demande pas de payer en espèces. → ....
g. Montrez-moi votre carte bancaire. → ....
h. Ne nous expliquez pas comment remplir un chèque. → ....

04 • Les pronoms

Le pronom complément « en »

> **• Le pronom « en »**
>
> Nous changeons d'appartement, nous en achetons un dans le centre-ville. • Il a besoin d'oranges mais il n'en a plus.
>
> - « En » remplace un nom de personne ou de chose précédé d'un article indéfini (« un », « une » ou « des »), d'un article partitif (« du », « de la » ou « de l' »). Il est toujours invariable.
> - À la forme affirmative, on répète le deuxième élément (« un », « une »), mais pas au pluriel ni à la forme négative.

153 Reliez les questions et les réponses.

a. Je voudrais des croissants.
b. J'aimerais une crêpe.
c. Je veux un pain au chocolat, papa.
d. Nous voulons des macarons.
e. Je voudrais manger une glace.
f. J'aimerais boire un Coca.
g. Elle veut des bonbons.
h. Il voudrait une tarte aux fraises.

1. D'accord, j'en achète un.
2. Entendu, j'en achète une.
3. O.K., j'en achète.

154 Répondez aux questions avec « en ».

Exemple : Vous avez des animaux ? → Non, nous n'en avons pas.

a. Tu porteras une robe à la soirée ? → Oui, ...
b. Les étudiants ont un projet ? → Oui, ...
c. Vous avez un travail ? → Oui, ...
d. Est-ce qu'il y a des toilettes ? → Oui, ...
e. Ils ont des informations ? → Non, ...
f. Tu veux un café ? → Non merci, ...
g. Tu as pris une bière ? → Non, ...
h. Elle porte des lunettes ? → Oui, ...

> **• La place du pronom « en »**
>
> Je dois en prendre (un, une). • Prends-en (un, une). • N'en prends pas.
>
> « En » se place devant le verbe ou l'auxiliaire. Quand il y a deux verbes, « en » est placé devant l'infinitif.
> À l'impératif affirmatif, « en » se place derrière et à la forme négative, il se place devant.

155 Remettez les mots dans l'ordre.

Exemple : une / tu / avoir / en / vas. → Tu vas en avoir une.

a. en / pas / vous / n' / pris / avez → ....
b. y / pas / en / il / n' / a → ....
c. acheté / une / en / elle / a → ....

d. buvez / pas / en / n' → ....
e. une / prenez / en → ....
f. voudrais / un / manger / en / je → ....
g. ne / pas / veut / faire / en / il → ....
h. allez / pas / n' / vous / porter / en → ....

156 Qu'est-ce que « en » remplace ? Soulignez.

Exemple : J'en bois au petit-déjeuner.   du thé – le café – le chocolat chaud

a. On en met sur les tartines.   la pâte à tartiner – du beurre – le miel
b. Mes enfants en mangent.   les croissants – le pain – des céréales
c. On en verse dans un bol.   du lait – le café – le thé
d. Nous ne voulons pas en faire.   les biscuits – de la confiture – le gâteau
e. Il y en a dans la soupe.   les pommes de terre – la carotte – des légumes
f. Mets-en sur tes frites.   le poivre – le sel – de la moutarde
g. Ta fille n'en a pas acheté.   le champagne – le vin – de l'huile d'olive
h. N'en buvez pas.   de l'eau froide – la bière – le rosé

157 Répondez aux questions comme dans l'exemple.

Exemples : Tu as mis du sel ? → Non, je n'en ai pas mis.
Elle veut acheter des œufs ? → Oui, elle veut en acheter.

a. Vous allez cuisiner des pâtes italiennes ? → Oui, nous ....
b. Tu as de l'argent ? → Non, je ....
c. Aurélie a pris du sucre ? → Oui, elle ....
d. Il reste de la viande ? → Non, il ....
e. Nos amis ont acheté du fromage ? → Non, ils ....
f. Elle a de la monnaie ? → Oui, elle ....
g. Tu voudrais mettre de l'ail dans ce plat ? → Non, je ....
h. Prenez du vin au supermarché. → Oui, nous ....

Les pronoms compléments de lieu

• « Y » et « en »

Tu connais la Croatie ? J'en viens, je suis arrivée de Croatie, hier. Je voudrais y retourner, un jour.

Le pronom « y » remplace un complément de lieu où l'on va ou bien où l'on est. Le pronom « en » remplace un complément de lieu d'où l'on vient. Les pronoms « y » et « en » sont placés devant le verbe. Quand il y a deux verbes, les pronoms se placent devant l'infinitif.

158 Répondez aux questions et utilisez « y ».

Exemple : Vous passez vos vacances en Autriche ? → Oui, nous y passons nos vacances.

a. Tes amis louent une maison sur la Côte d'Azur ? → Oui, ...
b. Clara habite au bord de la mer ? → Oui, ...

04 • Les pronoms

c. Ils restent une semaine à Barcelone ? → Oui, ...
d. Vous skiez dans les Alpes ? → Oui, ...
e. Ton amie part pour les Pays-Bas ? → Oui, ...
f. Les enfants sont à l'hôtel ? → Oui, ...
g. Tes parents campent en Provence ? → Oui, ...
h. Tu t'arrêtes à Lyon ? → Oui, ...

159 Répondez aux questions et utilisez « y ».

Exemples : Sarah vit à Rome ? → Oui, elle y vit.   Léo retourne dans son pays ? → Non, il n'y retourne pas.

a. Elle est à la fac ? → Oui, ...
b. Ces adolescents font leurs études à Boston ? → Oui, ...
c. On se retrouve au Bar des Amis ? → D'accord, ...
d. Tu passes une semaine au Maroc cet hiver ? → Non, ...
e. Tu vas à l'école aujourd'hui ? → Non, ...
f. Camille se promène sur les Champs-Élysées ? → Oui, ...
g. On déjeune au restaurant universitaire à midi ? → D'accord, ...
h. Vous travaillez chez elle ? → Non, ...

160 Soulignez le complément de lieu et répondez aux questions avec « y ».

Exemple : – Les habitants préfèrent admirer le feu d'artifice sur la plage ?
– Oui, ils préfèrent y admirer le feu d'artifice.

a. – Les Parisiens peuvent se promener à pied sur les bords de Seine ?
– Oui, ...
b. – Les touristes veulent aller à Versailles pour voir le château ?
– Non, ...
c. – Il faut habiter dans le sud de la France pour profiter du beau temps ?
– Oui, ...
d. – Tes amis vont passer leurs vacances en Bretagne ?
– Non, ...
e. – Le public peut retourner dans ce musée en nocturne ?
– Oui, ...
f. – Les visiteurs peuvent se garer dans le parking ?
– Non, ...
g. – Les touristes préfèrent passer plus de temps au marché aux fleurs ?
– Oui, ...
h. – Les vacanciers doivent s'arrêter devant l'hôtel Negresco pour voir un hôtel de luxe cinq étoiles ?
– Oui, ...

161 Répondez aux questions. Employez le pronom « en ».

Exemple : Elle vient de France ? → Oui, elle en vient.

a. Tu sors du bureau ? → Oui, ...
b. Ton professeur part de l'université de bonne heure ? → Oui, ...

Les pronoms compléments de lieu

c. Ta mère vient d'Italie ? → Oui, ...
d. Les enfants rentrent de l'école à 16 heures ? → Oui, ...
e. Vous arrivez du Vietnam ? → Oui, ...
f. Vous revenez de Madrid ? → Oui, ...
g. Il sort de la bibliothèque ? → Oui, ...
h. Ces étudiants reviennent des États-Unis ? → Oui, ...

162 Posez les questions qui correspondent aux réponses.

Exemple : Elle vient de la salle de sport ? ← Elle en vient très fatiguée.

a. .... ← Ils en arrivent à l'instant.
b. .... ← Elles en sortent à 18 heures.
c. .... ← Nous en revenons.
d. .... ← On en part demain.
e. .... ← J'en rentre à 19 heures.
f. .... ← Tu en viens tard.
g. .... ← On en sort tôt.
h. .... ← Elle en ressort heureuse.

163 Remettez les mots dans l'ordre.

Exemple : 17 / ne / pas / heures / devez / en / avant / vous / revenir
→ Vous ne devez pas en revenir avant 17 heures.

a. en / je / partir / maintenant / préfère → ....
b. veulent / ne / ils / pas / sortir / en → ....
c. tout / en / devons / ressortir / de / nous / suite → ....
d. ne / repartir / faut / il / pas / en → ....
e. tard / pouvez / plus / revenir / vous / en → ....
f. on / pas / en / demain / ne / partir / va → ....
g. sait / pas / en / Marie / sortir / ne → ....
h. partir / aimerais / en / j' → ....

164 Complétez avec « y » ou « en ».

Exemples : Vous y avez déjà travaillé ?   Tu n'en es pas revenu seul ?

a. Je n'......... suis pas encore sortie.
b. Nous .... sommes déjà allés.
c. Ils .... ont vécu deux ans.
d. Vous n'......... avez pas rencontré mon ami ?
e. Tu ...... es déjà revenu ?
f. Lola n'......... est pas restée longtemps.
g. Je ne m'......... suis pas promené.
h. Mon mari s'......... est perdu.

165 Choisissez « y » ou « en » avec l'impératif. (Ajoutez le trait d'union si nécessaire.)

Exemples : Ne vous y arrêtez pas.   Sors-en vite.

a. N'........................... retournez pas.
b. Restez .... jusqu'à la fin de la soirée.
c. Sortez .... le plus tôt possible.
d. N'........................... habite pas.
e. Soyez .... à l'heure.
f. Ne t' .... promène pas.
g. N'................... sortons pas avant minuit.
h. Allez .... avec des amis.

57

04 • Les pronoms

Synthèse

166 Qu'est-ce que le pronom complément remplace ? Cochez la ou les bonnes réponses.

Exemple : Ils l'écoutent avec attention.
1. les conseils ☐   2. le professeur ☑   3. à la journaliste ☐

a. Tu lui réponds mal.
1. à tes copains ☐   2. au téléphone ☐   3. à ta mère ☐

b. Vous leur posez des questions.
1. à M. Lenoir ☐   2. aux médecins ☐   3. à Julie ☐

c. Elle les met au courant des nouveautés.
1. ses amies québécoises ☐   2. à ses sœurs ☐   3. sa collègue ☐

d. Je l'invite au café-théâtre.
1. à ma copine ☐   2. mon cousin ☐   3. son frère ☐

e. Elle lui a donné rendez-vous à la brasserie Flo.
1. à Charlotte et Romain ☐   2. à Alexis ☐   3. à son copain ☐

f. Nous leur avons téléphoné très tôt.
1. à la bibliothécaire ☐   2. à nos clients ☐   3. les vendeurs ☐

g. Nous venons de les quitter.
1. nos cousins de Lyon ☐   2. aux enfants ☐   3. Marie Dufour ☐

h. Vous allez la conduire à l'hôtel de l'Europe.
1. notre directrice ☐   2. à cette touriste ☐   3. la dame ☐

167 Reliez les phrases qui ont le même sens.

a. Écoute les informations.   1. Ne les regardez pas.
b. Vous avez une tablette.   2. Je suis en train de le lire.
c. J'ai apporté le journal.   3. Écoute-les.
d. Je suis en train de lire ce magazine. 4. Nous allons en écrire.
e. Ne regardez pas ces DVD.   5. Vous en avez une.
f. Nous allons écrire des courriels. 6. Je l'ai apporté.
g. Je ne suis pas allé au cinéma.   7. On lui téléphonera.
h. On téléphonera au journaliste.   8. Je n'y suis pas allé

168 Qu'est-ce que « en » et « y » remplacent ? Cochez la bonne réponse.

Exemple : Non, je n'en achète pas souvent.
1. au supermarché ☐   2. du vin ☐   3. les fromages ☐

a. Fanny n'y va pas souvent.
1. en taxi ☐   2. à la patinoire ☐   3. avec ses amis ☐

b. Son fils en mange.
1. les biscuits ☐   2. des glaces ☐   3. le chocolat ☐

c. On en a trouvé peu cette année.

1. en Suisse ☐	2. le muguet ☐	3. des champignons ☐

d. Ma voisine en a.

1. les enfants ☐	2. une maison de campagne ☐	3. des locataires ☐

e. Désolée, je n'en ai pas pris.

1. le métro ☐	2. les transports en commun ☐	3. du gâteau ☐

f. Nous y faisons nos courses.

1. au supermarché ☐	2. du marché ☐	3. un marché ☐

g. J'en reviens à l'instant.

1. à Paris ☐	2. au bord de la mer ☐	3. des grands magasins ☐

h. Nous y sommes allés ce week-end.

1. à Paris ☐	2. à la montagne ☐	3. à la ville ☐

169 Devinez et reliez.

a. On en offre le 1er Mai.
b. On y fête le jour de l'An.
c. On lui écrit une carte pour la fête des Mères.
d. On passe le réveillon de Noël avec eux.
e. On leur souhaite bonne année le jour de l'An.
f. On la mange le 25 décembre.
g. On y va pour déposer des fleurs à la Toussaint.
h. On en boit à minuit le 31 décembre.

1. Au cimetière.
2. Avec les parents.
3. La bûche.
4. Du muguet.
5. À sa maman.
6. Au restaurant.
7. Aux amis et à la famille.
8. Du champagne.

170 Réécrivez ces phrases : remplacez les mots en italique par des pronoms.

Exemple : Il n'a pas vendu *son appartement*. → Il ne l'a pas vendu.

a. Tu as loué *une maison*. → ....
b. Il faut déménager *les meubles*. → ....
c. Ne préviens pas *les locataires*. → ....
d. Tu viens d'emménager *dans ce studio*. → ....
e. Tu as demandé *au propriétaire* le montant du loyer ? → ....
f. Vous avez visité *le trois-pièces* avec vos enfants. → ....
g. Si tu cherches un logement, appelle *ma mère*. → ....
h. Je voudrais acheter *des plantes*. → ....

• La place de « y » et « en »

« On va chez Floriane ? – D'accord, allons-y, mais n'y restons pas longtemps. »

- Avec un verbe à l'impératif affirmatif, les pronoms « y » et « en » sont placés après le verbe. Il y a toujours un trait d'union entre le verbe et le pronom. Avec un verbe à l'impératif négatif, le pronom est placé avant le verbe.

04 • Les pronoms

171 Répondez à ces questions et utilisez un pronom.

Exemple : Vous mangerez *des huîtres* pour les fêtes ? → Oui, nous en mangerons.

a. Tu as acheté *un cadeau* pour son anniversaire ? → Oui, ...
b. Tu as acheté *le cadeau de ta sœur* pour son anniversaire ? → Non, ...
c. Vous voulez *une place de concert* ? → Oui, ...
d. Vous voulez *ma place de concert* ? → Non, ...
e. Il fera *ces gâteaux* pour sa soirée ? → Oui, ...
f. Il fera *des gâteaux* pour le dîner ? → Non, ...
g. Il est sorti *avec toi* à la fête ? → Non, ...
h. Elle t'accompagnera *à ce repas* ? → Oui, ...

172 Complétez les phrases avec un pronom.

Exemple : Quand elle veut ses achats rapidement, elle les fait tous en ligne.

a. Ne .... regarde pas mais souris .... et ne bouge plus. Je vais .... prendre en photo.
b. ...., tu fais trop de selfies. ...., ..., ' .... fais très rarement.
c. Mes amis sur Facebook, ils .... aident à .... sentir moins seul.
d. Sur Internet, il .... a menti sur son âge. Elle ne .... pardonne pas et ne veut plus .... revoir.
e. .... sont accros aux jeux vidéo et .... sont folles des réseaux sociaux.
f. Ne .... envoie pas de SMS, il a perdu son portable. Écris .... plutôt un mail.
g. Claire voudrait inviter tous ses amis de Facebook, elle est en train de .... écrire un message.
h. L'école est finie. Dès que Lisa .... sort, elle va sur Internet pour .... faire des recherches.

173 Répondez aux questions. (Faites l'élision « n'/j' » si nécessaire.)

Exemple : « Il va prendre des médicaments ? » « Non, il ne va pas en prendre. »

a. « C'est pour M. Lepetit ? » « Oui, je travaille pour .... »
b. « C'est ta mère ? » « Oui, je .... ressemble, n'est-ce pas ? »
c. « Ce sont des lettres d'amour ? » « Non, je ne .... ai jamais écrit. »
d. « Vous êtes à l'aéroport ? » « Non, on vient juste de .... sortir. »
e. « Vous avez laissé vos clés aux voisins ? » « Oui, nous .... faisons confiance. »
f. « Il aime beaucoup cette cravate ? » « Oui, il va .... acheter. »
g. « Vous voulez une glace ? » « Oui, je .... veux bien .... »

174 Réécrivez ces phrases : remplacez les mots en italique par des pronoms.

Exemple : Elle a envie de voir *cette pièce de théâtre*. → Elle a envie de la voir.

a. Elle voudrait parler *à M. Blanc*. → ....
b. Je vais acheter *des fruits*. → ....
c. Il n'a pas pu visiter *le musée Chagall*. → ....
d. Elle ne devrait pas fermer *la porte*. → ....
e. Nous préférons acheter *des magazines*. → ....
f. Il souhaite aller *à New York*. → ....
g. On déteste boire *le café* dans un gobelet. → ....

Les pronoms possessifs

> • « **Le mien** », « **la mienne** », « **les miens** », « **les miennes** »
>
> Donne-moi la liste de tes courses ; je les ferai avec les miennes. • Voici les enfants. Je vois ma fille, mais je ne vois pas la vôtre.
>
> • Le pronom possessif remplace un nom précédé d'un adjectif possessif. Il varie en genre, en nombre et selon la personne. Il est formé de l'article défini suivi de « mien(s) /mienne(s) », « tien(s) /tienne(s) », « sien(s)/sienne(s) », « nôtre(s) », « vôtre(s) », « leur(s) ».

175 Soulignez le pronom possessif correct.

Exemple : J'ai oublié ma clé. Tu as *le tien / la sienne / la tienne* ?

a. Ma famille est d'origine bretonne et *la tienne / la sienne / le mien* ?
b. C'est *le mien / la tienne / la mienne* : c'est ma place.
c. Mon fils étudie la psychologie et *le tien / la mienne / le mien* ?
d. Ton appartement est plus ensoleillé que *la tienne / le mien / la sienne*.
e. Ce n'est pas *la sienne / le sien / le mien* : c'est la voiture de sa mère.
f. J'aime ma nouvelle moto. Et toi, tu aimes *la sienne / la mienne / la tienne* ?
g. Il a raison. Ma terrasse est plus grande que *la mienne / la tienne / la sienne*.
h. Tu veux acheter un canapé ? Viens voir *le mien /le tien / la tienne* ; je voudrais le changer.

176 Faites des phrases à la forme négative et utilisez des pronoms possessifs.

Exemple : C'est ma brosse à dents ? → Non, ce n'est pas la tienne.

a. C'est le rasoir de Papa ? → Non, ...
b. C'est ta serviette de toilette ? → Non, ...
c. C'est la brosse à cheveux de Marie ? → Non, ...
d. Ce sont tes lunettes ? → Non, ...
e. C'est mon peignoir ? → Non, ...
f. Ce sont mes rouges à lèvres ? → Non, ...
g. Ce sont les lentilles de ton frère ? → Non, ...
h. C'est ton dentifrice ? → Non, ...

177 Transformez les phrases et utilisez un pronom possessif.

Exemple : C'est votre sac. → C'est le vôtre.

a. C'est notre avion. → ....
b. C'est leur bagage. → ....
c. C'est votre train. → ....
d. C'est leur adresse. → ....
e. C'est votre valise. → ....
f. C'est notre réservation. → ....
g. C'est votre billet. → ....
h. C'est votre pièce d'identité. → ....

04 • Les pronoms

178 Qu'est-ce que les pronoms possessifs remplacent ? Cochez la bonne réponse.

Exemple : Vous connaissez les miens ?
1. mes parents ☑   2. tes amis ☐   3. vos collègues ☐

a. Tu as pris les tiens ?
1. ses dossiers ☐   2. nos papiers ☐   3. tes documents ☐

b. Vous avez acheté les vôtres ?
1. leurs places ☐   2. vos billets ☐   3. mes livres ☐

c. Elles n'ont pas les leurs ?
1. ses rollers ☐   2. tes gants ☐   3. leurs bagages ☐

d. J'ai oublié les miennes ?
1. tes cadeaux ☐   2. mes clés ☐   3. ses courses ☐

e. Il a mis les siennes ?
1. ses bottes ☐   2. mes gants ☐   3. vos boucles d'oreilles ☐

f. Nous prêtons les nôtres.
1. nos vidéos ☐   2. vos CD ☐   3. leurs vélos ☐

g. Ils ont pris les leurs ?
1. tes lunettes ☐   2. leurs effets de toilette ☐   3. nos serviettes de toilette ☐

h. Elle voudrait les siens ?
1. nos bagues ☐   2. tes bracelets ☐   3. ses bijoux ☐

179 Répondez aux questions comme dans les exemples.

Exemples : C'est bien votre passeport ? → Oui, c'est le mien.
Ce sont bien vos bagages ? → Non, ce ne sont pas les miens/les nôtres.

a. C'est bien ton portable ? → Oui, ...
b. C'est bien son chargeur ? → Non, ...
c. Ce sont bien tes photos ? → Oui, ...
d. Ce sont bien leurs clés USB ? → Non, ...
e. C'est bien votre blog ? → Oui, ...
f. C'est bien leur adresse électronique ? → Non, ...
g. Ce sont bien mes dossiers ? → Non, ...
h. Ce sont bien vos données ? → Oui, ...

180 Remplacez les mots en italique par un pronom possessif.

Exemple : Mon studio est plus lumineux que *ton studio*. → Mon studio est plus lumineux que **le tien**.

a. Sa location saisonnière est moins chère que *ma location*. → ....
b. Votre logement est mieux situé que *leur logement*. → ....
c. Leur quartier semble plus animé que *notre quartier*. → ....
d. Les espaces verts paraissent plus grands que *vos espaces verts*. → ....
e. Tes meubles semblent plus neufs que *ses meubles*. → ....
f. Leurs agents immobiliers ont l'air plus efficaces que *tes agents*. → ....
g. Dans mon studio, il y a moins de placards que dans *votre studio*. → ....

Les pronoms relatifs

> • « Qui », « que », « où »
>
> Je regarde une nouvelle série télé qui est diffusée le mercredi soir. C'est une série policière que j'apprécie beaucoup et où les personnages sont insolites.
> Les pronoms relatifs « qui », « que », « où » permettent de relier des phrases.
> - « Qui » est le sujet du verbe de la relative.
> - « Que » est le complément d'objet direct du verbe de la relative.
> - « Où » est le complément de lieu ou de temps de la relative.
>
> « Que » se transforme en « qu' » devant une voyelle et un « h » muet. « Qui » ne change jamais.

181 Reliez les éléments et faites des phrases.

a. La clé USB est un petit support de stockage mobile…
b. La souris est un appareil…
c. Un blog est un journal intime ou un carnet de bord…
d. Le clavier est un objet…
e. Internet est un réseau informatique mondial…
f. Un chargeur est un appareil…
g. Les objets connectés sont des objets ordinaires, comme une montre, un bracelet, un jouet,…
h. L'arobase est un signe…

1. qui sont capables de communiquer des informations diverses à un autre objet ou à Internet.
2. qui est écrit et créé sur Internet.
3. qui permet de s'informer, créer, partager, vendre, acheter, communiquer etc.
4. qui se connecte sur le port de l'ordinateur.
5. qui s'utilise sur Internet principalement dans les adresses de courrier électronique.
6. qui recharge la batterie du téléphone portable.
7. qui permet de naviguer sur l'ordinateur en faisant bouger le curseur.
8. qui sert à écrire du texte et communiquer avec l'ordinateur.

182 Réécrivez ces phrases avec « qui ».

Exemple : Teddy Riner est un judoka. Il a gagné dix titres de champion du monde.
→ Teddy Riner est un judoka qui a gagné dix titres de champion du monde.

a. Marion Cotillard est une actrice. Cette actrice a joué dans le film sur Édith Piaf, *La Môme*.
→ ....
b. Jean Paul Gaultier est un grand couturier. Il crée de très belles robes.
→ ....
c. Zaz est une chanteuse. Elle a connu son premier succès avec la chanson « Je veux ».
→ ....
d. J. M. G. Le Clézio est un écrivain. Il a obtenu le prix Nobel de littérature.
→ ....
e. Daniel Pennac est un auteur. Cet auteur écrit des romans à succès.
→ ....
f. François Truffaut est un cinéaste. Il a réalisé le film *Les Quatre Cents Coups*.
→ ....

04 • Les pronoms

g. Ariane Mnouchkine est un metteur en scène. Elle travaille au Théâtre du Soleil.

→ ....

h. Philippe Starck est un designer. Ce designer crée des meubles très modernes.

→ ....

183 Faites deux phrases.

Exemple : Pour ton anniversaire, j'ai réservé une table dans un restaurant qui a obtenu trois étoiles Michelin.
→ Pour ton anniversaire, j'ai réservé une table dans un restaurant. Il a obtenu trois étoiles Michelin.

a. Va chercher les cadeaux qui sont sous le sapin.

→ ....

b. On sort beaucoup le soir du 21 juin qui est la date de la fête de la Musique.

→ ....

c. Paul, qui part à la retraite, organise un pot de départ.

→ ....

d. Mes enfants ont invité leurs copains qui étudient à la faculté.

→ ....

e. Ma fille, qui aura bientôt 15 ans, veut faire une petite fête à la maison.

→ ....

f. Le muguet du 1er Mai est une fleur qui porte bonheur toute l'année.

→ ....

g. Nous passerons la nuit de la Saint-Sylvestre avec des amis qui viennent de Marseille.

→ ....

h. Les invités qui ne peuvent pas venir ont écrit un texto pour s'excuser.

→ ....

184 Finissez les phrases.

Exemple : Tu regardes le jeu télévisé qui s'appelle Questions pour un champion ?

a. France Inter est une station de radio qui ....
b. Plus belle la vie est une série télé qui ....
c. Je suis fidèle au J.T. de 20 heures qui ....
d. Je regarde une émission qui ....
e. BFM TV est une chaîne d'information en continu qui ....
f. Tu as vu le film d'hier soir à la télé qui ....
g. Prends la télécommande qui ....
h. Connaissez-vous le présentateur qui ....

185 Faites deux phrases.

Exemple : Je n'aime pas ce sport dangereux que ma fille pratique.
→ Je n'aime pas ce sport dangereux. Ma fille pratique ce sport.

a. Les handballeuses françaises ont gagné le championnat européen qu'on a suivi à la télé.

→ ....

Les pronoms relatifs

b. Les spectateurs ont vu le match de tennis que Roger Federer a gagné à Paris.
→ ....

c. Un joueur a frappé le ballon que j'ai reçu sur la tête.
→ ....

d. L'équipe de France a battu un record que nous ne pouvions pas imaginer.
→ ....

e. Les supporters ont chanté des chansons qu'on ne connaissait pas.
→ ....

f. Les adversaires ont marqué un but que l'arbitre a refusé.
→ ....

g. Les basketteurs ont remporté le match que j'ai trouvé très intéressant.
→ ....

h. Le commentateur sportif a annoncé la défaite du tennisman que tu admires tant.
→ ....

186 Rayez le pronom relatif incorrect.

Exemple : Il aime beaucoup la robe ~~que~~ / qu' elle porte.

a. La couleur *que* / *qu'* il préfère, c'est le blanc.
b. Le chapeau *que* / *qu'* tu as choisi ne te va pas.
c. Tu peux ouvrir le cadeau *que* / *qu'* on t'a apporté.
d. La boutique *que* / *qu'* elle connaît change d'adresse.
e. La jupe *que* / *qu'* Anna prend est en solde.
f. La lingerie *que* / *qu'* vous tenez à la main est en soie.
g. Les vêtements *que* / *qu'* il a essayés lui vont bien.
h. La taille *que* / *qu'* elle m'a donnée est trop grande.

187 Faites une seule phrase avec « qu' » ou « que » comme dans l'exemple.

Exemple : Mes amis ont beaucoup de DVD. Ils me prêtent gentiment ces DVD.
→ Mes amis ont beaucoup de DVD **qu'**ils me prêtent gentiment.

a. Mathieu écoute un disque. Il l'aime énormément.
→ ....

b. Léa a acheté l'album posthume de Johnny Hallyday. Elle va l'offrir à son frère.
→ ....

c. On m'a offert un roman de Patrick Modiano. J'ai déjà lu ce roman.
→ ....

d. Amélie Nothomb est une écrivaine. Tu l'as rencontrée à une séance de signature à la Fnac.
→ ....

e. Ma petite fille regarde des films d'animation. Elle les emprunte à la médiathèque de l'école.
→ ....

f. Nous lisons régulièrement des magazines féminins. On nous prête ces magazines.
→ ....

g. Zoé, tu m'as rendu le CD ? Je t'ai demandé ce CD.
→ ....

h. Mes parents ont choisi une liseuse comme cadeau. Je leur offrirai ce cadeau pour Noël.
→ ....

04 • Les pronoms

188 Répondez avec « qu' » ou « que ».

Exemples : Vous portez souvent ce chapeau ? → Oui, c'est le chapeau **que** je porte souvent.
Tu gardes ces chaussures ? → Non, ce ne sont pas les chaussures **que** je garde.

a. Ils achètent ces vêtements en soldes ? → Oui, ...
b. Paul porte souvent cette cravate au travail ? → Non, ...
c. Ma femme aime beaucoup ces bijoux ? → Oui, ...
d. Ton fils vend ce blouson en cuir sur Internet ? → Non, ...
e. Vous achetez ces bottes noires ? → Oui, ...
f. Tu emportes cette veste avec toi ? → Non, ...
g. Elles n'essaient pas ces gants en laine ? → Si, ...
h. Baptiste ne prend pas cette chemise ? → Si, ...

189 Associez les éléments qui forment des phrases.

a. Quel est le musée que…
b. Quelle est l'exposition qui…
c. J'ai visité la galerie que…
d. Il a rencontré l'artiste contemporain chinois qui…
e. On est allés au Théâtre national de Nice qui…
f. Je cherche le groupe qui…
g. Nous avons adoré le concert que…
h. Nous avons bu un verre dans le pub que…

1. Diana Krall a donné au festival « Jazz à Juan ».
2. expose au MUCEM à Marseille.
3. chante du rap dans une pub.
4. vous avez déjà visité ?
5. mes amis ont ouvert à Saint-Tropez.
6. vous m'avez conseillée.
7. est ouverte jusqu'à minuit.
8. joue actuellement le ballet *Le Chant du cygne*.

190 Complétez par « que » ou « qui ».

Exemple : Les dossiers **que** j'ai rangés sont complets.

a. Tu as vu les courriels ……… j'ai écrits aux clients.
b. J'ai écrit la lettre ……… vous aviez demandée.
c. Les documents ……… m'intéressent se trouvent chez le comptable.
d. Je n'ai pas lu le document ……… te concerne.
e. Le chef du personnel, ……… est malade, vous recevra la semaine prochaine.
f. La facture ……… était sur le bureau a disparu.
g. Ce sont les photocopies ……… vous venez chercher ?
h. J'ai scanné tous les documents ……… mon employeur désirait avant de me rencontrer.

191 Finissez les phrases.

Exemple : Tu es libre un soir pour boire un pot dans le bar qui s'appelle le Shapko Bar ?

a. Tu veux aller voir ce film qui ....
b. Et si on allait voir cette expo que ....
c. Tu aurais envie d'aller voir ce spectacle qui ....
d. Et pourquoi on n'irait pas dans le resto qui ....
e. Ça te tente d'aller dans ce pub que ....
f. Ça te dirait d'écouter ce groupe qui ....

Les pronoms relatifs

g. Ça te plairait de faire une promenade dans le Vieux Nice, que ....

h. Je t'invite dans un parc d'attractions que ....

192 Reliez le début et la fin des phrases.

a. Les photos		**1.** sont dans le vase ont un parfum exquis.
b. Les fleurs		**2.** tu m'as vendue est en panne.
c. Ce sont des gens	qui	**3.** lui parle s'appelle Noémie.
d. L'homme		**4.** ils ont eus ne se ressemblent pas.
e. Les enfants	qu'	**5.** nous avons prises sont floues.
f. La voiture		**6.** change beaucoup.
g. La blonde	que	**7.** critiquent toujours tout.
h. C'est une ville		**8.** j'aime est toujours de bonne humeur.

193 Choisissez entre « qui », « qu'il » ou « qu'ils ».

Exemple : Le film qu'il regarde est en version originale.

a. C'est ce type de documentaires .... vous intéressent.

b. Les films policiers .... me plaisent sont de vieux films américains.

c. Les scénarios .... écrivent sont incroyables.

d. Le comédien .... remplace est très malade.

e. Le film japonais .... parle de la famille a obtenu la palme d'or à Cannes.

f. Les films d'horreur .... aime sont particulièrement sanglants.

g. C'est exactement ce genre de comédies .... détestent.

h. La musique du film .... écoute est célébrissime.

194 Soulignez la bonne réponse.

Exemple : Le musée qui / que / qu' vous voulez visiter est fermé le mardi.

a. Le parfum qui / que / qu' il m'a offert , c'est Chanel n° 19.

b. Les vacances qui / que / qu' on a passées en Sicile étaient merveilleuses.

c. Le boulanger qui / que / qu' se trouve au coin de la rue est breton.

d. Toutes les bagues qui / que / qu' sont en vitrine sont en or.

e. Le manteau qui / que / qu' j'ai acheté coûte 300 euros.

f. Cette jeune femme qui / que / qu' vient vers nous est professeur de piano.

g. Le T.G.V. qui / que / qu' passe par Bordeaux va jusqu'à Hendaye.

195 Complétez par « qui », « qu' » ou « que ».

Exemple : On trouve dans Paris de nombreux restaurants qui servent une excellente cuisine régionale.

a. C'est une recette de cuisine .... est facile à faire et .... tous les gourmands connaissent.

b. La tarte aux fruits .... ma mère prépare, et .... est délicieuse, ne ressemble à aucune autre.

c. Les grands restaurants de Paris .... sont réputés et .... proposent des spécialités de leur chef coûtent très cher.

d. Le Jules Verne est un restaurant .... se trouve au deuxième étage de la tour Eiffel et .... j'ai connu pour mon trentième anniversaire.

04 • Les pronoms

e. La cuisine normande, ... est à base de beurre et de crème, s'oppose à la cuisine provençale, ... est à l'huile d'olive.

f. Tout le monde connaît les escargots de Bourgogne .... on mange avec une sauce .... est au beurre, à l'ail et au persil.

g. Le Bordelais, ... vous connaissez pour ses grands vins .... sont exportés dans le monde entier, possède de bons plats.

h. Les bistrots du Quartier latin, ... servent des petits menus .... on apprécie quand on a peu d'argent, sont très typiques.

196 Complétez par « qui », « qu' » ou « que ».

Exemple : C'est moi qui ai fait ce gâteau, celui que mes amis aiment.

a. C'est toujours toi .... termines les céréales, celles .... sont au chocolat.

b. Les bonbons, ceux .... tu manges, c'est nous .... les avons achetés au marché de Noël.

c. C'est lui .... a offert les chocolats, ceux .... sont au lait.

d. Ce sont eux .... je n'aime pas, mais celui .... j'aime n'est pas encore arrivé.

e. C'est celle-ci .... je préfère et celle-là .... ne m'intéresse pas.

f. Ce sont elles .... ont cuisiné le repas, celui .... on a mangé chez Emma.

g. Les salades composées .... venaient de chez le traiteur sont celles .... les invités connaissent.

h. C'est moi .... suis arrivée la première et celles .... sont reparties les dernières, ce sont mes cousines.

197 Reliez le début et la fin des phrases. (Il y a parfois plusieurs possibilités.)

a. Voici l'adresse où...   1. tu habites est très célèbre.
b. Le jour où...   2. vous pourrez suivre des cours.
c. La station de ski où...   3. il a neigé, il faisait moins dix degrés.
d. La rue où...   4. tu es venu, j'étais à l'étranger.
e. L'hiver où...   5. Nicolas Sarkozy est devenu président, on a divorcé.
f. Le magasin où...   6. nous allons skier se trouve à 1 850 mètres.
g. L'année où...   7. je fais mes courses est ouvert de 8 h 30 à 21 heures.
h. Le garage où...   8. il y a une reprise de 4 000 euros sur les véhicules. est à vingt mètres de chez moi.

198 Réécrivez ces phrases avec « où ».

Exemple : C'est un article ; on trouve des informations très importantes dans cet article.
→ C'est un article où on trouve des informations très importantes.

a. C'est un hôtel ; l'accueil y est chaleureux. → ....

b. Vous passez vos vacances en Italie ; vous avez de la famille en Italie. → ....

c. C'est la clinique ; Thibaut y est né. → ....

d. On court dans le bois ; mes enfants montent à cheval dans ce bois. → ....

e. Je travaille à Strasbourg ; le Parlement européen se réunit à Strasbourg. → ....

f. C'est le théâtre ; on y passe la grande pièce de la rentrée. → ....

Les pronoms relatifs

g. Voici un musée ; vous devriez y passer un après-midi. → ....
h. Nous voyageons en Égypte ; nos amis habitent en Égypte. → ....

199 Reliez les phrases avec « où ».

Exemple : On ne travaille pas beaucoup au mois de mai. Il y a plusieurs jours de fête au mois de mai.
→ On ne travaille pas beaucoup au mois de mai où il y a plusieurs jours de fête.

a. Tu es venu me voir un jour. Je n'étais pas chez moi ce jour-là.
→ ....
b. L'année 1789 est une année importante. Il y a eu la Révolution française cette année-là.
→ ....
c. Juillet et août sont des mois d'été. Les Français prennent leurs vacances ces mois-là.
→ ....
d. Vous êtes arrivé à Paris un dimanche. Il neigeait ce dimanche-là.
→ ....
e. Nous nous sommes rencontrés un hiver. Il faisait très doux cet hiver-là.
→ ....
f. L'année 1981 est une année décisive. François Mitterrand a aboli la peine de mort cette année-là.
→ ....
g. Je t'ai présenté Quentin un soir. Tu donnais une fête ce soir-là.
→ ....
h. Les étudiants n'aiment pas beaucoup le mois de mai. Ils préparent leurs examens ce mois-là.
→ ....

200 Associez les éléments et formez des phrases.

a. Quelle est la pharmacie où…
b. Elle souffre d'une maladie qui…
c. J'ai mal à la dent que…
d. Venez au cabinet aux heures où…
e. Vous êtes allergique au pollen qui…
f. Vous devez poursuivre le traitement que…
g. Les médicaments qu'…
h. Nos médecins consultent dans un immeuble où…

1. est très présent dans l'air, en avril.
2. votre spécialiste vous a prescrit.
3. on a pris nous ont guéris rapidement.
4. est difficile à soigner.
5. mon dentiste a soignée.
6. des infirmières exercent aussi.
7. tu achètes tes médicaments ?
8. il y a moins de patients.

201 Employez dans chaque phrase le pronom relatif qui convient.

Exemple : Achète-lui ce souvenir qui lui fera plaisir.

a. C'est un pays .... me plaît énormément.
b. Les touristes aiment Paris .... ils viennent très nombreux.
c. La tour Eiffel, ... est un des monuments les plus visités, a plus de cent ans.
d. Montre-nous les photos .... tu as prises du château de Versailles.
e. Indique-moi la ville .... je dois aller.
f. J'ai visité la capitale un jour .... il y avait une grève de transports.

69

04 • Les pronoms

g. Voici le bateau-mouche .... il faut prendre.

h. Pendant son voyage, il a traversé une période .... il était déprimé.

202 Complétez les phrases avec « qui », « que/qu' », « où ».

a. Mon mari et moi avons adoré la Corse qui est une très belle île méditerranéenne .... nous avons découverte l'été dernier et .... on a séjourné trois semaines.

b. Mes enfants ont gardé des contacts avec les campeurs .... ils ont rencontrés en Normandie et .... les ont invités à passer un week-end chez eux.

c. J'ai réservé une chambre d'hôtel .... on m'a recommandé, ... se trouve dans un château au bord d'une rivière et .... on pourra se détendre le soir.

d. Ses parents ont fait une croisière en Scandinavie, ... était en promotion, ... ils ont beaucoup aimée et .... ils ont navigué dans les plus beaux fjords.

e. Regarde les photos .... j'ai prises des Champs-Élysées, celles .... tu te promènes avec ton petit ami et celles .... représentent les Champs-Élysées à chaque saison.

f. Je connais quelques Basques .... n'habitent pas le Pays basque et .... nous avons rencontrés en voyage.

g. Nous avons fait une visite guidée .... on a admiré la vieille ville, ... notre agence avait réservée, et .... a duré quatre heures.

h. J'ai visité les États-Unis une année .... je n'ai pas oubliée, ... j'ai eu beaucoup de problèmes dans mon travail et .... a changé ma vie.

203 Terminez les phrases.

Exemple : Elle regarde un film qu'Alice lui a conseillé.

a. J'attends le bus qui ....

b. C'est un travail que ....

c. Je lis un journal où ....

d. C'est un enfant qui ....

e. Présente-moi la femme qu' ....

f. C'est un train qui ....

g. J'aime les films où ....

h. Je t'ai vu le jour où ....

204 Évitez les répétitions : transformez comme dans l'exemple.

Exemple : Julia travaille à Lyon. *Lyon* se trouve dans le Rhône. Julia a de nombreux amis *à Lyon*.
→ Julia travaille à Lyon qui se trouve dans le Rhône et où elle a de nombreux amis.

a. Mes voisins ont acheté un appartement. Mes voisins ont trouvé *cet appartement* à Toulouse. Mes voisins passent leurs vacances *à Toulouse*.

→ ....

b. Roland-Garros est un tournoi de tennis. *Le tournoi* se déroule à Paris. On peut voir *dans ce tournoi* de grands joueurs.

→ ....

c. Versailles est une ville. *Cette ville* est située à 14 km de Paris. Vous pourrez visiter dans *cette ville* un magnifique château. Vous serez ravi de quitter *ce château* pour vous promener dans les jardins.

→ ....

d. Tours est une ville calme. *Cette ville* se trouve dans la vallée de la Loire. Vous dégusterez du bon vin *dans cette ville*.

→ ....

205 Reformulez les phrases avec « qui », « que » et « où ».

Exemple : Ils ont créé une association. *Cette association* lutte contre la pollution. Le parti écolo combat aussi *la pollution*.
→ Ils ont créé une association qui lutte contre la pollution, que le parti écolo combat aussi.

a. J'habite dans un village. Les habitants *dans ce village* trient les déchets. La déchetterie recycle *ces déchets*.

→ ....

b. À l'entrée de la forêt, il y a des panneaux. On peut y lire les règles à suivre pour préserver la faune et la flore. Tous les promeneurs ne *les* respectent pas.

→ ....

c. Je m'intéresse à l'écologie. *Elle* a pour mission de sauver la planète. Mes petits-enfants vivront sur cette *planète*.

→ ....

d. Pour respecter l'environnement, il faut faire de petits gestes. *Ils* sont simples. Chaque personne peut *les* réaliser.

→ ....

Les pronoms démonstratifs

• « Celui », « celle », « ceux », « celles »

Tu t'es trompé de gants. Tu as pris ceux de Mathieu.

- Le pronom démonstratif remplace un nom de personne ou de chose déjà évoquée. Il prend le genre et le nombre de ce nom. « Celui », « celle », « ceux » et « celles » ne s'emploient jamais seuls. Ils sont accompagnés de la préposition « de » + nom ou d'une proposition relative pour apporter une précision.

206 Associez les questions et les réponses.

a. Quel bateau prends-tu ? → 1. Celui de mon frère.
b. Quelles voitures collectionnez-vous ?
c. Quel camion conduisez-vous ? 2. Ceux d'Adrien.
d. Quels vélos vends-tu ?
e. Quel scooter achètes-tu ? 3. Celle de mon ami.
f. Quelle trottinette utilisez-vous ?
g. Quels rollers mets-tu ? 4. Celles des Français des années 1950.
h. Quelles motos réparez-vous ?

04 • Les pronoms

207 Complétez avec des pronoms démonstratifs.

Exemple : Ce vin est bon, mais moins bon que *celui* que tu as acheté.

a. Cette viande est chère, mais meilleur marché que .... que je suis en train de cuisiner.
b. Mets ces légumes dans l'assiette, ... qui se trouve sur la table.
c. Achète des fruits de saison, ... que nous préférons.
d. Pour la soirée, j'apporte le dessert, ... qui est typique de la région.
e. Ces charcuteries sont moins grasses que .... que je prends d'habitude.
f. Ce fromage est plus crémeux que .... que tu manges.
g. Les fruits de mer sont plus chers au restaurant que .... que vend le poissonnier.
h. Je crois que je vais préparer deux entrées, ... que vous avez aimées.

208 Complétez avec des pronoms démonstratifs.

Exemple : « Quel plat prends-tu ? » « *Celui* qui coûte 14 euros. »

a. « Dans quel quartier tu veux dîner ? – Dans .... où il y a les meilleurs restaurants de Paris. »
b. « Ce menu est économique ? – C'est .... qui est le moins cher. »
c. « Tu connais cette brasserie ? – Oui, c'est .... des parents de Lucas. »
d. « Tu n'aimes pas ces pâtes ? – Si, mais .... d'hier étaient meilleures. »
e. « Vous préférez aller dans un restaurant végétarien ? – Oui, ... que j'ai découvert avec Paul. »
f. « Vous aimez la cuisine ? – Oui mais nous évitons, ... de notre père. »
g. « Tu veux commander des spécialités régionales ? – Oui, ... qui viennent d'Alsace. »

• **« Celui-ci et celui-là »**

• « Celui-ci/celui-là », « celle-ci/celle-là », « ceux-ci/ceux-là », « celles-ci/celles-là » s'emploient seuls et s'utilisent pour opposer ou distinguer deux personnes ou deux choses.

---

209 Complétez avec des pronoms démonstratifs composés.

Exemple : Quel tableau connaissez-vous ? *Celui-ci* ou *celui-là* ?

a. Tu veux voir quel film ? .... ou .... ?
b. Vous avez quelle place ? .... ou .... ?
c. Quels spectacles avez-vous choisis pour les fêtes de fin d'année ? .... ou .... ?
d. Je t'attendrai à quelle entrée de cinéma ? .... ou .... ?
e. Quelles expositions de photos as-tu vues ? .... ou .... ?
f. Il y a deux comédies musicales en ce moment. Tu préfères .... ou .... ?
g. Ces sculptures sont magnifiques. Tu aimes mieux .... ou .... ?

210 Complétez avec des pronoms démonstratifs simples ou composés.

« Bonjour madame, je voudrais voir le sac à main qui se trouve dans la vitrine, (**a**) .... de droite.
– (**b**) .... ou (**c**) .... ?
– (**d**) .... C'est pour ma femme. (**e**) .... qui sont marron sont aussi en cuir ?
– Non, monsieur. (**f**) .... sont en cuir artisanal et (**g**) .... sont en toile.
– (**h**) .... lui plaira. »

Bilan 4

1. Soulignez ce qui convient.

« Chère Célia,
(**1**) *Nous / Vous* venons de passer quelques jours très agréables avec (**2**) *nous / toi / vous* mais il faut bien penser au travail et nous devons (**3**) *y / en* retourner. Nous avons pris des photos et il y (**4**) *en / la / les* a (**5**) *une / un* particulièrement réussie de (**6**) *toi / elle / eux* et Mattéo. Tu ne connais pas bien Paris et (**7**) *j' / je* espère que (**8**) *tu / vous* pourrez bientôt (**9**) *en / y* venir. Comme (**10**) *tu / vous* (**11**) *le / la* sais, (**12**) *on / nous* a une nouvelle maison (**13**) *qui / qu'* a quatre chambres, (**14**) *qui / que* se trouve en banlieue et (**15**) *où / qui / que* tu pourras séjourner avec Mattéo. On (**16**) *nous / vous / les* attend.
Sur le chemin du retour, nous avons fait une belle promenade en forêt (**17**) *où / qui / qu'*on a cueilli des champignons. On (**18**) *en / les* a mangé un demi-kilo en arrivant et (**19**) *ceux / celles* (**20**) *que / qui* restaient, on (**21**) *les / en* a donnés à ma mère (**22**) *qui / qu'* adore (**23**) *les / en* manger à la crème.
Oh ! Et Célia , je crois que j'ai oublié ma veste blanche (**24**) *celui / celle* (**25**) *qui / que* je portais la veille de mon départ. (**26**) *Il / Elle* doit être dans la voiture de Mattéo. Demande-(**27**) *lui / leur* s'il peut (**28**) *le / la* garder et ne (**29**) *me / te / le / m'* envoie rien, vous (**30**) *l' / le / la* rapporterez avec (**31**) *eux / nous / vous* quand vous (**32**) *nous / lui / leur* rendrez visite.
Si tu vois tes parents fais-(**33**) *leur / les* la bise de notre part. (**34**) *Les leurs / Les vôtres / Les nôtres* t'embrassent. Nous (**35**) *te / toi / leur* remercions encore.
Écris-(**36**) *lui / nous / vous* à l'adresse (**37**) *qui / que* est (**38**) *la nôtre / les nôtres* maintenant ou téléphone-(**39**) *moi / me* sur mon portable ou sur (**40**) *celui / celle / ceux* de José.
À très bientôt !
Marie »

2. Complétez ce dialogue.

« Combien de temps tu restes en Andalousie ?
– J'(**a**) ………… vais cinq jours.
– Tu pars avec ton mari ?
– Non, il ne viendra pas avec (**b**) ………… . Il travaille, alors (**c**) ………… pars seule.
– Tu connais des gens là-bas ?
– Oui, j'ai des amis à Séville, je vais (**d**) ………… téléphoner pour (**e**) ………… prévenir de mon arrivée. Je crois qu'ils viendront (**f**) ………… chercher à l'aéroport.
– Et ils vont (**g**) ………… faire visiter la ville ?
– Oui je pense que mon amie Carmen (**h**) …………ne travaille pas en ce moment, (**i**) ………… montrera la ville. Et en plus, au printemps, c'est très agréable de (**j**) s'………… promener. C'est une ville (**k**) ………… j'ai toujours voulu visiter. Je sortirai avec mes amis et j'irai avec (**l**) ………… dans le quartier Triana (**m**) ………… je rêve de danser le flamenco. À ton avis, quelle robe j'emporte avec (**n**) ………… pour cette occasion ? (**o**) ………… ou (**p**) ………… ?
– La rouge est parfaite.
– Je ne retrouve pas mes boucles d'oreilles. Tu (**q**) …………prêtes (**r**) ………… ?
– Bien sûr. Tu as de la chance. J'aimerais bien (**s**) ………… accompagner.
– Je (**t**) ………… enverrai des photos et je (**u**) ………… raconterai tout en rentrant.
– Oui, ne (**v**) …………oublie pas et (**w**) donne-………… de tes nouvelles. »

05. Le présent

Le présent des verbes « avoir » et « être »

> **• Les verbes « avoir » et « être »**
>
> Il a un ami. • Il est sympathique. • Les enfants sont à l'école.
>
> ▪ Être : je suis, tu es, il/elle/on est, nous sommes, vous êtes, ils/elles sont.
> ▪ Avoir : j'ai, tu as, il/elle/on a, nous avons, vous avez, ils/elles ont.

211 Les présentations, la nationalité et la profession : complétez par le verbe « être » au présent.

Exemple : « Vous êtes madame… ? » « Madame Desforges. »

a. « Tu .... japonaise ? » « Oui, de Tokyo. »
b. « Il .... professeur ? » « Oui, de français. »
c. « Je .... serveur dans un café ? » « Non, dans un restaurant. »
d. « Nous .... européens ? » « Oui, belges. »
e. « On .... stagiaires ? » « Non, employés en CDD. »
f. « Vous .... Valentin ? » « Non, Rémi. »
g. « Elles .... allemandes ? » « Oui, de Berlin. »
h. « Ils .... photographes ? » « Oui, pour le journal *Le Parisien*. »

212 Se situer dans l'espace : complétez les phrases avec le verbe « être » au présent.

Exemple : Il est chez moi.

a. Ma sœur .... en Norvège.
b. Je .... aux États-Unis.
c. Nous .... au marché.
d. Vous .... chez le boulanger.
e. On .... au Portugal.
f. Tu .... à Lyon.
g. Ils .... de Londres.
h. Les filles .... à la parfumerie.

213 La description : complétez et décrivez une famille.

Exemple : Je suis petite.

a. Ma mère .... blonde.
b. Mon père .... grand.
c. Mes frères .... bruns.
d. Je .... brune comme mes frères.
e. Mes sœurs .... belles.
f. Mes parents .... vieux.
g. Nous .... jeunes.
h. Vous .... cousins ?

214 La profession : complétez avec un pronom personnel. (Il y a parfois deux possibilités.)

Exemple : Je suis pharmacienne.

a. .... êtes médecin.
b. .... es dentiste.
c. .... sommes sages-femmes.
d. .... suis secrétaire médicale.
e. .... est radiologue.
f. .... est chirurgien.
g. .... est infirmière.
h. .... sont anesthésistes.

Le présent des verbes « avoir » et « être »

215 Reliez le début et la fin des phrases. (Il y a parfois plusieurs possibilités).

a. Vincent   1. sont en Sicile.
b. Tu   2. sommes d'accord
c. Les enfants   3. es en avance.
d. Julia et moi   4. suis fatigué.
e. Ils   5. est au Danemark.
f. Je   6. est obligés de partir.
g. Ma famille   7. est avocat.
h. On   8. sont au téléphone.

216 Complétez par le verbe « être » au présent.

Exemple : Il est absent.
a. Nous .... enchantés de vous connaître.
b. L'hôtel .... complet.
c. Je .... vraiment désolé.
d. Elle .... folle de joie.
e. Vous .... en vacances ?
f. Tu .... marié ?
g. Les voisins .... tristes de partir.
h. On n'... pas en retard.

217 La description : retrouvez ces expressions et devinez leur signification.

a. Être moche, disgracieux.   1. Vous .... têtu comme une mule.

b. Être rusé.   2. Nicolas .... fier comme un coq.

c. Être incapable de méchanceté.   3. Je .... sale comme un cochon.

d. Être entêté, borné.   4. Tu .... malin comme un singe.

e. Être très fort physiquement.   5. Je .... doux comme un agneau.

f. Être prétentieux.   6. Tu es laid comme un pou.

g. Être très sale.   7. Vous .... fidèle comme un chien.

h. Être très à l'aise.   8. Tu .... fort comme un bœuf.

i. Être dévoué, constant dans ses relations.   9. Elle .... heureuse comme un poisson dans l'eau.

05. Le présent

218 La famille : associez les pronoms au reste de la phrase. (Il y a parfois plusieurs **possibilités**.)

a. J'
b. Elles
c. Nous
d. Elle
e. Vous
f. Il
g. Ils
h. Tu

1. avez des parents sympathiques.
2. as une fille ou un garçon ?
3. ont un air de famille.
4. ont des enfants célibataires.
5. ai une grande famille.
6. avons encore nos grands-parents.
7. a un bébé de six mois.
8. a une sœur jumelle.

219 Soulignez la forme verbale correcte.

Exemple : Elle *ai* / <u>*a*</u> / *as* un petit ami.

a. Mes voisins *avons* / *ai* / *ont* une belle maison.
b. Enzo *avez* / *a* / *ai* 25 ans cette année.
c. J' *as* / *ont* / *ai* beaucoup de travail.
d. Il *a* / *as* / *ont* des amis.
e. On *avons* / *a* / *avez* besoin d'une clé.
f. Vous *as* / *avons* / *avez* un rendez-vous ?
g. Tu *a* / *ai* / *as* envie de manger ?
h. Nous *avons* / *avez* / *ont* des invités ce soir.

220 Choisissez une expression et complétez.

avoir faim – avoir soif – avoir sommeil – avoir mal – avoir chaud – avoir peur – avoir froid – ~~avoir raison~~ – avoir tort.

Exemple : Vous avez raison. La France a 67 millions d'habitants.

a. Ils .... ; deux jus de fruits, s'il vous plaît.
b. Romain .... ; des spaghettis, s'il vous plaît.
c. Fanny .... du noir. Allume la lumière.
d. Ma fille .... à la tête. De l'aspirine, s'il vous plaît.
e. Au lit, les enfants. Vous ....
f. C'est faux. Elles ....
g. Prends mon pull. Tu ....
h. J' .... Ouvre la fenêtre, s'il te plaît.

221 Complétez par la forme correcte du verbe « avoir ».

Exemple : Il a le temps de manger ?

a. Vous .... la monnaie de 10 euros ?
b. Tu .... l'air fatigué.
c. Nous .... les places 26 et 27.
d. On .... l'habitude de la chaleur.
e. Elles .... de la chance.
f. Ils .... une nouvelle adresse.
g. Il .... quel âge ?
h. J' .... l'intention d'aller à Rome.

Le présent des verbes « avoir » et « être »

222 La possession : faites des phrases avec le verbe « avoir » au présent.

Exemple : Vous avez un balcon.

a. J'.. un garage.
b. On .... trois chambres.
c. Ils .... un jardin.
d. Nous .... une terrasse.
e. Elle .... un bureau.
f. Vous .... une grande cuisine.
g. Il .... une place de parking.
h. Elles .... une cave.

223 Complétez ces expressions françaises par le pronom personnel correct (il y a parfois plusieurs possibilités) et devinez leur signification.

a. Avoir des difficultés pour prononcer les « s ».

b. Avoir une très bonne vue.

c. Avoir une excellente mémoire.

d. Manger peu.

e. Avoir mauvais caractère, se fâcher facilement.

f. Avoir peur ou avoir froid.

g. Avoir des difficultés pour parler ou chanter.

h. Avoir très faim.

i. Avoir une taille très fine.

1. .... a un appétit d'oiseau.

2. J'ai un cheveu sur la langue.

3. .... ont un chat dans la gorge.

4. .... as une taille de guêpe.

5. .... ont la chair de poule.

6. .... a un caractère de cochon.

7. .... avez un œil de lynx.

8. .... a une faim de loup.

9. .... avons une mémoire d'éléphant.

224 Complétez par « ai », « es » ou « est ».

Exemple : L'ordinateur est dans le bureau.

a. Il .... une heure du matin.
b. J'......................... rendez-vous avec M. Orsini.
c. Max, tu .... de mon avis ?
d. Moi aussi, j'............................. une bonne idée.
e. Mme Pelletier .... chez sa fille.
f. Ton ami n'............................ pas sympathique.
g. Elle .... prête dans trois minutes.
h. Tu .... fort en mathématiques.

05. Le présent

225 Rayez ce qui ne convient pas.

Exemple : Les informations ~~ont~~ / sont intéressantes.

a. Les médias ont / sont de nouvelles informations à communiquer.
b. Les magazines ont / sont souvent en couleurs.
c. Les journaux ont / sont des difficultés financières.
d. Les chaînes d'infos en continu ont / sont beaucoup de téléspectateurs.
e. Les JT* ont / sont une grande écoute.
f. Les radios ont / sont publiques et privées.
g. Les chaînes de télévision ont / sont des annonces publicitaires.
h. Toutes les émissions ont / sont en rediffusion.

* JT = journaux télévisés.

226 Complétez les phrases avec le verbe « être » ou « avoir ».

Exemple : Vous aimez bien votre travail ; vous êtes à l'aise avec vos collègues.

a. Le bébé pleure. Il .... envie de manger.
b. Il fait froid. Nous .... mal à la gorge.
c. Je .... pressé. J'........ un rendez-vous.
d. Nous arrivons juste à midi. Nous .... à l'heure.
e. Pour les États-Unis, tu .... besoin d'un visa.
f. Ma fiancée .... toujours en retard.
g. Tu .... au courant ? Il se marie.
h. Mes parents .... en colère, il y a du retard.

Le présent des verbes en « -er »

• Le sens du présent et les verbes en « -er »

« Ton téléphone sonne, tu ne décroches pas ? – Non, je regarde les infos à la télé. »

- Le présent permet de parler d'une action en cours, décrire, dire ses goûts, ses idées.
- Au présent, les verbes en « -er » comme « habiter » se conjuguent ainsi : j'habite, tu habites, il/elle/on habite, nous habitons, vous habitez, ils/elles habitent.

✋ Verbes en « -ier » : je remercie, tu remercies, il/elle/on remercie, nous remercions, vous remerciez, ils/elles remercient.

227 Associez les pronoms et les verbes au présent de l'indicatif. (Il y a parfois plusieurs possibilités.)

a. Elles
b. Nous
c. Il
d. Tu
e. Elle
f. Ils
g. Vous
h. Je

1. regarde un film.
2. écoutez de la musique.
3. parlent français.
4. habites en France.
5. déjeunons à 13 heures.
6. arrive ce soir.
7. aiment l'Europe.
8. reste à la maison.

Le présent des verbes en « -er »

228 Complétez par le pronom correct. (Il y a parfois plusieurs possibilités.)

Exemple : Je / Il / Elle / On visite la vieille ville.

a. .... travaillons à Lyon.
b. .... habitent au deuxième étage.
c. .... prépare le repas.
d. .... racontez vos vacances.
e. .... montres tes photos ?
f. .... téléphone tous les jours.
g. .... cherches un appartement ?
h. .... louez votre maison ?

229 Soulignez la forme verbale correcte.

Exemple : Je *skies* / *skient* / <u>*skie*</u> trois heures par jour.

a. Il *rencontrent* / *rencontre* / *rencontres* des touristes.
b. Ils *détestent* / *déteste* / *détestes* la montagne.
c. Tu *adore* / *adores* / *adorent* la mer.
d. Vous *aimes* / *aiment* / *aimez* beaucoup les voyages.
e. Elle *passe* / *passes* / *passent* ses vacances avec toi.
f. On *bronzes* / *bronze* / *bronzent* vite sur la plage.
g. Nous *parle* / *parlez* / *parlons* anglais en vacances.
h. Je *joues* / *joue* / *jouent* à la pétanque à Marseille.

230 Conjuguez les verbes entre parenthèses au présent.

Exemple : Tu photographies (*photographier*) les élèves.

a. Les enfants .... (*crier*) beaucoup dans la cour de récréation.
b. J'........................ (*étudier*) la psychologie à la fac.
c. Il .... (*oublier*) toujours les mêmes règles de grammaire.
d. Tu .... (*publier*) les photos de tes amis de classe sur Instagram ?
e. Vous .... (*plier*) votre feuille en deux, les enfants.
f. Nous .... (*trier*) les déchets de la classe.
g. Les collégiens .... (*apprécier*) leurs nouveaux professeurs.
h. Cette lycéenne .... (*négocier*) son passage en terminale.

231 Complétez avec les verbes entre parenthèses.

Exemple : Il utilise (*utiliser*) tous les réseaux sociaux.

a. Vous .... (*imprimer*) les documents ?
b. Tu .... (*classer*) ces papiers, s'il te plaît ?
c. J'................ (*enregistrer*) la page web.
d. Nous .... (*allumer*) les ordinateurs.
e. Vous .... (*raconter*) votre vie sur votre blog.
f. Elles .... (*télécharger*) cette appli.
g. Je .... (*cliquer*) sur ce lien ?
h. Le directeur n'................ pas (*arriver*) à accéder au site.

05. Le présent

232 Répondez personnellement à cette enquête sur les goûts. Faites des phrases.

Exemple : D'habitude, vous écoutez de la musique classique, du rap, de la pop ou autre chose ?
→ D'habitude, j'écoute du rock.

a. En général, vous regardez des films policiers, d'horreur ou d'action ?
→ ....

b. Normalement, vous mangez de la cuisine chinoise, italienne ou française ?
→ ....

c. En général, vous aimez les jus de fruits, les sodas ou le vin ?
→ ....

d. En vacances, vous pratiquez un sport collectif ou individuel ?
→ ....

e. D'habitude le samedi soir, vous invitez des amis à la maison ou vous dînez au restaurant ?
→ ....

f. Normalement, vous passez votre dimanche en famille, seul ou avec des amis ?
→ ....

g. En été, vous portez généralement des pantalons, des shorts ou des jupes ?
→ ....

h. En général, vous fêtez le Jour de l'An en ville, à montagne ou à la campagne ?
→ ....

233 Complétez avec les terminaisons manquantes.

Exemple : Mes collègues et moi déjeun**ons** à 13 heures.

a. Les employés termin................ leur travail à 18 heures.
b. Nous travaill................ trente-cinq heures par semaine.
c. Le directeur embauch................ une secrétaire.
d. Vous travaill................ à mi-temps ou à temps plein ?
e. Nathan demand................ sa mutation.
f. Tu ne support................ plus ce travail ?
g. Je touch................ un petit salaire.
h. Tu gagn................ bien ta vie ?

• Les verbes en « -cer » et en « -ger »

Nous commen**ç**ons les travaux en mars et nous déménag**e**ons en avril.

- Verbes en « -cer » : je commence, tu commences, il/elle/on commence, nous commen**ç**ons, vous commencez, ils/elles commencent.
- Verbes en « -ger » : je mange, tu manges, il/elle/on mange, nous mang**e**ons, vous mangez, ils/elles mangent.

Le présent des verbes en « -er »

234 Transformez les phrases comme dans l'exemple.

Exemple : Corrigez les fautes ! → Entendu, nous corrigeons les fautes.

a. Rangez les livres ! → D'accord, ...
b. Recommencez l'exercice ! → Entendu, ...
c. Changez de place ! → Bien, ...
d. Déplacez les chaises ! → O.K., ...
e. Partagez le travail ! → Excellente idée, ...
f. Prononcez plus clairement ! → D'accord, ...
g. Remplacez le matériel ! → Bonne idée, ...
h. Engagez des professeurs ! → Entendu, ...

235 Écrivez les terminaisons des verbes au présent de l'indicatif. Rétablissez la cédille (ç) si nécessaire.

Exemple : Elle change de maison.

a. Nous déplac.................................... les fauteuils.
b. Vous dérang.................................... les voisins.
c. Nous mang.................................... dans la cuisine.
d. Ils remplac.................................... le canapé.
e. Nous oblig.................... nos enfants à ranger leur chambre.
f. Je forc.................................... mon fils à faire le ménage.
g. Nous financ.................... le logement étudiant de notre fille.
h. Tu emménag.................................... quand dans ton studio ?

• **Les verbes en « e » ou « é » qui deviennent « è »**

Je pèle les fruits et mon fils pèse les légumes. • J'espère que vous aimez les fruits de mer.

• Verbes comme « acheter », « peler », « lever », « peser », « enlever », « emmener », etc. : j'achète, tu achètes, il achète, nous achetons, vous achetez, ils achètent.
• Verbes comme « préférer », « espérer », « compléter », « posséder », « répéter », « protéger », etc. : je préfère, tu préfères, il préfère, nous préférons, vous préférez, ils préfèrent

---

236 Reliez le début et la fin des phrases. (Il y a parfois plusieurs possibilités.)

a. Je
b. Ils
c. Elle
d. Il
e. Vous
f. Nous
g. On
h. Tu

1. promènent le chien.
2. emmène son chat.
3. pèse la valise avant de partir.
4. enlevons nos chaussures.
5. promenez les enfants dans le parc.
6. lèves les bras au ciel.
7. enlève son manteau.
8. pesons les bagages.

81

05. Le présent

237 Conjuguez les verbes entre parenthèses au présent.

Exemple : Il vous ramène (*ramener*) chez vous.

a. Max et moi .... (*promener*) notre bébé l'après-midi.
b. Vous .... (*enlever*) votre chapeau ?
c. Nous .... (*emmener*) toute la famille en Espagne.
d. Ces paquets .... (*peser*) trois kilos.
e. Julia .... (*promener*) sa sœur à vélo.
f. Ce bus vous .... (*amener*) à la gare.
g. Vous .... (*amener*) votre ami à la maison ?
h. J'... (*enlever*) ma veste, j'ai chaud.

238 Mettez les accents si nécessaire.

Exemple : J'achète les fleurs au marché.

a. Elle pele les fruits pour faire de la confiture.
b. Nous achetons les légumes.
c. Vous congelez le poisson.
d. Ils pelent les pêches pour la salade.
e. Dehors, il gele.
f. Tu achetes la charcuterie.
g. Je décongele la viande.
h. Ils rachetent du pain.

239 Mettez les accents si nécessaire et écrivez l'infinitif des verbes.

Exemple : Vous exagérez ! → exagérer

a. Tu completes l'équipement de ski ? → ....
b. J'emmene mes amis au ski. → ....
c. Vous esperez dormir à la montagne. → ....
d. Tu répetes le même mouvement. → ....
e. On préfere rester au chalet. → ....
f. Je protege ma peau avec une crème solaire. → ....
g. Vous préferez le ski alpin ou le ski de fond ? → ....
h. Nous répetons les exercices physiques. → ....

240 Mettez les accents si nécessaire et écrivez l'infinitif des verbes.

Exemple : Tu règles comment ? → régler

a. Tu achetes une baguette. → ....
b. Nous levons les yeux au ciel. → ....
c. Elle complete la phrase. → ....
d. Il enleve son pull. → ....
e. J'espere revenir. → ....
f. Vous achetez des cadeaux pour son anniversaire. → ....
g. Elle exagere. Elle est en retard. → ....
h. Nous préferons partir tout de suite. → ....
i. Vous promenez le chien. → ....

Le présent des verbes en « -er »

• Les verbes « appeler » et « jeter »

Mes parents appellent la Croix-Rouge quand ils jettent leurs vieux vêtements.

- Appeler : j'appelle, tu appelles, il appelle, nous appelons, vous appelez, ils appellent.
Jeter : je jette, tu jettes, il jette, nous jetons, vous jetez, ils jettent.

241 Complétez « épeler », « (r)appeler », « projeter », « (re)jeter », « renouveler » avec « l/t » ou « ll/tt ».

Exemple : Je m'appelle Alexandre et vous, comment vous vous appelez ?

a. Vous épe............................. ez votre nom et toi, tu épe............................es ton prénom.
b. Pourquoi nous appe............................ons la police ? Elle nous rappe........................e bientôt.
c. Qu'est-ce que vous proje............................ez ? Moi, je proje........................e de voyager.
d. Quel pull je............................es-tu ? Nous, nous je........................ons nos vieilles chaussettes.
e. Pourquoi vous le reje............................ez. ? Lui, il ne vous reje............................e pas.
f. Quand appe................es-tu tes parents ? Moi, je les appe................e le dimanche soir.
g. J'épe................e ce mot anglais et elle épe............................e cet autre mot.
h. Je renouve............e ma demande de visa et vous renouve....................ez votre passeport.

242 Complétez avec les verbes entre parenthèses.

Exemple : On appelle (*appeler*) nos amis ?

a. Tu .... (*rejeter*) sa proposition.
b. Il .... (*posséder*) une maison de campagne.
c. Elle .... (*lever*) son fils à 7 heures.
d. Vous .... (*protéger*) vos plantes en hiver ?
e. Tu .... (*épeler*) ce mot en anglais, s'il te plaît ?
f. Ils .... (*rappeler*) à quelle heure ?
g. Quel jour ils .... (*préférer*) ?
h. Nous .... (*espérer*) sortir en boîte ce soir.

• Les verbes en « -oyer », « -uyer » et « -ayer »

J'ai peur : le chien aboie ! • Chut ! J'essaie/essaye de parler doucement.

- Verbes en « -oyer » : je nettoie, tu nettoies, il nettoie, nous nettoyons, vous nettoyez, ils nettoient.
- Verbes en « -uyer » : j'ennuie, tu ennuies, il ennuie, nous ennuyons, vous ennuyez, ils ennuient.
- Les verbes en « -ayer » ont deux orthographes (et deux prononciations) : je paie/paye, tu paies/payes, il paie/paye, nous payons, vous payez, ils paient/payent

243 Soulignez le pronom sujet qui convient.

Exemple : Je / *Tu* / Ils envoies un texto ou un mèl ?

a. *Tu* / *Vous* / *On* vouvoie nos voisins.
b. *Elle* / *Ils* / *Nous* raye/raie tout le paragraphe.
c. *Je* / *Elles* / *Vous* tutoyez ses parents.
d. *Tu* / *Nous* / *Il* n'essuyons pas la vaisselle.
e. *Il* / *Ils* / *Nous* effraient les enfants avec leurs masques.
f. *Vous* / *Elles* / *On* rayez la table avec ce couteau.
g. *Tu* / *Nous* / *Je* appuies fort sur le bouton.
h. *Je* / *vous* / *Nous* paye/paie cette robe par chèque.

05. Le présent

244 Complétez avec les verbes entre parenthèses.

Exemple : Tu balayes/balaies la terrasse et vous balayez les balcons. (balayer)

a. Pierre, tu .... par carte, nous, nous .... en espèces. (payer)
b. Les enfants, vous .... les assiettes et papa .... les verres. (essuyer).
c. Nous .... des cartes de vœux à Noël, mais personnellement, je n'........................ jamais de carte d'anniversaire. (envoyer)
d. Je .... la salle de bains et vous, vous .... la cuisine. (nettoyer)
e. Il .... son cousin avec ses histoires et vous m'........................ avec vos problèmes. (ennuyer)
f. Zoé .... de comprendre, son frère et moi .... de traduire. (essayer)
g. La directrice du magasin .... la comptable et les responsables .... trois caissières. (employer)
h. Tu .... sur l'interrupteur et vous .... sur le bouton de l'ascenseur. (appuyer)

245 Soulignez la ou les formes verbales correctes.

Exemple : Marie, tu paie / payes / paies comment ?

a. Je renvoies / renvoie / renvoient le colis par la poste.
b. On essaye / essaie / essayes une nouvelle voiture.
c. Vous essuyez / essuie / essuient vos pieds avant d'entrer, s'il vous plaît.
d. Elles essaye / essaient / essayent des vêtements.
e. Tu balaie / balayes / balaies la cuisine.
f. Les enfants ennuie / ennuies / ennuient leurs camarades.
g. J'employez / emploie / emploient des étudiants l'été.
h. Nous payons / payez / payent notre loyer le premier de chaque mois.

• Le verbe « aller »

Demain soir, je vais à l'Opéra avec mes parents puis nous allons à un dîner chez des amis.
• Le verbe « aller » est irrégulier. Voici sa conjugaison : je vais, tu vas, il/elle/on va, nous allons, vous allez, ils/elles vont.

---

246 Complétez par des pronoms.

Exemple : Il/Elle/On va au restaurant.

a. .... allez bien ?
b. .... vas à la gare ?
c. .... vont en Espagne pour les vacances.
d. .... va mieux maintenant.
e. .... allons à l'école toute la journée.
f. .... vais au cinéma avec Tom.
g. Comment allez-........................ ?
h. .... vas au travail en voiture ?

247 Conjuguez le verbe « aller » au présent.

Exemple : Nous allons en Europe.

a. Je .... dans un petit restaurant italien pour déjeuner.
b. Vous .... au marché pour faire vos courses ?
c. Elles .... à la piscine le week-end.

d. Tu .... tout droit, puis tu tournes à gauche.
e. Nous .... à la soirée de Noémie.
f. Il .... dans un club de sport pour faire de la musculation.
g. On .... dans un bar le samedi soir.
h. Ils .... ensemble au lycée.

Le présent des verbes en « -ir »

• Les verbes en « -ir » du 2ᵉ groupe

Tu choisis le menu. Les enfants finissent leur dessert.

- Singulier = radical de l'infinitif + terminaisons : je finis, tu finis, il/elle/on finit.
- Pluriel = radical en « -iss- » + terminaisons : nous finissons, vous finissez, ils/elles finissent.

 Les verbes qui se terminent en « -ir » ne sont pas tous du 2ᵉ groupe.

248 Soulignez les verbes qui se terminent par « -is », « -is », « -it », « -issons », « -issez », « -issent » au présent de l'indicatif.

offrir – avertir – grossir – rougir – servir – venir – dormir – agir – réussir – sortir – grandir – courir – mentir – nourrir – maigrir – vieillir – découvrir – réfléchir – tenir – choisir – ouvrir – mincir – remplir – partir – sentir – mourir – devenir – réunir – ralentir – garantir – trahir – applaudir – rajeunir – cueillir – atterrir – souffrir – obtenir

249 Rayez le verbe qui n'est pas du 2ᵉ groupe et donnez son infinitif.

Exemple : il rajeunit – il bénéficie – il embellit → bénéficier

a. j'étudie – j'applaudis – j'avertis → ....
b. elle remplit – elle réagit – elle oublie → ....
c. tu cries – tu salis – tu obéis → ....
d. vous définissez – vous remerciez – vous ralentissez → ....
e. ils publient – ils vieillissent – ils trahissent → ....
f. nous investissons – nous skions – nous guérissons → ....
g. il simplifie – il punit – il unit → ....
h. on garantit – on enrichit – on vérifie → ....

250 Rayez le pronom incorrect.

Exemple : Elle / Ils finissent à 18 heures.

a. *Tu / On* atterrit dans quinze minutes.
b. *Vous / Nous* choisissons le menu à 25 euros.
c. *Je / Vous* n'applaudissez pas.
d. En voiture, *je / il* ralentis sous la pluie.
e. *Tu / Je* obéis à tes parents.
f. *Elles / On* réfléchissent au problème.
g. *Je / Nous* réagissons très vite.
h. *Il / Tu* avertit le professeur de son absence.

05. Le présent

251 Reliez le début et la fin des phrases. (Il y a parfois plusieurs possibilités.)

a. Mes amis et moi
b. Les enfants d'Alexia
c. Son fils
d. M. et Mme Dufour
e. Vous
f. Je
g. Elle et lui
h. Tu

1. réunissez des amis pour une soirée ?
2. réfléchissent à une solution.
3. atterris à quel aéroport ?
4. n'obéit jamais.
5. guéris peu à peu.
6. investissons de l'argent en Bourse.
7. remplissez ce questionnaire.
8. unissent leurs forces.

252 Transformez les phrases comme dans l'exemple.

Exemple : Vous remplissez ce formulaire. → Tu remplis ce formulaire.

a. En général, tu réussis les examens. → En général, nous ....
b. Il rougit facilement. → Ils ....
c. Quand vous réunissez les collègues ? → Quand tu ....
d. On finit le petit-déjeuner. → Vous ....
e. Elle rajeunit de cinq ans, avec cette nouvelle coiffure. → Je ....
f. On franchit la rivière. → Elle ....
g. J'agis avec prudence. → Elles ....
h. Il choisit le vin. → Vous ....

253 Complétez les phrases avec les verbes entre parenthèses.

Exemple : Ce pain durcit (*durcir*) rapidement.

a. Mes parents .... (*grossir*) quand ils séjournent en Italie.
b. Ma voisine .... (*nourrir*) mon chat quand je suis en vacances.
c. Après un mois de régime, nous .... (*maigrir*) de quelques kilos.
d. Votre peau .... (*vieillir*) si vous restez au soleil.
e. Ce costume te .... (*mincir*).
f. Les enfants .... (*grandir*) trop vite.
g. L'amitié .... (*unir*) ces deux hommes.
h. Attention, vous .... (*salir*) votre robe.

254 Mettez les verbes au présent.

Exemple : Dans les squares, les roses fleurissent (*fleurir*) et les arbres verdissent (*verdir*).

a. Les immeubles du centre-ville .... (*noircir*) et la mairie ne .... (*réagir*) pas.
b. En hiver, les jours .... (*raccourcir*) et la lumière .... (*pâlir*).
c. Les pigeons .... (*envahir*) les villes et .... (*salir*) les monuments.
d. Votre quartier .... (*embellir*) et .... (*garantir*) une grande sécurité.
e. Nous .... (*agrandir*) notre maison et .... (*élargir*) notre jardin.
f. En été, les fruits .... (*mûrir*) et .... (*pourrir*) vite avec la chaleur.
g. Quand vous .... (*punir*) vos enfants, ils vous .... (*obéir*) un peu plus ?
h. Nous .... (*vieillir*) et nos cheveux .... (*blanchir*).

Le présent des verbes en « -ir »

> **• Les verbes du type « ouvrir » (3ᵉ groupe)**
>
> Il ouvre notre cadeau. • Nous offrons toujours un CD. • Il découvre que c'est un album des Daft Punk.
>
> • Verbes du type « ouvrir » (« découvrir », « offrir », « souffrir », « cueillir » (et « accueillir », « recueillir », « couvrir ») : j'ouvre, tu ouvres, il ouvre, nous ouvrons, vous ouvrez, ils ouvrent.

255 Soulignez les verbes en « -ir » du 3ᵉ groupe qui suivent la conjugaison des verbes en « -er » du 1ᵉʳ groupe.

dormir – sortir – finir – ouvrir – courir – partir – découvrir – venir – cueillir – grossir – grandir – offrir – vieillir – choisir – souffrir – obéir – guérir – applaudir – réunir – réussir – couvrir – mourir – servir – sentir – mentir – accueillir – recueillir.

256 Conjuguez les verbes entre parenthèses au présent.

Exemple : Il recueille (recueillir) de l'argent pour un cadeau collectif.
a. Les Français .... (souffrir) du mal de dos.
b. En France, tout le monde .... (offrir) du muguet le 1ᵉʳ Mai.
c. On .... (cueillir) les cerises entre les mois de mai et juillet.
d. Nous .... (découvrir) nos cadeaux le 25 décembre, au pied du sapin de Noël.
e. Tu .... (accueillir) ta famille pour les fêtes de fin d'année.
f. Vous .... (ouvrir) votre cadeau immédiatement au Japon ?
g. Je .... (couvrir) la voiture l'hiver pour la protéger du gel et de la neige.
h. Elle .... (ouvrir) l'enveloppe pour ses 20 ans.
i. On .... (recueillir) un oiseau tombé du nid.

257 Rayez le verbe qui n'est pas du 3ᵉ groupe et donnez son infinitif.

Exemple : j'ouvre – j'avertis – j'accueille   → avertir
a. vous découvrez – vous réussissez – vous souffrez   → ....
b. tu choisis – tu offres – tu couvres   → ....
c. nous offrons – nous souffrons – nous blondissons   → ....
d. on désobéit – on accueille – on entrouvre   → ....
e. ils couvrent – ils agissent – ils recueillent   → ....
f. je recouvre – je cueille – j'approfondis   → ....
g. elle établit – elle découvre – elle souffre   → ....
h. elles offrent – elles investissent – elles recouvrent   → ....

> **• Les verbes du type « partir » (3ᵉ groupe)**
>
> D'habitude, nous partons pour la Suisse le matin. Dans l'avion, je dors une heure.
>
> • Les verbes du type « partir », (« sentir », « mentir », « sortir », « dormir », « (s')endormir », « servir »), ont deux radicaux : je pars, tu pars, il part, nous partons, vous partez, ils partent.

05. Le présent

258 Écrivez ces phrases au singulier.

Exemple : Vous sortez ce soir. → Tu sors ce soir.

a. Nous partons à la plage. → Je ....
b. Ils dorment très tôt. → Il ....
c. Vous sentez la mer ? → Tu ....
d. Elles ne mentent pas. → Elle ....
e. Nous dormons mal. → Je ....
f. Ils sortent avec moi. → Il ....
g. Vous partez à quelle heure ? → Tu ....
h. Nous servons du champagne. → Je ....
i. Vous dormez dans le train. → Tu ....

259 Conjuguez les verbes au présent.

Exemple : Mon fils s'endort (s'endormir) tard, vers minuit.

a. Je .... (servir) toujours de la salade avec une quiche lorraine.
b. Tu .... (sortir) le fromage du frigo, s'il te plaît.
c. On .... (dormir) bien. C'est calme chez vous.
d. Elle .... (sentir) bon, votre pizza.
e. Nous .... (resservir) du gâteau.
f. Vous vous .... (endormir) facilement ?
g. Tu .... (partir) en vacances.
h. Ils .... (mentir) sur leur âge.

• **Les verbes du type « venir » (3ᵉ groupe)**

Tu **tiens** la valise ? Nous **tenons** les sacs et elles **tiennent** les billets.

- Les verbes du type « venir » (et « convenir », « revenir », « prévenir », « se souvenir »…), « tenir », (et « appartenir », « retenir », « obtenir », « soutenir »…) ont trois radicaux : je **vien**s, tu **vien**s, il **vien**t, nous **ven**ons, vous **ven**ez, ils **vienn**ent.

---

260 Soulignez la forme correcte.

Exemple : Je <u>reviens</u> / revenons du stade.

a. Elles *détient* / *détiennent* le record du monde.
b. Vous *reviens* / *revenez* des Jeux olympiques.
c. Je *soutiens* / *soutiennent* l'équipe de France.
d. Ils *vient* / *viennent* de l'entraînement.
e. Je me *souvenez* / *souviens* de la finale de la Coupe du monde.
f. Nous *obtenons* / *obtenez* le titre de champions d'Europe.
g. Je *retiens* / *retient* le nom de ce footballeur.
h. Il *préviennent* / *prévient* son entraîneur de son absence.

Le présent des autres verbes

261 Mettez au singulier ou au pluriel.

Exemple : Tu conviens d'un rendez-vous ? → Vous convenez d'un rendez-vous ?

a. Il appartient à ma mère ? → Ils ....
b. Nous prévenons tes parents ? → Je ....
c. Vous vous souvenez de Nathan ? → Tu te ....
d. Tu tiens fort la main de maman. → Vous ....
e. Elle vient à pied ? → Elles ....
f. Je retiens la porte. → Nous ....
g. On revient comment ? → Nous ....
h. Elles tiennent quoi dans la main ? → Elle ....

Le présent des autres verbes

• Les verbes en « -ire » (3ᵉ groupe)

Vous **écriv**ez des mails. • Je **lis** le journal sur ma tablette. • Nous **rions** beaucoup ensemble.

- Les verbes comme « lire » (« élire », « traduire », « conduire », « construire ») ont deux radicaux : je **lis**, tu **lis**, il **lit**, nous **lis**ons, vous **lis**ez, ils **lis**ent.
- « Écrire » et « lire » ont deux radicaux : j'**écr**is, tu **écr**is, il **écr**it, nous **écriv**ons, vous **écriv**ez, ils **écriv**ent.
- « Rire » et « sourire » ont un seul radical : je **ris**, tu **ris**, il **rit**, nous **rions**, vous **riez**, ils **rient**.

262 Soulignez la forme correcte.

Exemple : Éloïse *écris* / *écrit* des romans policiers.

a. Nous *produisons* / *produisent* des films et des documentaires.
b. Ils *inscrivez* / *inscrivent* les noms des acteurs sur le générique.
c. Elle *rit* / *ris* beaucoup pendant les comédies.
d. Ces scénaristes *écrivent* / *écrivez* les dialogues du film ?
e. Les producteurs *lisent* / *lit* le scénario ?
f. Je *vivent* / *vis* en Californie car je travaille dans le cinéma.
g. Le chef décorateur *construit* / *construis* et choisit les décors du film.
h. Les acteurs *souriez* / *sourient* face au photographe.

263 Mettez au singulier ou au pluriel.

Exemple : Elle rit facilement au cinéma. → Elles rient facilement au cinéma.

a. Je traduis un roman. → Nous ....
b. Tu écris une pièce de théâtre. → Vous ....
c. On rit beaucoup ensemble au spectacle. → Nous ....
d. Elles écrivent des textos pendant le ballet. → Elle ....
e. Le public élit la meilleure actrice. → Les professionnels ....
f. Ce film décrit la France actuelle. → Ces films ....
g. Le chauffeur nous conduit au concert. → Les chauffeurs ....
h. Ils vivent près de l'Opéra. → Il ....

05. Le présent

• Les verbes des types « mettre », « faire » et « dire » (3ᵉ groupe)

Tu mets beaucoup de poivre dans cette recette. • Aujourd'hui, je fais du football. Et vous, qu'est-ce que vous faites ? • Vous dites « oui » ou « non » ?

- Mettre (admettre, commettre, permettre, promettre et battre, débattre, combattre) : je mets, tu mets, il met, nous mettons, vous mettez, ils mettent.
- Faire (défaire, refaire, satisfaire) : je fais, tu fais, il fait, nous faisons, vous faites, ils font.
- Dire : je dis, tu dis, il dit, nous disons, vous dites, ils disent.

Reliez le début et la fin des phrases. (Il y a parfois plusieurs possibilités.)

a. Nous
b. Ma mère
c. Mes enfants
d. Je
e. Vous
f. On
g. Il
h. Les voisins

1. mets du fromage dans l'omelette.
2. disons « oui » au bio.
3. font leurs courses au marché.
4. met du persil sur tous les plats.
5. mettons une heure pour préparer une ratatouille.
6. bat les œufs en neige.
7. fait une crème brûlée.
8. dites « bravo » à la cuisinière.

Complétez avec les verbes au présent.

Exemple : Il me dit (dire) de faire du sport.

a. Quel sport .... (faire)-vous ?
b. Vous .... (battre) le record du monde.
c. Les sportifs .... (dire) au revoir à leur famille.
d. Vous .... (dire) que c'est un beau match ?
e. Nous .... (faire) la queue pour entrer dans le stade.
f. Je .... (promettre) de gagner.
g. Mon père m'.. (interdire) de skier.
h. Je .... (faire) de la danse depuis l'âge de 6 ans.

• Les verbes en « -dre » (3ᵉ groupe)

Nous vendons notre voiture. • Je prends un cappuccino et elles prennent une bière.

- Attendre (descendre, entendre, répondre, correspondre, confondre, mordre, vendre, rendre, dépendre, défendre…) : j'attends, tu attends, il attend, nous attendons, vous attendez, ils attendent.
- Les verbes comme « prendre » (apprendre, comprendre, surprendre, entreprendre) ont trois radicaux : je prends, tu prends, il/elle/on prend, nous prenons, vous prenez, ils/elles prennent.

Soulignez les verbes qui se conjuguent avec trois radicaux.

écrire – mettre – répondre – prendre – traduire – entendre – appartenir – comprendre – recevoir – prévenir – voir – construire – lire – inscrire – venir – connaître – attendre – savoir – vendre – vivre – apprendre – devenir – naître – mourir – battre – tenir – se souvenir – obtenir

Reliez les pronoms et le reste de la phrase. (Il y a parfois plusieurs possibilités.)

Le présent des autres verbes

a. J' → 7. apprends l'allemand à l'école.
b. Nous
c. Ils
d. On
e. Tu
f. Il
g. Vous
h. Elles

1. prenons l'avion pour aller dans le Sud.
2. apprend à conduire.
3. prend le petit-déjeuner sur la terrasse
4. comprenons le japonais.
5. prenez un chocolat chaud ?
6. prennent du bon temps à la montagne.
7. apprends l'allemand à l'école.
8. surprends tout le monde.

Conjuguez les verbes au présent.

Exemple : Vous prenez (*prendre*) votre temps.

a. Mes filles .... (*surprendre*) leurs amis.
b. Tu ne .... (*comprendre*) pas pourquoi ?
c. Vous .... (*reprendre*) du gâteau ?
d. Les enfants .... (*comprendre*) bien l'italien.
e. On .... (*prendre*) le train dans cinq minutes.
f. Les voisins .... (*apprendre*) à bricoler.
g. J'.................... (*entreprendre*) de faire un tour du monde.
h. Nous ne .... pas (*reprendre*) cette affaire.

Mettez au singulier.

Exemple : Nous attendons un taxi. → J'attends un taxi.

a. Nous vendons la voiture. → Je ....
b. Vous entendez le moteur de cette moto. → Tu ....
c. Ils ne répondent pas au téléphone. → Il ....
d. Elles descendent à la cave prendre du vin. → Elle ....
e. Vous ne perdez jamais au casino ? → Tu ....
f. Nous défendons la cause animale. → Je ....
g. Ils rendent les clés au propriétaire. → Il ....
h. Vous confondez mon nom et mon prénom. → Tu ....

Soulignez la forme verbale correcte.

Exemple : Attention ! Ce chien mord / *mords*.

a. Vous *dépend* / *dépendez* de qui ?
b. Tu *étends* / *étend* le linge, s'il te plaît.
c. Il *tonds* / *tond* la pelouse.
d. Ils *répond* / *répondent* aux textos.
e. Vous *prétendons* / *prétendez* connaître mon fils ?
f. On *perd* / *perdez* notre temps.
g. La neige *fonds* / *fond* très vite, il fait trop chaud.
h. Mes enfants *correspond* / *correspondent* par mail avec des Américains.

05. Le présent

> **• Les verbes en « -tre » et les verbes du type « voir » ; « savoir » (3ᵉ groupe)**
>
> Nous connaissons Mme Dupré. • Vous voyez l'hôtel à gauche ? • Je sais danser la salsa.
>
> - Connaître (reconnaître, paraître, apparaître, disparaître, naître) : je connais, tu connais, il/elle/on connaît, nous connaissons, vous connaissez, ils/elles connaissent.
> - Voir (prévoir, revoir, entrevoir, croire) : je vois, tu vois, il voit, nous voyons, vous voyez, ils voient.
> - Savoir : je sais, tu sais, il sait, nous savons, vous savez, ils savent.

Conjuguez au présent.

Exemple : La nature renaît (*renaître*) au printemps.

a. Vous .... (*connaître*) Mme Legrand ?
b. Ils ne .... pas (*savoir*) conduire.
c. Les journaux .... (*paraître*) en général le matin.
d. Nous ne .... pas (*reconnaître*) ces personnes.
e. Tu .... (*savoir*) où est la poste ?
f. Floriane .... (*savoir*) parler quatre langues.
g. Ma mère et moi .... (*savoir*) très bien cuisiner les pâtes.
h. Il .... (*disparaître*) tous les jours après le déjeuner.

Soulignez les verbes qui *ne se* conjuguent *pas* comme « voir ».

apercevoir – concevoir – pouvoir – devoir – prévoir – recevoir – savoir – croire – décevoir – revoir – percevoir – entrevoir

Écrivez le présent des verbes.

Exemple : Ils ne voient (*voir*) rien.

a. Nous .... (*revoir*) d'anciens amis.
b. Elle .... (*croire*) au Père Noël.
c. La météo .... (*prévoir*) un très beau temps.
d. Vous .... (*croire*) en quel dieu ?
e. Mes parents .... (*prévoir*) de partir en Asie pour les vacances.
f. Je .... (*voir*) très bien sans lunettes.
g. Ils ne .... pas (*croire*) aux fantômes.
h. Ce soir, tu .... (*voir*) ton frère ?

> **• Les verbes du type « recevoir » et du type « boire »**
>
> Nous recevons des nouvelles de notre famille. • Ils boivent du champagne.
>
> Ces verbes ont trois radicaux.
> - Recevoir (« apercevoir », « décevoir », « concevoir », « percevoir ») : je reçois, tu reçois, il reçoit, nous recevons, vous recevez, ils reçoivent.
> - Boire : je bois, tu bois, il boit, nous buvons, vous buvez, ils boivent.

Reliez le début et la fin des phrases.

Le présent des autres verbes

J'
b. Vous
c. Nous
d. Hugo
e. Ils
f. Tu
g. On
h. Les étudiants

1. aperçois un taxi, là-bas.
2. recevons des nouvelles de nos amis.
3. perçoivent les impôts.
4. concevez des projets intéressants.
5. déçoit ses professeurs.
6. reçoit des amis ce soir.
7. reçoivent beaucoup de textos.
8. apercevons le soleil derrière les nuages.

Conjuguez les verbes au présent.

Exemple : Tu bois (*boire*) du café le matin ?

a. Les invités .... (*boire*) une coupe de champagne.
b. La directrice .... (*recevoir*) des cadeaux de son personnel.
c. Elle .... (*boire*) du cidre avec les crêpes.
d. Nous .... (*boire*) un cocktail au bar.
e. Tu me .... (*décevoir*) !
f. Vous .... (*boire*) du vin à table ?
g. On .... (*apercevoir*) le serveur au fond du café.
h. Je .... (*boire*) un litre et demi d'eau par jour.

• Les verbes en « -indre »

J'**éteins** la lumière, il **éteint** son portable et ils **éteignent** les ordinateurs.

• Les verbes en « -indre » comme « craindre » (éteindre, rejoindre, peindre, plaindre…) ont deux radicaux :
je **crains**, tu **crains**, il **craint**, nous **craignons**, vous **craignez**, ils **craignent**.

Conjuguez au présent.

Exemple : J'éteins (*éteindre*) ma cigarette quand je rentre dans une voiture.

a. Vous .... (*rejoindre*) vos amis au théâtre.
b. Nous .... (*craindre*) les tempêtes quand nous sortons en mer.
c. Mon amie .... (*peindre*) des paysages à l'aquarelle.
d. Il .... (*plaindre*) ces enfants abandonnés.
e. Les habitants des grandes villes .... (*craindre*) la pollution.
f. Tu n'............................. pas (*éteindre*) la télévision ?
g. Je .... (*repeindre*) tout l'appartement en blanc.
h. Ce film .... (*dépeindre*) la société française des années 1960.
i. Tu .... (*rejoindre*) ta sœur au restaurant.

05. Le présent

> **• Les verbes « pouvoir », « vouloir » et « devoir », « il faut »**
>
> Je peux venir avec vous ? • Ils doivent aller chez le dentiste. • Il faut partir.
>
> Les verbes « pouvoir », « vouloir », « devoir » ont trois radicaux.
> - Pouvoir : je peux, tu peux, il peut, nous pouvons, vous pouvez, ils peuvent.
> - Vouloir : je veux, tu veux, il veut, nous voulons, vous voulez, ils veulent.
> - Devoir : je dois, tu dois, il doit, nous devons, vous devez, ils doivent.
>
> ✋ Le verbe « falloir » se conjugue uniquement avec « il » : il faut.

Conjuguez les verbes au présent.

Exemple : Les élèves doivent (*devoir*) éteindre leur portable.

a. Je .... (*pouvoir*) vous aider ?
b. Je vous .... (*devoir*) combien ?
c. On .... (*pouvoir*) commencer ?
d. Léa, il .... (*falloir*) ranger ta chambre.
e. Excusez-nous, nous .... (*devoir*) téléphoner.
f. Ils .... (*vouloir*) un verre de bière.
g. Elles .... (*pouvoir*) déjeuner avec nous ?
h. Qu'est-ce que vous .... (*vouloir*) boire ?

Écrivez à la forme correcte.

Exemple : Il faut (*falloir*) un visa pour aller aux États-Unis.

a. On ne .... (*devoir*) pas marcher sur la pelouse.
b. Tu .... (*devoir*) prendre deux médicaments par jour.
c. Vous .... (*pouvoir*) prendre l'ascenseur ou l'escalier.
d. Maman, nous ne .... (*vouloir*) pas aller à l'école.
e. Le directeur .... (*vouloir*) un plus grand magasin.
f. Tu .... (*pouvoir*) mettre la table, s'il te plaît ?
g. C'est interdit. Nous ne .... (*pouvoir*) pas fumer ici.
h. Vous me .... (*devoir*) 14 euros.

Synthèse

Reliez les éléments et faites des phrases. (Il y a parfois plusieurs possibilités.)

a. Elles	1. vais	s. aux Pays-Bas.
b. Elsa	2. dites	t. en retard.
c. Il	3. sommes	u. de froid.
d. Tom	4. revient	v. Sophie ?
e. Vous	5. t'appelles	w. les valises.
f. Nous	6. font	x. « merci ».
g. Je	7. meurt	y. du Danemark
h. Tu	8. croit	z. aux fantômes.

Retrouvez l'infinitif des verbes employés

Exemple : Je cueille quelques fruits. → cueillir

a. Vous paraissez très préoccupée. → ....
b. Nous écrivons à notre père. → ....
c. Est-ce qu'elle attend depuis longtemps ? → ....
d. Ils mentent de plus en plus. → ....
e. Qu'est-ce que tu préfères ? → ....
f. Les magasins ouvrent à quelle heure ? → ....
g. Les enfants promettent de rentrer tôt. → ....
h. Ces fleurs sentent bon. → ....

Tutoyez ou vouvoyez.

Exemples : Tu vois la fille, là-bas ? → Vous voyez la fille, là-bas ? Vous finissez le gâteau ? → Tu finis le gâteau ?

a. Vous étudiez les langues ? → ....
b. Tu remplis les papiers ? → ....
c. Tu dois partir à l'heure ? → ....
d. Vous allez au concert ? → ....
e. Vous pouvez me donner du feu ? → ....
f. Tu dis au revoir aux voisins ? → ....
g. Tu fais la cuisine ? → ....
h. Vous craignez l'orage ? → ....

Répondez aux questions.

Exemple : Le matin, partez-vous le premier de chez vous ? → Oui, je pars le premier de chez moi.

a. Êtes-vous propriétaire de votre logement ? → Oui, ...
b. Rendez-vous service à vos voisins ? → Oui, ...
c. Prenez-vous l'ascenseur pour monter chez vous ? → Oui, ...
d. Habitez-vous dans une grande ville ? → Oui, ...
e. Faites-vous les courses dans votre quartier ? → Oui, ...
f. Connaissez-vous vos voisins ? → Oui, ...
g. Vivez-vous seul dans votre appartement ? → Oui, ...
h. Allez-vous chez vos voisins quand ils font du bruit ? → Oui, ...

Transformez du pluriel au singulier.

a. Ils souffrent des dents. → ....
b. Nous restons au lit. → ....
c. Elles ne connaissent pas ce médicament. → ....
d. Vous toussez beaucoup ? → ....
e. Ils n'ont pas bonne mine. → ....
f. Vous suivez un traitement. → ....
g. Ils sentent une douleur au dos. → ....
h. Nous devons prendre rendez-vous chez le médecin. → ....

Reliez le pronom et le reste de la phrase. (Il y a parfois plusieurs possibilités.)

a. Je   1. répondons aux questions.

05. Le présent

Vous
c. Ils
d. On
e. Nous
f. Elle
g. Tu
h. Elles

2. mets la table.
3. vois la voiture là-bas.
4. lit le courrier.
5. promettons de venir.
6. élisent le représentant des élèves.
7. croyez Emma.
8. vends la maison.

Complétez par un verbe conjugué ou à l'infinitif.

Exemple : Pour le cocktail, je mets (*mettre*) mon smoking.

a. Cet été, les jupes .... (*raccourcir*).
b. Ces boucles d'oreilles .... (*aller*) très bien avec mon tailleur.
c. Cette robe longue .... (*allonger*) ta silhouette.
d. Le noir .... (*amincir*) les personnes un peu fortes.
e. L'hiver, nous .... (*grossir*) toujours d'un kilo.
f. Ils ne .... (*pouvoir*) pas .... (*porter*) ces cravates ridicules.
g. Malheureusement, je .... (*devoir*) .... (*élargir*) ce pantalon.
h. Je n'ai pas de chance : mes pulls .... (*rétrécir*) toujours au lavage.

Transformez du singulier au pluriel.

Exemple : Tu joues au tennis ? → Vous jouez au tennis.

a. Je ne pratique pas de sport. → ....
b. Elle fait du ski nautique. → ....
c. Tu aimes les sports d'équipe ? → ....
d. Il boxe depuis longtemps ? → ....
e. Elle prend des cours de danse. → ....
f. Tu cours tous les jours ? → ....
g. Je nage depuis l'âge de cinq ans. → ....
h. Tu sais jouer au golf ? → ....

Mettez les verbes à la forme correcte.

Exemple : Tu réserves (*réserver*) les places pour l'exposition Matisse.

a. Le rideau .... (*se lever*) et les comédiens .... (*apparaître*).
b. On .... (*jouer*) ce spectacle depuis six mois, car il .... (*faire*) un tabac.
c. La représentation .... (*commencer*) à 20 h 30 et les spectateurs .... (*être*) déjà dans la salle.
d. Les musiciens .... (*interpréter*) une œuvre de Ravel pendant que les danseurs .... (*répéter*).
e. Les spectateurs .... (*applaudir*) les artistes et .... (*appeler*) le metteur en scène.
f. Les comédiens .... (*saluer*) le public et .... (*partir*) dans leur loge.
g. Dans le film *La Môme*, Marion Cotillard .... (*tenir*) le rôle principal.
h. Ce chanteur .... (*avoir*) beaucoup de succès et ses chansons .... (*plaire*) aux jeunes.

Complétez par « -er » ou « -ez ».

Exemple : Vous devez régler votre consommation, s'il vous plaît.

Le présent des verbes pronominaux

- Vous désir................................. pay.................................. par chèque ou par carte ?
- **b.** Voul........................... -vous déjeun.................... près de la fenêtre ou bien ici ?
- **c.** Est-ce que vous pouv.................... all................ cherch................ mes affaires ?
- **d.** Souhait...........................-vous réserv......................... une table pour quatre ?
- **e.** Est-ce que vous pouv........... me montr...... le dernier album de David Guetta ?
- **f.** Désolé, je dois vous quitt.. . À demain.
- **g.** J'aimerais goût... ce fromage, s'il vous plaît.
- **h.** Je n'aime pas devoir mang.. rapidement.

Choisissez le bon verbe et mettez-le à la forme correcte.
Exemple : Maxime vient (*venir/arriver*) me chercher à l'aéroport.

- J'entends beaucoup .... (*dire/parler*) de ce film.
- **b.** On ne .... (*dire/parler*) pas « excusez-moi », mais « veuillez m'excuser ».
- **c.** Je n'.. (*écouter/entendre*) jamais la sonnerie du réveil.
- **d.** Tous les matins, j'......................... (*écouter/entendre*) les informations à la radio.
- **e.** La fumée .... (*partir /sortir*) de son bureau.
- **f.** Nous .... (*partir/sortir*) pour l'Australie en août.
- **g.** Nous .... (*savoir/connaître*) les écrivains français du XIXe siècle.
- **h.** Ils ne .... (*savoir/connaître*) pas parler français.

Choisissez le verbe et conjuguez.
Exemple : Mon amie arrive (*venir/arriver*) à 14 heures à la gare de Nice.

- Ils .... (*mettre/ prendre*) une heure pour aller à l'université.
- **b.** Parfois, je .... (*mettre/prendre*) une douche froide pour me réveiller.
- **c.** Pour passer le permis de conduire, il .... (*pouvoir/devoir/falloir*) avoir dix-huit ans.
- **d.** Vous .... (*pouvoir/devoir/falloir*) prendre des cours de conduite.
- **e.** Vous .... (*pouvoir/devoir/falloir*) passer votre permis de conduire au bout de vingt-cinq heures de conduite.
- **f.** Nous .... (*voir/regarder*) nos parents tous les dimanches.
- **g.** Vous .... (*voir/regarder*) l'émission *C dans l'air* tous les soirs ?
- **h.** Je .... (*voir/regarder*) que tu n'as pas compris.

Le présent des verbes pronominaux

• Les verbes pronominaux

Je **me réveille** tôt. • Valentin et Alexandra **se téléphonent**.

- On ajoute le pronom réfléchi devant le verbe.
- Se réveiller : je **me** réveille, tu **te** réveilles, il **se** réveille, nous **nous** réveillons, vous **vous** réveillez, ils **se** réveillent.
- ✋ « Me », « te », « se » s'écrivent « m' », « t' » et « s' » devant une voyelle ou un « h » muet.

05. Le présent

 a. Marie   2. nous changeons pour la soirée chez Baptiste.
 c. Vous   3. m'épile les jambes l'été.
 d. Les enfants   4. se parfume beaucoup.
 e. Tu   5. vous regardez dans la glace.
 f. Ils   6. se maquille très peu.
 g. Nous   7. te rases tous les matins ?
 h. Théo et moi   8. se lavent fréquemment les cheveux.

Que faites-vous ? Utilisez des verbes pronominaux.

Exemple : À 7 heures, je me réveille (se réveiller).

a. À 7 heures 30, ... (se lever).
b. À 8 heures, ... (se laver).
c. À 8 h 30, ... (s'habiller).
d. À 9 heures, ... (s'en aller) au bureau.
e. À 9 heures 30, ... (se mettre) au travail.
f. À 13 heures 30, ... (s'arrêter) de travailler.
g. À 15 heures, ... (s'occuper) des clients.
h. À 18 heures, ... (se presser) pour rentrer chez moi.

Remettez les mots dans l'ordre.

Exemple : heure / lèves / quelle / tu / à / te ? → À quelle heure tu te lèves ?

a. connectez/ comment / Internet /vous / à / vous ? → ....
b. au / tu / ennuies / pourquoi / travail / t' ? → ....
c. quelle / à / dans / heure / nous/ le / réunissons / bureau / nous ? → ....
d. se / ils / le / où / dimanche / promènent ? → ....
e. je / de / dépêche / finir / me → ....
f. vite / vous / préparez / matin / vous / le ? → ....
g. employés / des / se / questions / les / posent → ....
h. se / elles / comment / coiffent ? → ....

Complétez par le pronom manquant.

Exemple : Ma fille et son fils, ils s'aiment énormément.

a. Ma mère et moi, nous .... adorons.
b. Ses enfants et les miens, ils .... connaissent très bien.
c. Mon frère et mon mari, ils .... détestent.
d. Ton ami et toi, vous .... mariez bientôt ?
e. Mon cousin et Julien, ils .... voient régulièrement.
f. Mes parents, ils .... disputent de temps en temps.
g. Ton père et toi, vous .... écrivez chaque semaine ?
h. Sa sœur et moi, nous .... appelons par nos prénoms.

Complétez les phrases comme dans l'exemple.

Exemple : Elle se dépêche le matin, mais vous, vous vous dépêchez le soir.

Le présent progressif

a. Ils s'occupent des enfants le mercredi mais moi, ... des enfants le samedi.
b. Je m'intéresse à la peinture mais elle, ... à l'architecture.
c. Matteo se souvient de ses professeurs mais toi, ... du directeur.
d. Tu te moques de ces filles mais vous, ... de ces enfants.
e. Nous nous absentons lundi mais lui, ... mercredi.
f. Vous vous promenez au jardin du Luxembourg mais nous, ... au bois de Vincennes.
g. Elle s'appelle Fanny mais elles, ... Flore et Floriane.
h. Les voisins se couchent tôt mais eux, ... très tard.

Mettez à la forme négative.

Exemple : Elle se douche le soir. → Elle ne se douche pas le soir.

a. Il se brosse les dents après chaque repas. → ....
b. On s'amuse avec elle. → ....
c. Ils se méfient de lui. → ....
d. Tu t'éloignes du quartier. → ....
e. Elle se coiffe avec une brosse. → ....
f. Je me demande si elle est gentille. → ....
g. Vous vous baignez dans l'océan. → ....
h. Pour le carnaval, il se déguise en prince. → ....

Le présent progressif

• « Être en train de »

« Allô ! Bonjour Cécile. Je ne peux pas te répondre ; je suis en train de conduire. Je te rappelle. »

• La forme « être en train de » + infinitif indique que l'action est en cours de déroulement.
---

a. Où sont les enfants ?
b. Qu'est-ce que tu fais ?
c. Pourquoi tu ne viens pas ?
d. Vous êtes à la maison ?
e. Elle est fatiguée ?
f. Elles étudient les langues ?
g. Allô ? Vous êtes à l'aéroport ?
h. Tu lis quoi en ce moment ?

1. Je ne peux pas. Je suis en train de repeindre la salle de bains.
2. Ils sont en train de jouer dans le jardin.
3. Oui, nous sommes en train de préparer le repas pour ce soir.
4. Je suis en train de faire mes devoirs.
5. Oui, mais en ce moment elles sont en train de faire un stage à Londres.
6. Elle est en train de faire la sieste.
7. Je suis en train de lire un polar.
8. Oui, nous sommes en train d'attendre l'avion pour Lyon.

Remplacez le présent par le présent progressif.

Exemple : Il s'habille. → Il est en train de s'habiller.

05. Le présent

   Il pleut. → ....
b. Vous écrivez des textos. → ....
c. Ils découvrent une belle région. → ....
d. Vous vous amusez. → ....
e. Tu révises tes cours. → ....
f. Elles se douchent. → ....
g. Nous recherchons une maison dans le quartier. → ....
h. La neige fond. → ....

Remettez les mots dans l'ordre.

Exemple : se / il / n' / pas / est / en / de / promener / train
→ Il n'est pas en train de se promener.

a. on / est / n' / de / pas / train / en / courir / la / sur / plage
→ ....
b. ne / pas / en / de / suis / train / regarder / je / télé / la
→ ....
c. nous / en / train / sommes / de / pas / ne / cuisiner
→ ....
d. ils / pas / sont / se / en / de / ne / train / raser
→ ....
e. faire / vous / êtes / n' / en / pas / de / train / vos / valises
→ ....
f. il / pas / est / n' / train / en / dire / de / contraire / le
→ ....
g. pas / tu / es / n' / de / mettre / table / train / la / en
→ ....
h. vous / pas / train / de / vous / êtes / en / n' / doucher
→ ....

Bilan 5

1. Complétez par les verbes qui sont entre parenthèses.

« Bonjour monsieur, je .... (a. être) madame Sabin, je .... (b. venir) pour visiter votre appartement.
– Entrez, je vous .... (c. prier). Excusez-moi, je .... (d. repeindre) la cuisine. Un instant, j'.................... (e. essuyer) mon pinceau. Alors, voici la cuisine. Elle .... (f. faire) 8 mètres carrés. Vous .... (g. pouvoir) y manger.
– Elle .... (h. sembler) sombre.
– Le matin, oui ; mais vous .... (i. avoir) le soleil l'après midi. Nous .... (j. passer) à présent dans la salle à manger. La superficie .... (k. être) de 25 mètres carrés. Comme vous le .... (l. voir), il y .... (m. avoir) une cheminée.
– Est-ce que je .... (n. pouvoir) regarder par la fenêtre ?
– Oui. Ça .... (o. donner) sur la rue. La chambre .... (p. paraître) petite mais on y .... (q. dormir) au calme. Les placards .... (r. être) à droite. Dernière chose : la salle de bains et les toilettes. Vous .... (s. prendre) le métro ?
– Oui. Votre appartement .... (t. être) proche des transports. Très bien monsieur, je .... (u. réfléchir) et je vous .... (v. appeler) demain. Ça vous .... (w. aller) ?
– Encore une question. Qu'est-ce que vous .... (x. faire) dans la vie ?
– Je suis informaticienne.
– Bon, vous .... (y. connaître) mon adresse et mon numéro de téléphone.
– Parfait, il .... (z. falloir) que je parte. Au revoir, monsieur. »

2. Conjuguez les verbes au présent.

Les Français .... (a. avoir) beaucoup de temps libre. Pendant leurs loisirs, ils .... (b. sortir) ils .... (c. dîner) chez des amis, ils .... (d. aller) au restaurant, au spectacle ou en boîte. Ils .... (e. prendre) un verre avec leurs amis. Ils .... (f. pouvoir) aussi visiter des expositions, des musées. Les Français .... (g. faire) aussi du sport. Ils .... (h. préférer) le vélo, la randonnée, la course, la gym, la danse et le foot. On .... (i. aimer) aussi cuisiner. On .... (j. faire) aussi de la pâtisserie. Beaucoup d'hommes et de femmes .... (k. bricoler) et .... (l. jardiner) également. Ils .... (m. partir) parfois en week-end. Ils .... (n. dire) aimer le ski et la montagne en hiver et .... (o. passer) leurs vacances à la mer en été.
Les enfants, quand ils n'.................... pas (p. avoir) classe, le mercredi, ils .... (q. être) occupés. Ils .... (r. apprendre) un instrument de musique. Beaucoup de garçons .... (s. jouer) au football et beaucoup de filles .... (t. danser). Leurs parents .... (u. penser) qu'ils .... (v. devoir) avoir beaucoup d'activités de loisir.

05. Le présent

3. Mettez les verbes entre parenthèses au présent et découvrez la vie d'un boulanger.

Je .... (a. *se lever*) 4 heures du matin. Je .... (b. *s'occuper*) du petit-déjeuner. Ensuite ma femme .... (c. *se réveiller*) et nous .... (d. *s'embrasser*). Après on .... (e. *se regarder*) silencieusement, on .... (f. *se sourire*) en buvant notre café. Puis, je .... (g. *se doucher*), je .... (h. *se raser*) et je .... (i. *s'habiller*). Ma femme et moi, nous .... (j. *se dépêcher*), car les enfants .... (k. *se lever*) peu de temps après. Ils (l. *s'appeler*) .... Bastien et Benjamin et .... (m. *ne pas se ressembler*).

À la boulangerie, je .... (n. *se charger*) de préparer la pâte à pain et de faire cuire le pain. Mon employé .... (o. *s'organiser*) pour faire les croissants et toute la viennoiserie. Il .... (p. *s'investir*) beaucoup dans son travail. Puis mon épouse .... (q. *s'asseoir*) à la caisse. Et les clients .... (r. *se précipiter*) pour acheter notre excellente baguette. Nous .... (s. *s'arrêter*) de travailler à 19 heures. Après le dîner, on .... (t. *s'amuser*) un peu avec les enfants et nous .... (u. *se coucher*).

4. Mettez les verbes entre parenthèses au présent progressif ou au présent.

« Maman tu .... (a. *devoir*) te reposer un peu, tu .... (b. *faire*) toujours quelque chose.
– Oui, je .... (c. *savoir*), ma fille. Mais je .... (d. *détester*) ne rien faire. En ce moment, je .... (e. *refaire*) la décoration de ma chambre.
– Mais maman, elle .... (f. *être*) très belle ta chambre.
– Oui, mais je .... (g. *adorer*) le changement. Et ton père et moi .... (h. *choisir*) une couleur pour notre chambre.
– Vous .... (i. *choisir*) quoi ?
– Une couleur pour notre nouveau lit. Et nos rideaux.
– Il .... (j. *falloir*) aussi changer les rideaux ?
– Oui. et nous .... (k. *devoir*) repeindre ce mur, je .... (l. *devoir*) déplacer cette commode et ton père .... (m. *devoir*) changer le sol.
– Entendu Maman. Je t'..................... (n. *admirer*), car tu .... (o. *sembler*) heureuse avec tous ces projets. »

06 • Les temps du passé

Le passé récent

> **• « Venir de » + infinitif**
>
> Désolé, le bus vient de passer. Le prochain est dans quinze minutes. • Mes meilleurs amis viennent d'avoir une petite fille.
>
> « Venir de » + infinitif exprime un passé récent sans précision de temps.

300 Soulignez les verbes au passé récent.

Exemples : <u>Ils viennent de s'endormir.</u>   Tu viens avec nous.

a. Je viens de commencer ce livre.
b. Ces fruits viennent d'Israël.
c. Le vol AF 312 vient de Madrid.
d. L'avion pour Mexico vient de décoller.
e. Les enfants viennent de rentrer de l'école.
f. Je viens de la piscine.
g. On vient de rencontrer Mme Roux.
h. Elle vient de comprendre l'exercice.

301 Complétez les phrases en mettant le verbe entre parenthèses au passé récent.

Exemple : Le nouveau président de la République vient de faire (*faire*) un discours à la télévision.

a. On .... (*annoncer*) une forte tempête sur la Corse.
b. La mairie de Paris .... (*ouvrir*) une nouvelle crèche dans le 14e arrondissement.
c. Le ministre de la Défense .... (*démissionner*).
d. La grève de la S.N.C.F .... (*commencer*).
e. On .... (*inaugurer*) un nouveau parc dans la ville.
f. Le gouvernement .... (*proposer*) une nouvelle loi.
g. Le Premier ministre .... (*recevoir*) les partenaires sociaux.
h. On .... (*fermer*) l'autoroute A 9 en raison des intempéries.

302 Répondez aux questions.

Exemple : Tu téléphones maintenant ? → Non, je viens de téléphoner.

a. Elle déjeune maintenant ? → Non, ...
b. Le train part maintenant ? → ....
c. Vos voisins déménagent maintenant ? → ....
d. Vous regardez ce film maintenant ? → ....
e. Tu lis ce livre maintenant ? → ....
f. Tu fais les courses maintenant ? → ....
g. Nous signons le contrat maintenant ? → ....
h. Vous buvez un verre maintenant ? → ....

06 • Les temps du passé

303 Répondez positivement à ces questions, comme dans l'exemple.

Exemple : Élise est sortie ? → Oui, elle vient de sortir.

a. Tu as compris cette blague ? → ....
b. Ils ont fini leurs devoirs ? → ....
c. Je suis passé devant votre magasin ? → ....
d. Elles sont arrivées ? → ....
e. Tu as pris un café ? → ....
f. Vous avez offert des fleurs ? → ....
g. Sandra est partie ? → ....
h. Mathieu a fait un gâteau ? → ....

304 Remettez les mots dans l'ordre.

Exemple : lui / elles / téléphoner / de / viennent → Elles viennent de lui téléphoner.

a. de / faire / il / le / vient / ménage → ....
b. lui / nous / de / dire / venons / merci → ....
c. viens / la / de / je / faire / vaisselle → ....
d. tu / de / leur / viens / un / envoyer / SMS → ....
e. de / ils / nous / appeler / viennent → ....
f. en / il / me / de / vient / mariage / demander → ....
g. vous / on / de / écrire / vient / mail / un → ....
h. viennent / de / t' / elles / à / fête / inviter / leur → ....

305 Conjuguez au passé récent ou au présent.

« Allô, Marc tu .... (**a.** venir) avec moi à la patinoire ?
– Impossible. Je .... (**b.** perdre) mes papiers et je .... (**c.** devoir) aller au commissariat pour faire une déclaration de perte. Tu me/m' .... (**d.** accompagner) ?
– Désolé, mes amis Simon et Sarah .... (**e.** arriver) de Paris et me/m'..
(**f.** attendre) dans le café au coin de la rue, près de la patinoire. Je .... (**g.** être) dans la rue, je les .... (**h.** rejoindre)
– Mais tu .... (**i.** savoir) où tu as perdu tes papiers ?
– Non, je .... (**j.** s'apercevoir) que je n'ai plus mon portefeuille.
– Tu ne/n' .... (**k.** avoir) pas de chance. Tu .... (**l.** refaire) ta carte d'identité, n'est–ce pas ?
– Oui, il y a une semaine.
– Écoute la nouveauté ! Cécile .... (**m.** me quitter). Elle est partie, hier.
– Oh, désolé mon vieux !
–Bon, j'y .... (**n.** aller). Je .... (**o.** voir) Simon et Sarah, ils ....
(**p.** sortir) du café pour fumer une cigarette.
– À plus tard. »

Le passé composé avec « avoir »

> **• Le passé composé et le participe passé en « -é »**
>
> Hier, ils ont voyagé toute la nuit. Leur avion a décollé à 21 heures. • Manon a passé une excellente nuit, mais Paul n'a pas fermé l'œil ; il a regardé plusieurs films sympas.
>
> - Le passé composé exprime une action à un moment précis du passé. En général, il est composé de l'auxiliaire « avoir » au présent suivi du participe passé du verbe de l'action.
> - Le participe passé des verbes avec un infinitif en « -er » est toujours « -é ».

306 Complétez ces verbes au passé composé.

Exemples : Elle danse, elle a dansé.   Tu manges, tu as mangé.

a. Nous parlons, nous avons ....   e. J'habite, j'ai ....
b. Tu étudies, tu as ....   f. Elles chantent, elles ont ....
c. Vous marchez, vous avez ....   g. Nous donnons, nous avons ....
d. On joue, on a ....   h. Ils travaillent, ils ont ....

307 Associez le présent et le passé composé de ces verbes. Soulignez les changements dans le participe passé.

Exemples : Il appelle. / Il a appelé.   Tu étiquettes. / Tu as étiqueté.

a. Tu achètes.   1. On a créé.   e. Il emmène.   5. Tu as levé.
b. Elle jette.   2. J'ai interpellé.   f. Elles pèlent.   6. Il a gelé.
c. On crée.   3. Elle a jeté.   g. Il gèle.   7. Il a emmené.
d. J'interpelle.   4. Tu as acheté.   h. Tu lèves.   8. Elles ont pelé.

308 Écrivez ces phrases au passé composé.

Exemple : Elles réveillent les enfants. → Elles ont réveillé les enfants.

a. Je jette la poubelle. → ....
b. Ils achètent une nouvelle voiture. → ....
c. On appelle notre fille Andrea. → ....
d. Il soulève la valise. → ....
e. Il gèle la nuit. → ....
f. Tu ne projettes pas de partir ? → ....
g. Il martèle toute la journée. → ....
h. Il n'épelle pas son nom. → ....

> **• Le participe passé en « -i »**
>
> Elle n'a pas vieilli, elle a même un peu rajeuni. • Il s'est endormi vers 2 heures du matin. • Il a failli rater son train.
>
> - Pour tous les verbes du 2e groupe (infinitif en « -ir »), le participe passé se finit en « -i », comme « finir/fini », « vieillir/vieilli ».
> - Des verbes en « -ir » du 3e groupe ont un participe passé en « -i », comme « partir/parti », « sortir/sorti », « dormir/dormi ».

06 • Les temps du passé

309 Écrivez l'infinitif de ces verbes.

Exemple : Il a bien agi. → agir

a. Nous avons réussi l'examen. → ....
b. J'ai choisi cette solution. → ....
c. Vous avez bien dormi ? → ....
d. On a accueilli nos amis. → ....
e. Tu as senti cette fleur ? → ....
f. Elle a beaucoup maigri. → ....
g. Ils ont bien grandi. → ....
h. J'ai sorti le chien. → ....

• Les participes passés en « -u », « -t », « -is »

Théo a vu un film formidable. • J'ai remis tout à sa place comme je te l'ai écrit.

- Participe passé en « -u » : verbes en « -ir » comme « venir/venu », « tenir/tenu » et verbes en « -oir », en « -re » ou « -dre » comme « voir/vu », « vouloir/voulu », « pouvoir/pu », « devoir/dû », « boire/bu », « lire/lu », « descendre/descendu », « savoir/su »…
- Participe passé en « -t » comme « faire/fait », « dire/dit », « conduire/conduit ».
- Participe passé en « -is » comme « prendre/pris », « comprendre/compris », « mettre/mis ».

---

310 Rayez ce qui ne convient pas.

Exemple : Il est ~~revenir~~ / revenu plus tard que prévu.

a. Vous avez *vouloir / voulu* ce magazine, le voici !
b. Elles ont *prendre / pris* le train de 20 heures 17.
c. J'ai *compris / comprendre* le sens de ta question.
d. Vous avez bien *appris / apprendre* la leçon ?
e. Il a *dû / devoir* rater son bus.
f. On a *pu / pouvoir* visiter l'exposition Picasso.
g. Il a *réussir / réussi* son examen d'histoire.
h. Nous avons *voir / vu* un excellent film.
i. Tu as *descendu / descendre* les escaliers.

311 Écrivez le participe passé de ces verbes à l'infinitif

Exemples : prendre : pris   vouloir : voulu

a. connaître : ....
b. lire : ....
c. rajeunir : ....
d. tenir. ....
e. écrire : ....
f. apercevoir : ....
g. vendre : ....
h. descendre : ....

312 Donnez l'infinitif de ces verbes.

Exemple : Morgane a maigri. → maigrir

a. Elle a fait un régime. → ....
b. Elle a bu beaucoup d'eau. → ....
c. Elle a couru le dimanche matin. → ....
d. Elle a choisi de marcher. → ....
e. Elle a moins pris le métro. → ....
f. Elle a su dire : « Non merci. » → ....
g. Elle a perdu deux kilos. → ....
h. Ses amis ont vu le résultat. → ....

Le passé composé avec « avoir »

> **• Les participes passés en « -ert » et les irréguliers courants**
>
> On a ouvert la porte et on a découvert un jardin magnifique. • Elle n'a pas eu peur.
> Participe passé en « -ert » : « offrir/offert », « ouvrir/ouvert »…
>
> ✋ Certains verbes sont très irréguliers : « être/été », « avoir/eu », « vivre/vécu », « mourir/mort », « naître/né ».

313 Retrouvez l'infinitif de ces verbes au passé composé.

Exemples : Il a conduit. → conduire   J'ai mis. → mettre

a. On a fait. → ....
b. Il a ri. → ....
c. Nous avons su. → ....
d. J'ai reçu. → ....
e. Tu as bu. → ....
f. Il a ouvert. → ....
g. Tu as cru. → ....
h. Vous avez vécu. → ....

314 Écrivez ces phrases au présent.

Exemple : On a trié les poubelles. → On trie les poubelles.

a. J'ai fini les valises. → ....
b. On a descendu les bagages. → ....
c. Louis a fait les sandwiches. → ....
d. Tu as arrosé le jardin. → ....
e. J'ai mis les plantes sur le balcon. → ....
f. Vous avez ouvert la fenêtre du couloir. → ....
g. Tu as éteint le wi-fi. → ....
h. On a rendu la clé à la propriétaire. → ....

315 Écrivez ces phrases au présent.

Exemple : Il a bu son chocolat. → Il boit son chocolat.

a. On a pu assister à ce concert. → ....
b. Ma mère a vendu sa voiture. → ....
c. Ils ont voulu dormir à l'hôtel. → ....
d. Je n'ai pas cru cette histoire. → ....
e. Tu as lu le dernier roman de Pierre Lemaître ? → ....
f. Ils ont reçu un gros colis. → ....
g. On a revu ce vieux film avec plaisir. → ....
h. Vous n'avez pas entendu la sonnerie ? → ....

316 Écrivez ces phrases au passé composé.

Exemple : Nous voyageons en Provence. → Nous avons voyagé en Provence.

a. Mes amis aiment la chaleur. → ....
b. Vous faites des promenades en Camargue. → ....
c. On goûte les spécialités régionales. → ....
d. Vous voyez le massif des Maures ? → ....

06 • Les temps du passé

e. Elle apprend la recette de la pissaladière. → ....
f. Je visite Avignon. → ....
g. Tu joues aux boules à Aix. → ....
h. Je découvre les beaux villages du Luberon. → ....

317 Remplacez le passé récent par le passé composé.

Exemple : Aurélie vient de jouer une valse de Chopin. → Hier, Aurélie **a joué** une valse de Chopin.

a. On vient d'écouter la dernière chanson de Vanessa Paradis.
   → Hier soir, ...
b. Elles viennent de lire des poèmes de Jacques Prévert.
   → Dimanche dernier, ...
c. Nous venons de voir la pièce Poésie au théâtre.
   → Samedi dernier, ...
d. Noé vient de lire *Le Rouge et le Noir*.
   → Le mois dernier, ...
e. Je viens de passer un bon moment à lire une B.D.
   → Dimanche, ...
f. Vous venez de découvrir l'humour d'Anne Roumanoff.
   → Jeudi dernier, ...
g. Tu viens d'entendre la bande-son du film *Lawrence d'Arabie*.
   → Ce matin, ...
h. Nous venons d'assister à un superbe concert à la Philharmonie.
   → Ce week-end, ...

318 Reliez le début et la fin des phrases. (Il y a plusieurs solutions possibles.)

a. En juin 2018, Héléne
b. Il y a deux minutes, Adam et Marine
c. La semaine dernière, nos amis
d. À l'instant, Cécile.

1. vient de claquer la porte sans prendre sa clé.
2. a fait un beau voyage au Mexique.
3. vient de dire une énorme bêtise.
4. ont découvert les jardins de Versailles.
5. viennent d'appeler leurs grands-parents.
6. ont acheté une résidence secondaire.
7. a obtenu son diplôme de médecine.
8. ont eu un enfant.
9. viennent de finir une partie d'échecs.
10. vient de perdre sa carte de crédit.

319 Écrivez au passé composé le verbe entre parenthèses.

Exemple : Au XVIIIe siècle, Parmentier a développé (*développer*) la culture de la pomme de terre en France.

a. En 1739, Réaumur .... (*faire*) le premier thermomètre.
b. En 1820, Pelletier et Caventou .... (*découvrir*) la quinine.
c. C'est Champollion qui .... (*réussir*) à lire l'écriture égyptienne.
d. Pierre et Marie Curie .... (*recevoir*) deux fois le prix Nobel, en 1903 et 1911.

e. En 1909, Louis Blériot .... (traverser) la Manche en avion.
f. C'est Dominique Papin qui .... (savoir) utiliser la force de la vapeur.
g. Colbert .... (créer) l'Académie des sciences en 1666.
h. Les frères Montgolfier .... (construire) les premiers ballons dirigeables en 1783.

Le passé composé avec « être »

• L'auxiliaire « être » et l'accord du participe passé

L'été dernier, Marina est allée au Pérou. • Mes parents sont rentrés de Pékin.

- Certains verbes se forment au passé composé avec l'auxiliaire « être » au présent. Le participe passé s'accorde avec le sujet comme un adjectif, en genre et en nombre.
- Principaux verbes avec l'auxiliaire « être » au passé composé : « aller », « venir », « partir », « arriver », « tomber », « devenir », « rester », « apparaître », « mourir » et « naître ».

320 Lisez ce texte et soulignez les verbes avec l'auxiliaire « être » au passé composé.

Tintin est né en 1929. Ce jeune reporter a voyagé dans le monde entier. Il est monté au sommet de l'Himalaya, il est descendu au fond des mers, il a exploré la jungle ; c'est ainsi qu'il est devenu un héros international. S'il est souvent tombé dans des pièges, ses amis l'ont toujours aidé à s'en sortir. C'est vrai qu'il est sorti de toutes les situations difficiles, même quand il est allé en Chine ou chez les Soviets. Il lui est arrivé de nombreuses aventures et Hergé, le dessinateur, est toujours resté le seul maître de son personnage. Les aventures de Tintin, traduites en plus de cent langues, sont venues et viennent encore rythmer nos rêves d'adolescents, même si Hergé est mort en 1983.

• L'auxiliaire « être » sans complément d'objet direct

Il a descendu les valises. // Il est descendu au parking.
Elle a passé son bac. // Elle est passée par Lyon.

- Les verbes « monter », « descendre », « sortir », « retourner », « passer » et « (r)entrer » sans complément direct se construisent aussi avec l'auxiliaire « être ».

321 Complétez les phrases par « est » ou « a ».

Exemple : Samedi dernier, Louison a eu 18 ans.
a. Elle .... fêté son anniversaire.
b. Son amie Pauline .... venue de Paris.
c. Sa famille .... organisé une jolie fête.
d. Louison .... reçu de nombreux cadeaux.
e. Après le repas, Simon .... allé en discothèque.
f. On .... dansé toute la nuit.
g. Il .... rentré très tard.
h. Le lendemain, on .... dormi toute la journée.

06 • Les temps du passé

322 Complétez les phrases par « ont » ou « sont ».

Exemple : Ils ont travaillé ensemble et ils sont devenus amis.
a. Elles ………………………… parties au bureau à 9 heures.
b. Ils ………………………… sortis de bonne heure.
c. Elles ………………………… fait des courses.
d. Ils ………………………… préparé le repas.
e. Ils ………………………… dîné ensemble.
f. Ils ………………………… voulu regarder un DVD.
g. Ils ………………………… tombés d'accord sur un film.
h. Ils ………………………… passé une bonne soirée.

323 Reliez le début et la fin des phrases. (Il y a parfois plusieurs possibilités.)

a. Nous avons   1. passé au supermarché.
b. Vous êtes   2. allés en Normandie ce week-end.
c. J'ai   3. tombé dans le métro ?
d. Tu es   4. fini les exercices.
e. Nous sommes   5. trouvé la solution ?
f. Vous avez   6. rentrés de bonne heure aujourd'hui.
g. Je suis   7. remercié ta voisine ?
h. Tu as   8. passé une excellente journée.

324 Complétez les phrases par « être » ou « avoir » à la forme correcte.

Exemples : Antoine est arrivé à Paris hier soir. Il a pris une chambre dans le Quartier latin.
a. Il ………………………… téléphoné à ses amis.
b. Ses amis l'………………………… invité à déjeuner chez eux.
c. Ils ………………………… venus le chercher en voiture.
d. Après le repas, ils ………………………… allés au musée d'Orsay.
e. Ils ………………………… visité une exposition sur Gauguin.
f. Ils ………………………… vu des toiles de Renoir et Pissaro. Magnifique !
g. La visite ………………………… duré environ deux heures.
h. Ensuite, ils ………………………… pris un verre dans un café du coin.

325 Réécrivez ces phrases au passé composé.

Exemple : Auguste Rodin naît à Paris en 1840. → Il est né à Paris en 1840.
a. Il suit des cours de dessin à partir de 1854.
   → ……
b. En 1858, il devient artisan sculpteur pour gagner sa vie.
   → ……
c. Il rencontre Rose, sa future femme, en 1864.
   → ……
d. Il fait la guerre de 1870.
   → ……

e. À partir de 1880, il entreprend ses grandes sculptures : *La Porte de l'enfer, Le Penseur.*
→ ....

f. Il obtient ensuite un atelier et il rencontre Camille Claudel.
→ ....

g. En 1887, il reçoit la Légion d'honneur et connaît la gloire.
→ ....

h. Il vit une grande carrière de sculpteur et il meurt en 1917.
→ ....

326 Écrivez la biographie de Gustave Eiffel au passé composé.

Exemple : Gustave Eiffel naît en 1832 à Dijon. → Il **est né** en 1832 à Dijon.

a. Jusqu'en 1855, il fait ses études à l'École centrale de Paris.
→ ....

b. En 1857, il trouve un emploi d'ingénieur et devient un spécialiste des constructions métalliques.
→ ....

c. En 1863, il réalise son premier grand projet : le pont de Bordeaux.
→ ....

d. En 1866, il ouvre un atelier près de Paris et, l'année suivante, il crée sa propre société.
→ ....

e. De 1870 à 1880, il construit des ouvrages très importants en France et à l'étranger, en particulier au Portugal.
→ ....

f. En 1882, il conçoit la structure métallique de la statue de la Liberté à New York.
→ ....

g. De 1887 à 1889, il dirige les travaux de la tour Eiffel, le grand projet de sa vie.
→ ....

h. Après, il mène des travaux scientifiques.
→ ....

i. Il meurt à l'âge de 91 ans en 1923.
→ ....

327 Complétez les participes passés si nécessaire.

Exemples : Elle est né**e** en 1985.   Ils sont allé**s** en Bretagne.

a. Ils ont choisi..... de passer les vacances au Maroc.
b. Elle a adoré................. le concert de David Guetta.
c. Elle est parti...................... faire des courses.
d. Elles sont descendu...... à Nice pour le week-end.
e. Elle a changé............................. d'employeur.
f. Ils sont rentré...................... à quelle heure ?
g. Ils ont refusé......................... de nous accompagner.

06 • Les temps du passé

328 Reliez le début et la fin des phrases. (Il y a parfois plusieurs réponses possibles.)

a. Nos amis belges sont
b. Sa sœur est
c. Ses cousins ont
d. Amélie a

1. partie au bureau en retard ce matin.
2. rentrés épuisés de leur promenade dans Paris.
3. oublié ses clés chez elle.
4. arrivés très tard hier soir.
5. passée chez le traiteur.
6. allée faire les magasins avec une amie.
7. joué toute la nuit en ligne.
8. trouvé une baby-sitter.

329 Complétez les participes passés si nécessaire.

Exemple : Marguerite Yourcenar, une écrivaine célèbre, est née en 1903. C'est la première femme qui est entrée à l'Académie française en 1980

a. La chimiste Marie Curie a reçu............... le prix Nobel de chimie en 1911 pour ses recherches sur le radium. Elle est mort............... en 1934.
b. L'actrice Sarah Bernhardt a joué............... de nombreux rôles masculins au théâtre.
c. La chanteuse Édith Piaf a mené............... une vie très mouvementée.
d. Camille Claudel a vécu............... une existence très difficile.
e. Juliette Gréco a chanté............... des poésies de Jacques Prévert.
f. Colette a souvent choqué............... ses contemporains par ses romans.
g. Mireille Mathieu a donné............... de nombreux concerts en Chine.
h. Marguerite Duras est né............ en 1914. Elle a écrit............ des romans traduits dans beaucoup de langues.

330 Cochez la forme correcte.

Exemple : J'ai ...... Jeanne, une bonne copine.
   1. croisé ✓   2. croisés ☐   3. croisée ☐

a. Elle a ...... un beau village.
   1. découvert ☐   2. découverte ☐   3. découverts ☐

b. Elles ont ...... quelques jours au bord de la mer.
   1. passées ☐   2. passée ☐   3. passé ☐

c. Ils sont ...... chez eux ce week-end.
   1. resté ☐   2. restée ☐   3. restés ☐

d. Elle a ...... une nouvelle mode.
   1. lancé ☐   2. lancée ☐   3. lancés ☐

e. Ce matin, ils sont ...... en avance.
   1. parti ☐   2. partie ☐   3. partis ☐

f. Nos parents ont ...... le vin à la cave.
   1. descendus ☐   2. descendu ☐   3. descendue ☐

g. Elle est ...... au cinéma avec une amie.
   1. allé ☐   2. allés ☐   3. allée ☐

h. Ils ont ...... la soirée ensemble.
   1. passés ☐   2. passé ☐   3. passées ☐

L'accord avec « avoir »

331 Écrivez ces phrases au pluriel.

Exemple : Elle a rendu visite à des amis. → **Elles ont rendu visite à des amis.**

a. Tu es partie à la campagne. → ....
b. Il a bricolé le week-end dernier. → ....
c. J'ai vu un beau film hier sur la chaîne Arte. → ....
d. Elle est allée au musée Bourdelle ? → ....
e. Tu as enlevé les feuilles mortes dans le jardin. → ....
f. Elle est passée chez nous pour emprunter un CD. → ....
g. J'ai fait une très belle promenade le long de la Seine. → ....
h. Tu es allée au théâtre récemment ? → ....
i. Il a lu un bon roman. → ....

L'accord avec « avoir »

• L'accord avec le complément d'objet direct

On a regardé les vieux films que tu nous as offerts. On les a trouvés formidables.

• Avec l'auxiliaire « avoir », le participe passé s'accorde en genre et en nombre avec le complément d'objet direct seulement quand il est placé avant le verbe. Ce complément d'objet direct peut être un nom, un pronom complément ou le pronom relatif « que ».

332 Reliez le début et la fin des phrases. (Il y a parfois plusieurs possibilités.)

a. Cette pièce,
b. Le bibliothécaire,
c. Ses livres,
d. La prof d'espagnol
e. Mon bureau,
f. Les étudiants
g. Votre explication,
h. La bibliographie

1. que je n'ai jamais vus sont nouveaux.
2. elle les a tous achetés d'occasion.
3. je l'ai vue la semaine dernière au théâtre.
4. il ne l'a pas bien comprise.
5. que j'ai perdue était très complète.
6. on l'a croisé dans la rue ce matin.
7. que j'ai eue l'an dernier est de Madrid.
8. je l'ai bien rangé.

333 Transformez ces phrases comme dans l'exemple.

Exemple : Elle a plié ces pulls. → **Ces pulls, elle les a pliés.**

a. J'ai repassé cette chemise. → ....
b. Il a acheté ces chaussures. → ....
c. On a rangé l'armoire. → ....
d. Tu as porté cette robe au pressing. → ....
e. Il a recousu son bouton. → ....
f. Elle a ciré ses bottes. → ....
g. J'ai lavé ces chaussettes. → ....
h. Tu as nettoyé ta jupe. → ....

06 • Les temps du passé

334 Transformez les phrases avec « que » et faites l'accord si nécessaire.

Exemple : Paul a acheté une voiture qui fonctionne très bien.
→ La voiture que Paul a achetée fonctionne très bien.

a. Les enfants ont fait des dessins qui sont très colorés. → ....
b. Fanny a choisi une robe qui lui va très bien. → ....
c. Mes parents ont loué une maison qui est à côté de la plage. → ....
d. Nous avons invité des voisins qui sont très amusants. → ....
e. Tu as rapporté des disques vinyles qui sont très abîmés. → ....
f. Les garçons ont choisi des skis qui sont trop grands. → ....
g. Tu as mis une tenue qui est trop sophistiquée. → ....
h. Elle a donné des exercices qui sont trop difficiles. → ....

Les verbes pronominaux

• Les verbes pronominaux

Léa s'est couchée et elle s'est endormie tout de suite. • Les enfants se sont disputés cet après-midi. Ils se sont même battus !

• Passé composé des verbes pronominaux : pronom réfléchi + « être » + participe passé. Le participe passé s'accorde en genre et en nombre avec le sujet.

✋ Les verbes comme « se parler », « se téléphoner », « se donner rendez-vous » ne s'accordent pas, car ils se construisent sur le modèle verbe + « à » (« parler à quelqu'un », « téléphoner à quelqu'un »).

---

335 Écrivez ces phrases au passé composé.

Exemple : Alicia se réveille à sept heures. → Alicia s'est réveillée à sept heures.

a. Elle se lève quelques minutes plus tard. → ....
b. Peu après, elle se douche. → ....
c. Ensuite, elle s'habille. → ....
d. Puis elle se coiffe. → ....
e. Enfin, elle se maquille. → ....
f. À huit heures, elle se dépêche de prendre un café. → ....
g. Elle se prépare à sortir vers huit heures et quart. → ....
h. À huit heures et demie, elle se dirige vers la station de tram. → ....

336 Racontez la soirée de Pierre, un étudiant, au passé composé avec les éléments donnés.

Exemple : Se précipiter sur son scooter à 18 heures. → Il s'est précipité sur son scooter à 18 heures.

a. Se rendre à sa chambre d'étudiant. → ....
b. S'allonger sur son lit en arrivant. → ....
c. Se reposer une petite demi-heure. → ....
d. S'inquiéter de son dîner. → ....

e. S'inviter chez sa sœur Manon. → ....
f. Se changer avant de sortir. → ....
g. Se retrouver avec plaisir (Pierre et Manon). → ....
h. Se coucher très tard dans la nuit (Pierre et Manon). → ....

337 Camille est secrétaire. Racontez sa journée au passé composé et faites les accords des participes passés.

Exemple : Elle arrive à son bureau à neuf heures et quart.
→ **Elle est arrivée** à son bureau à neuf heures et quart.

a. Elle embrasse ses collègues. → ....
b. Elle s'assoit et ouvre le courrier. → ....
c. Elle se met au travail vers neuf heures et demie. → ....
d. Elle fait une pause dans la matinée et prend un thé. → ....
e. Elle répond au courrier, classe des documents et s'occupe du standard. → ....
f. Elle s'arrête à midi et achète un sandwich. → ....
g. Elle quitte le bureau à dix-huit heures. → ....
h. À ce moment-là, elle se dirige vers le métro pour passer la soirée chez elle. → ....

Les formes négative et interrogative

> **• La place de « ne… pas » et du pronom**
>
> Olivia, **tu ne t'es pas réveillée** ! **Nous n'avons pas entendu** le réveil. • Quand Noémie **s'est-elle couchée** ? **A-t-elle dîné** hier soir ?
>
> • Au passé composé, la négation « **ne… pas** » entoure l'auxiliaire, pour un verbe simple ou pronominal. À la forme interrogative, le pronom se place juste derrière l'auxiliaire.

338 Reliez les questions et les réponses.

a. Pourquoi tes amies ne sont pas encore arrivées ?
b. Quand avez-vous fait vos réservations ?
c. Sous quel pseudo t'es-tu inscrite sur le site ?
d. Où vous êtes-vous rencontrés ?
e. Comment vous êtes-vous reconnus ?
f. Combien avez-vous payé votre billet ?
g. Qu'est-ce que vous avez acheté ?
h. Qui est-ce qui vous a accompagnés à la gare ?

1. Sous le point Information.
2. Il y a plus d'un mois.
3. Ma sœur.
4. 155 € aller-retour.
5. Une veste en cachemire.
6. Lina 2000.
7. On portait tous les deux un béret rouge.
8. Leur train a eu du retard.

339 Faites des réponses négatives.

Exemple : Vous êtes passé au magasin informatique ? → **Non, je ne suis pas passé** au magasin informatique.

a. Vous avez utilisé l'imprimante ? → ....
b. Elle a demandé une connexion Internet ? → ....
c. On a installé le wi-fi ? → ....

06 • Les temps du passé

d. Il s'est servi du scanner ? → ....
e. Vous avez reçu la facture de téléphone ? → ....
f. Elle a branché le répondeur ? → ....
g. Tu as écouté les messages ? → ....
h. Ils ont envoyé plusieurs courriels. → ....

340 Écrivez ces phrases au passé composé.

Exemple : Je ne comprends rien. → Je n'ai rien compris.

a. Ils ne veulent rien. → ....
b. On n'invite personne demain soir. → ....
c. Tu n'achètes rien ? → ....
d. Elle ne croise personne dans l'escalier. → ....
e. Vous n'entendez rien ? → ....
f. Je ne mange rien ce soir. → ....
g. Nous n'écrivons à personne. → ....
h. Il ne s'occupe de rien. → ....

341 Soyez curieux ! Posez des questions sur leur rencontre.

Exemple : Se sont-ils rencontrés dans un café ? ← Oui, ils se sont rencontrés au café Capitole.

a. .... ← Oui, ils se sont regardés.
b. .... ← Oui il s'est approché de sa table.
c. .... ← Oui, elle lui a proposé de s'asseoir.
d. .... ← Oui, il lui a proposé un café.
e. .... ← Oui, il lui a donné son numéro de portable.
f. .... ← Non, elle est partie peu de temps après.
g. .... ← Oui, ils se sont revus tous les jours.
h. .... ← Oui, ils se sont mariés le mois dernier.

342 Posez des questions sur les loisirs.

Exemple : Êtes-vous allé au cinéma la semaine dernière ? ← Non, la semaine dernière, je ne suis pas allé au cinéma.

a. .... ← Non, hier soir, on n'a pas regardé la télévision.
b. .... ← Oui, j'ai fait du sport samedi matin.
c. .... ← Oui, elle a fait une heure de natation avec une amie.
d. .... ← Oui, il a acheté trois magazines cette semaine.
e. .... ← J'ai lu deux magazines, *Elle* et *l'Obs*.
f. .... ← Le week-end dernier, nous sommes allés à la mer.
g. .... ← J'ai discuté avec ma fille et on a jardiné.
h. .... ← Oui, on a visité l'exposition Monet jeudi en nocturne.

L'imparfait

> **• La place de l'adverbe**
>
> Ils ont bien travaillé. • Tu as beaucoup conduit. • Tu as trop bu.
>
> • Les adverbes courts se placent en général entre l'auxiliaire et le participe passé.

343 Répondez à ces questions avec l'adverbe entre parenthèses.

Exemple : Ont-ils suivi les cours d'histoire ? (*toujours*) → Oui, ils ont **toujours** suivi les cours d'histoire.

a. Ta mère a-t-elle dormi dans l'avion ? (*bien*) → Oui, ...
b. Ont-ils répondu à la question ? (*vite*) → Oui, ...
c. Sonia a-t-elle regardé la télévision ? (*souvent*) → Non, ...
d. Avez-vous joué au tennis hier soir ? (*un peu*) → Oui, ...
e. Tu as surfé sur internet hier soir? (*trop*) → Oui, ...
f. Avez-vous maigri cette semaine ? (*assez*) → Non, ...
g. As-tu progressé ce trimestre ? (*beaucoup*) → Oui, ...
h. Est-ce qu'il a été agréable ? (*toujours*) → Non, ...

L'imparfait

> **• Emploi et conjugaison de l'imparfait**
>
> Quand on était enfant, on habitait à Marseille. On avait une petite maison près de la mer.
>
> • On utilise l'imparfait pour décrire une situation passée et des habitudes.
> • L'imparfait se forme à partir de la 1re personne du pluriel du présent : nous avons → j'avais, tu avais, il avait, nous avions, vous aviez, ils avaient.
>
> ✋ Le verbe « être » est irrégulier : « j'étais », « tu étais »…

344 Mettez ces verbes à l'imparfait.

Exemples : Vous dites : Vous disiez   On prend : On prenait

a. Je sais : ....
b. Vous comprenez : ....
c. Tu vois : ....
d. Elle doit : ....
e. Elles vont : ....
f. Tu tiens : ....
g. Ils connaissent : ....
h. Vous êtes : ....

345 Remplacez le présent par l'imparfait.

Exemple : Aujourd'hui, je ne vais plus à l'université ; il y a cinq ans, j'allais encore à l'université.

a. Aujourd'hui, tu ne joues plus de piano ; l'année dernière, ...
b. Aujourd'hui, nous ne sommes plus mariés. Il y a deux ans, ...
c. Aujourd'hui, ils n'ont plus de problèmes. Il y a quelques mois, ...
d. Aujourd'hui on ne travaille plus à Blois ; il y a trois ans, ...
e. Aujourd'hui, Sophie ne fait plus de ski. Il y a quelques années, ...
f. Aujourd'hui, nous ne regardons plus la télé ; il y a cinq ans, ...

06 • Les temps du passé

g. Aujourd'hui, elle ne cuisine plus. Il y a trois ans, ...

h. Aujourd'hui, je n'écris plus de lettres. Il y a dix ans, ...

346 Réécrivez les verbes au présent.

Nos parents *étaient* (Ex.) commerçants. Ils *avaient* (a.) une petite épicerie sur la place de la mairie. Notre père *ouvrait* (b.) le magasin à 9 heures et il *travaillait* (c.) jusqu'à 19 heures. Notre mère *allait* (d.) plus tard au magasin ; elle *servait* (e.) les clients et *bavardait* (f.) avec chaque cliente alors elle *était* (g.) très informée de tout ce qui se *passait* (h.) dans le village. Le soir quand je *rentrais* (i.) de l'école, je *passais* (j.) toujours par la boutique, car on *pouvait* (k.) prendre des biscuits et des bonbons. Ensuite je *retrouvais* (L.) mon frère à la maison et on *faisait* (m.) nos devoirs en attendant le retour de notre mère pour le dîner.

Ex. : sont
a. ....
b. ....
c. ....
d. ....
e. ....
f. ....
g. ....
h. ....
i. ....
j. ....
k. ....
L. ....
m. ....

• **Cas particuliers**

Vous **mangiez** souvent des bonbons. • Nous **commencions** à nous détendre. Nous **souriions** au photographe • Vous **nettoyiez** la maison.

- Verbes en « -ger » et « -cer » : « nous **mange**ons » → « nous **mang**ions » (mais « je mangeais ») ; « nous **commenç**ons » → « nous **commenc**ions » (mais « je commençais »).
- Verbes en « -ier », « -yer » et « (sou)rire » : vous criez → vous cr**iiez** ; vous riez → vous r**iiez** ; vous appuyez → vous appu**yiez**.
---

347 Écrivez ces verbes à l'imparfait. Attention aux « ç », « i » et « e ».

Exemples : Nous sourions : Nous souriions   Nous rangeons : nous rangions
          Nous nous balançons : Nous nous balancions

a. Vous étudiez : ....
b. Vous riez : ....
c. Nous employons : ....
d. Vous balayez : ....
e. Nous mangeons : ....
f. Nous commençons : ....
g. Nous plongeons : ....
h. Vous nettoyez : ....
i. Vous voyagez : ....
j. Nous plions : ....

348 Souvenirs d'autrefois : réécrivez ces phrases au pluriel.

Exemple : Tu portais de beaux vêtements le dimanche. → **Vous portiez** de beaux vêtements le dimanche.

a. Je voulais réussir dans la vie. → Nous ....
b. Ma grand-mère bavardait beaucoup. → Elles ....
c. Elle devait travailler tard le soir. → Elles ....
d. Tu allumais le feu tous les matins. → Vous ....

L'imparfait

e. Je mettais la table tous les soirs. → Nous ....
f. On déménageait souvent. → Nous ....
g. Elle faisait tous les jours la cuisine. → Elles ....
h. J'envoyais des lettres. → Nous ....

349 Mettez les verbes entre parenthèses à l'imparfait.

Exemple : Quand j'étais enfant, mon père était (*être*) ouvrier.
a. On .... (*habiter*) dans un village d'Alsace.
b. Il .... (*partir*) travailler de bonne heure.
c. Ma mère .... (*se lever*) en même temps que lui.
d. Les enfants .... (*aller*) à l'école tous ensemble.
e. Nous ne .... (*rentrer*) pas pour déjeuner.
f. Le soir, nous .... (*faire*) les devoirs.
g. On .... (*prendre*) le repas du soir dans la cuisine.
h. Nous .... (*se coucher*) avant 10 heures.

350 À partir des éléments donnés, racontez la vie des Français au début du siècle dernier. Utilisez l'imparfait.

Exemple : Les hommes se marient plus vieux que les femmes.
→ Les hommes **se mariaient** plus vieux que les femmes.
a. Les enfants naissent à la maison. → ....
b. Plusieurs générations vivent sous le même toit. → ....
c. On travaille souvent plus de cinquante heures par semaine. → ....
d. Les vacances n'existent pas. → ....
e. Nous nous nourrissons essentiellement de pain et de légumes. → ....
f. Les filles aident leur mère à la maison. → ....
g. Les garçons étudient davantage que leurs sœurs. → ....
h. On accorde très peu de place aux loisirs. → ....

351 Racontez les changements depuis le milieu du siècle dernier. Faites des phrases comme dans l'exemple.

Exemple : Aujourd'hui, on peut se parler et se voir à distance par Skype.
→ À ce moment-là, **on pouvait** se parler par téléphone, **mais on ne se voyait pas**.
a. Aujourd'hui, en train, il faut trois heures et demie en T.G.V. pour aller de Paris à Marseille.
À ce moment-là, ...
b. Aujourd'hui on envoie en quelques secondes des mails dans le monde entier.
À ce moment-là, ...
c. Aujourd'hui, en avion on fait le tour de la planète en 17 heures.
À ce moment-là, ...
d. Aujourd'hui, vous pouvez travailler de chez vous grâce au télétravail.
À ce moment-là, ...

06 • Les temps du passé

e. Aujourd'hui, les enfants emploient tous les jours des écrans.
   À ce moment-là, ...
f. Aujourd'hui, les connexions internet fonctionnent partout.
   À ce moment-là, ...
g. Aujourd'hui, les satellites transmettent des images dans tous les pays.
   À ce moment-là, ...
h. Aujourd'hui, sur les smartphones, on communique par SMS.
   À ce moment-là, ...
i. Aujourd'hui, on utilise la 4G sur les smartphones.
   À ce moment-là, ...

352 Mettez les verbes à l'imparfait.

Exemple : Il y a deux enfants, le garçon est jeune, et la fille paraît plus âgée, elle a peut-être une dizaine d'années. → Il y avait deux enfants, le garçon **était** jeune, et la fille **paraissait** plus âgée, elle **avait** peut-être une dizaine d'années.

a. C'est l'hiver, il neige, les arbres sont gelés.
   → ....
b. La femme se tient debout devant une fenêtre, un homme dort dans un fauteuil.
   → ....
c. Dans une cuisine, un chat s'étire, un chien mange à côté.
   → ....
d. La femme porte une belle robe et l'homme semble en colère.
   → ....
e. Une vieille femme entre dans un magasin, la vendeuse range un rayon.
   → ....
f. Il fait très beau, la plage est pleine de vacanciers.
   → ....
g. Il pleut, les enfants ne sont pas contents, ils s'ennuient.
   → ....
h. Le salon est en désordre, des revues traînent sur la table.
   → ....

353 Mettez les verbes entre parenthèses à l'imparfait.

Exemple : Quand Clara est rentrée à la maison, les enfants se disputaient (se disputer).
a. Le téléphone a sonné au moment où ils .... (commencer) le repas.
b. Ce matin, elle a perdu sa carte de crédit quand elle .... (aller) au marché.
c. Comme il .... (faire) très beau, ils ont décidé d'aller se promener au bord du fleuve.
d. Il a envoyé un mail parce qu'il ne .... (trouver) pas son portable.
e. Elle est retournée chez le boulanger ; elle .... (avoir) besoin de pain.
f. Hier, il a conduit sa voiture au garage. Elle ne .... (démarrer) pas.
g. J'ai acheté une nouvelle imprimante, l'ancienne ne .... (fonctionner) plus.

L'emploi des temps du passé

354 Mettez les verbes entre parenthèses à l'imparfait.

Exemple : Quand il est sorti du restaurant, il neigeait (neiger).

a. Ses enfants ont trouvé une maison de campagne en Normandie, ils en .... (rêver) depuis longtemps.
b. Hier soir, il .... (pleuvoir) et je n'ai pas eu le courage d'aller au cinéma.
c. Comme les enfants .... (s'ennuyer), nous avons regardé ensemble un dessin animé.
d. Ce matin, mon portable .... (ne pas fonctionner), c'est pour ça que tu n'as pas pu me parler.
e. Lucile .... (être) en retard et elle a sauté dans un taxi pour aller à son rendez-vous.
f. Ma mère n'a pas surveillé la cuisson et son gâteau ne .... (ressembler) à rien.
g. Il n'y .... (avoir) rien pour le dîner, alors on est allés au restaurant.
h. Hier soir, nos amis ne sont pas venus car Paula ne .... (se sentir) pas bien.

L'emploi des temps du passé

• Le sens des temps du passé

Paul vient de sortir à l'instant. Il est sorti il y a 10 minutes. J'ai croisé Paul alors qu'il sortait.

- Passé récent : action très proche dans le temps.
- Passé composé : action à un moment précis du passé.
- Imparfait : description, habitude ou action passée longue, à une période non précisée.

355 Complétez ces phrases par le verbe entre parenthèses à l'imparfait ou au passé récent.

Exemple : Internet fonctionnait (fonctionner) très bien ce matin, mais je viens de me connecter (me connecter) et il n'y a plus de connexion.

a. Elle .... (rentrer) elle n'a pas encore enlevé son manteau.
b. On .... (mettre) un pull, on .... (avoir) froid.
c. Audrey .... (comprendre) ce que sa grand-mère lui .... (dire) quand elle était enfant.
d. Tu n'as pas vu le propriétaire ? Je .... (le croiser), il .... (passer) dans la rue.
e. Le facteur .... (déposer) le courrier. Regarde si tu as une lettre.
f. J'........................ (avoir) très faim et je .... (manger) un morceau de fromage.
g. Clément .... (trouver) le livre qu'il .... (chercher) depuis des mois.
h. Ah, Laura, je .... (t'appeler) sur ton portable mais tu n'as pas répondu.

356 Choisissez entre le passé récent et le passé composé : soulignez le temps correct.

Exemple : Le téléphone est libre ; je viens de raccrocher / j'ai raccroché à l'instant.

a. L'été dernier nous *venons de visiter / avons visité* le Portugal.
b. Vous n'avez pas trouvé un gant ? Je *viens de le perdre / l'ai perdu* en 2015.
c. Mon voisin était au chômage et il *vient de retrouver / a retrouvé* un emploi le mois dernier.
d. Tu aimes mon nouveau pull ? Je *viens juste de l'acheter en solde / l'ai acheté il y a trois ans*.
e. Sa collègue *vient d'être / a été* malade et elle *vient de revenir / est revenue* ce matin au bureau.
f. L'ordinateur est encore chaud. Tu *viens de l'éteindre / l'as éteint* ?
g. Vous avez raté le train de 18 h 10, il *vient de partir / est parti*.
h. Désolée, Hélène n'est pas là, elle *vient de démissionner / a démissionné* le mois dernier.

06 • Les temps du passé

357 Reliez le début et la fin des phrases. (Il y a plusieurs possibilités.)

a. Il y a une seconde,
b. La semaine dernière,
c. À l'instant,
d. Dans son enfance,
e. Il y a trois ans,
f. À quelques secondes près,
g. Il y a quelques instants,
h. Ce matin,

1. nous avons fêté son anniversaire.
2. Thomas habitait en Savoie.
3. la machine vient d'avaler ma carte bancaire.
4. j'ai perdu un foulard.
5. ils ont divorcé.
6. vous venez de rater Pierre.
7. je ne me sentais pas très bien.
8. ta mère vient d'appeler.

358 Mettez les verbes à l'imparfait ou au passé composé.

Exemple : Au XVIIIe siècle, de nombreux philosophes sont apparus (*apparaître*) en France. C'était (*être*) le siècle des Lumières.

a. Depuis le début du siècle, la bourgeoisie .... (*demander*) le partage du pouvoir.
b. Les philosophes .... (*rechercher*) le pouvoir de la raison.
c. En 1721, Montesquieu .... (*écrire*) *Les Lettres persanes*, une critique déguisée de la société française.
d. La vie intellectuelle .... (*se passer*) dans les salons.
e. Paris .... (*représenter*) un centre artistique et littéraire très actif.
f. Toute sa vie, Voltaire .... (*combattre*) le fanatisme et l'intolérance.
g. La Révolution .... (*commencer*), en 1789.
h. La société de l'Ancien Régime .... (*reposer*) sur l'inégalité.

359 Donnez l'action principale : utilisez le passé composé.

Exemple : Dans la nuit, il y avait du verglas et on a roulé (*rouler*) très prudemment. Léon conduisait.

a. La maison était glaciale quand nous .... (*arriver*) hier soir.
b. Aussitôt, Léon .... (*allumer*) un grand feu dans la cheminée et, une heure après, nous nous sentions bien.
c. Comme la cuisine était bien chaude, nous y .... (*dîner*).
d. La soupe était délicieuse et on .... (*se régaler*).
e. Après le repas, on .... (*jouer*) aux cartes et on .... (*boire*) un bon vin.
f. Manon .... (*gagner*) toutes les parties, mais je crois qu'elle trichait.
g. Quand on .... (*aller*) se coucher, les lits étaient glacés, mais on .... (*s'endormir*) très vite.
h. Dans la nuit, il .... (*neiger*) et le jardin était magnifique le lendemain.

360 Donnez le décor : utilisez l'imparfait.

Exemple : On a eu un léger accident : il pleuvait (*pleuvoir*) et la voiture a quitté la route.

a. On a attrapé des coups de soleil, il .... (*faire*) très chaud sur la plage.
b. Ce matin comme un vent violent .... (*souffler*), on a annulé la promenade.
c. La soirée .... (*se dérouler*) dans un grand salon très décoré. C'............................. (*être*) superbe et on a dansé toute la nuit.
d. On a assisté à un concert exceptionnel. L'orchestre .... (*jouer*) d'une façon très originale.

L'emploi des temps du passé

e. Pendant que les enfants .... (dormir), le Père Noël est passé.
f. Louise a ouvert son cadeau, elle .... (avoir) les larmes aux yeux.
g. Mon frère s'est marié quand on .... (habiter) en Louisiane.
h. Dans sa jeunesse, ma grand-mère .... (vouloir) être indépendante et elle a choisi d'être institutrice.

361 Réécrivez les phrases avec l'imparfait ou le passé composé.

Exemple : Tu voles souvent avec Air France, alors tu accumules des Miles.
→ Tu volais souvent avec Air France, alors tu as accumulé des Miles.

a. Ils déménagent parce qu'ils attendent un enfant. → ....
b. Élodie cherche un nouvel emploie car elle s'entend mal avec son directeur. → ....
c. L'ouragan est très violent, il provoque des dégâts importants. → ....
d. Depuis une semaine il pleut et, soudain, le soleil revient. → ....
e. Raphaël s'endort alors qu'il veut voir ce film. → ....
f. Nous voulons prendre le train et finalement nous voyageons en avion. → ....
g. Je ne trouve pas le roman que je cherche depuis longtemps. → ....
h. Comme elle ne se sent pas bien, Hilda rentre chez elle. → ....

362 Passé composé ou imparfait ? Écrivez le verbe au temps correct.

C'était (être) un beau dimanche de printemps. Nous .... (a. vouloir) marcher au bord du fleuve. Au début de la promenade, Sophie .... (b. butter) contre un pavé et elle .... (c. tomber). Comme elle .... (d. ne pas pouvoir) marcher, on .... (e. appeler) un taxi et on .... (f. partir) aux urgences. Elle .... (g. se fouler) la cheville.

363 Passé composé ou imparfait ? Écrivez le verbe au temps correct.

Quand j'étais (être) adolescente, mes parents .... (a. travailler) dans un magasin. Ma mère me .... (b. demander) souvent de faire des courses. Un jour, je .... (c. aller) acheter un pantalon pour mon petit frère et, comme il .... (d. ne pas aimer) le modèle, il .... (e. piquer) une énorme colère dans la boutique et je .... (f. ne plus savoir) quoi faire. Le soir, je .... (g. dire) à ma mère que je .... (h. ne plus vouloir) faire ce genre de courses.

364 Imparfait ou passé composé ? Soulignez la forme correcte.

Exemple : Quand elle *arrivait* / *est arrivée* chez elle, le téléphone *sonnait* / *a sonné* déjà.

a. Fred *finissait* / *a fini* de changer la roue quand la dépanneuse *arrivait* / *est arrivée*.
b. Au moment où les invités *sonnaient* / *ont sonné*, ma mère *était* / *a été* encore dans la cuisine.
c. Vous *regardiez* / *avez regardé* la télévision quand on *apprenait* / *a appris* la nouvelle.
d. Je *dormais* / *j'ai dormi* profondément au moment où le voleur *pénétrait* / *a pénétré* dans l'appartement.
e. Depuis longtemps elle *savait* / *a su* qu'il disait la vérité mais ce soir encore elle *refusait* / *a refusé* de le croire.
f. Quand minuit *retentissait* / *a retenti*, on se *souhaitait* / *s'est souhaité* la bonne année.
g. Je *voyais enfin* / *j'ai enfin vu* le film que tu *me recommandais* / *m'as recommandé* depuis des mois.
h. Enfant, il *mentait* / *a menti* souvent, mais un jour il *comprenait* / *a compris* que ça *ne servait* / *n'a servi* à rien.

Passé composé ou imparfait ? Complétez librement les phrases avec le temps correct.

06 • Les temps du passé

Exemple : Quand j'avais 18 ans, j'ai décidé de faire des études d'ingénieur.

a. Pendant que j'étudiais, ...
b. Tous les semestres, ...
c. En mai dernier, ...
d. À la fin de mes études, ...
e. Depuis que j'ai quitté l'université, ...
f. En septembre, ...
g. Il y a deux mois, ...
h. La semaine dernière, ...

Bilan 6

1. Voici les réponses à des questions que vous vous posez sur Paris. Mettez au passé composé le verbe entre parenthèses.

a. « Qui .... (écrire) Paris est une fête ?
 – C'est Hemingway en 1960. »
b. « Les chaises sont-elles encore payantes au Jardin du Luxembourg ?
 – Non, les chaises .... (devenir) gratuites en 1974. On .... (fabriquer) les premières chaises en 1923. »
c. « Depuis quand on peut visiter les égouts de Paris ?
 – La première visite .... (avoir) lieu en 1857, grâce au préfet Haussmann.
d. « De quand date la dernière ligne de métro ?
 – On .... (créer) la ligne 14 en 1998. »
e. « Depuis quand Paris compte vingt arrondissements ?
 – En 1889, on .... (découper) la capitale en vingt arrondissements. »
f. « Quel est le plus vieux pont de Paris ?
 – C'est le pont Neuf ; on le .... (construire) en 1607. »
g. « Quand Paris .... (devenir) la capitale ?
 – Vers 507, grâce à Clovis. »
h. « La rénovation du nouveau quartier Tolbiac dans le 13e arrondissement .... (commencer) quand ?
 – En 1991. »
i. « À partir de quelle date le quartier des Halles .... (se modifier) ?
 – À partir de 2010 et on .... (ouvrir) la Canopée au public en 2016. »
j. « Quel architecte .... (concevoir) le Centre Pompidou ?
 – L'italien Renzo Piano. On lui .... (confier) le projet du nouveau Palais de Justice. »

Bilan 6

2. Réécrivez au passé composé la vie d'Olympe de Gouges, femme de lettres et révolutionnaire française.

De son vrai nom, Marie Gouze, elle naît en 1748 dans une famille modeste à Montauban. En 1765, elle se marie et, deux ans plus tard, elle a un enfant. Son mari meurt peu après et elle part à Paris avec son fils pour fuir la bourgeoisie provinciale. Elle se fait appeler Olympe de Gouges et devient très vite une femme de lettres. À partir de 1870, elle publie des romans et des pièces de théâtre. Pendant la Révolution française, elle écrit et lit à l'Assemblée nationale *La Déclaration des droits de la femme et de la citoyenne*. Elle y défend l'émancipation des femmes et revendique l'égalité des deux sexes. Elle s'oppose aussi à la peine de mort et à l'esclavage. On l'arrête le 20 juillet 1793, et on la condamne à mort. On la guillotine le 3 novembre 1793.

....
....
....
....
....
....
....

3. Mettez les verbes entre parenthèses aux temps du passé corrects.

C'.................... (**a.** *être*) un soir de Noël, il y a quelques années. On .... (**b.** *finir*) tranquillement d'ouvrir les cadeaux et on .... (**c.** *terminer*) les desserts, on .... (**d.** *se rappeler*) les bons moments de l'année quand, tout à coup, le vent .... (**e.** *se lever*). On .... (**f.** *aller*) se coucher car il .... (**g.** *être*) très tard et tout le monde .... (**h.** *tomber*) de sommeil. On .... (**i.** *se dire*) que le vent .... (**j.** *aller*) se calmer dans la nuit.
Le lendemain matin, quand on .... (**k.** *se réveiller*), le vent .... (**l.** *souffler*) toujours violemment. Théo .... (**m.** *vouloir*) allumer la lumière mais elle .... (**n.** *ne pas fonctionner*), alors il .... (**o.** *ouvrir*) les volets et il .... (**p.** *découvrir*) le cerisier abattu au milieu du jardin sur sa voiture. Il .... (**q.** *essayer*) de téléphoner aux pompiers, mais la ligne de téléphone .... (**r.** *être*) coupée. Alors imaginez la fin de ce Noël mémorable !

4. Écrivez ce texte au passé.

Ali .... (**a.** *venir*) de Syrie ; il .... (**b.** *avoir*) 15 ans à peine. Comme beaucoup de réfugiés, il .... (**c.** *quitter*) son pays, en 2015, car il y .... (**d.** *avoir*) la guerre. Il .... (**e.** *perdre*) sa famille et il .... (**f.** *partir*) vers la Turquie. Pendant le voyage long et pénible, il .... (**g.** *travailler*) dans des fermes, il .... (**h.** *dormir*) où il .... (**i.** *pouvoir*). On lui .... (**j.** *donner*) à manger en échange de petits travaux. Quand il .... (**k.** *arriver*) à Istanbul, il .... (**l.** *rejoindre*) un camp de réfugiés. La vie .... (**m.** *ne pas être*) facile, mais il y .... (**n.** *rencontrer*) de nouveaux amis. Après plusieurs mois, il .... (**o.** *obtenir*) un laissez-passer pour la France et il .... (**p.** *arriver*) à Marseille un mois après. Maintenant, il .... (**q.** *retrouver*) confiance en lui et il .... (**r.** *commencer*) à travailler chez un menuisier qui l'.................... (**s.** *prendre*) en amitié.

07 • « C'est », « il y a » et les verbes impersonnels

« C'est », « il y a » et « il est »

> • **Présenter et identifier : « il y a » et « c'est »**
>
> À Venise, **il y a** une église, **c'est** la basilique Saint-Marc. • **Ce sont** mes voisins.
>
> • « Il y a » s'utilise pour indiquer l'existence d'une ou plusieurs personnes ou de choses dans un lieu. Le verbe est toujours au singulier même avec un nom au pluriel.
>
> • « Il y a » présente une ou des personne(s) ou une chose(s) ; « c'est / ce sont » identifie cette ou ces personne(s) ou chose(s).

366 Transformez comme dans l'exemple.

Exemple : Le MUCEM* se trouve à Marseille. → À Marseille, il y a le MUCEM.

a. L'exposition Gauguin a lieu au musée d'Orsay. → ....
b. Le festival de la bande dessinée est à Angoulême. → ....
c. Les finales de football ont lieu au stade de France. → ....
d. La boutique Chanel se trouve sur l'avenue Montaigne. → ....
e. Le parc d'attractions Astérix est en banlieue parisienne. → ....
f. De nombreux touristes chinois viennent à Paris. → ....
g. Le festival international du film se déroule à Cannes. → ....
h. Les Champs-Élysées sont dans le 8e arrondissement. → ....

* Musée des Cultures européennes de la Méditerranée.

367 Reliez les questions et les réponses.

a. Qu'est-ce qu'il y a dans ton portable ?
b. Qu'est-ce qu'il y a dans ton sac à main ?
c. Qu'est-ce qu'il y a ?
d. Qu'est-ce qu'il y a au cinéma ?
e. Qu'est-ce qu'il y a dans ton jardin ?
f. Qu'est-ce qu'il y a comme plat du jour ?
g. Qu'est-ce qu'il y a à visiter dans ta ville ?
h. Qu'est-ce qu'il y a dedans ?

1. Ouvre ! C'est une surprise.
2. Une comédie et un polar.
3. Un site archéologique et un château.
4. Des photos, des vidéos, de la musique...
5. Mon portable, mes clés, mes papiers, un rouge à lèvres.
6. Je suis triste parce que c'est la fin des vacances.
7. Le coq au vin.
8. Des arbres, des fleurs et des plantes.

368 Faites des phrases selon le modèle.

Exemple : les bassins de Pamukkale – piscines naturelles d'eau chaude.
→ En Turquie, il y a les bassins de Pamukkale ; ce sont des piscines naturelles d'eau chaude.

a. la cordillère des Andes – chaîne de montagnes.
→ En Amérique latine, ...

b. le Saint-Laurent – long fleuve.
→ Au Canada, ...

c. l'Amazonie – forêt immense.
   → Au Brésil, ...

d. Rhodes, Mykonos, Corfou – îles grecques.
   → En Grèce, ...

e. l'Everest – grand sommet montagneux.
   → Au Népal, ...

f. l'Etna – volcan actif.
   → En Italie, ...

g. les chutes d'Iguazú – cascades merveilleuses.
   → En Argentine et au Brésil, ...

h. le site d'Étretat – falaises de craie.
   → En France, ...

• « C'est… , « Qu'est-ce que c'est ? », « Qui est-ce ? » :

« Qui est-ce ? – C'est un ami de ma fille. Et eux, ce sont mes cousins. »

• On utilise « c'est » (« ce sont » au pluriel) avec un déterminant et un nom. Les questions « Qui est-ce ? » et « Qu'est-ce que c'est ? » restent toujours au singulier.

---

369 Associez la question à la réponse. (Il y a plusieurs possibilités.)

  1. C'est une armoire ancienne.
  2. Ce sont mes grands-parents.
a. Qui est-ce ? ⟶ 3. C'est une décoratrice d'intérieur.
  4. C'est ma nièce.
  5. C'est un fauteuil.
b. Qu'est-ce que c'est ? 6. Ce sont des meubles de Provence.
  7. C'est un designer de mobilier.
  8. Ce sont des chaises contemporaines.

370 Faites des phrases comme dans l'exemple.

Exemple : Victor Hugo – écrivain – écrivain romantique
   → Victor Hugo est écrivain, c'est un écrivain romantique.

a. Édith Piaf – chanteuse – chanteuse internationale
   → ....

b. Maurice Ravel – compositeur – compositeur moderne
   → ....

c. Jacques Prévert – poète – poète populaire
   → ....

d. Voltaire – philosophe – philosophe des Lumières
   → ....

e. Molière – dramaturge et comédien – dramaturge du XVIIe siècle
   → ....

07. « C'est », « il y a » et les verbes impersonnels

f. Charles Aznavour – chanteur et parolier – représentant de la chanson française
→ ....

g. Catherine Deneuve – actrice – actrice célèbre
→ ....

h. François Truffaut – metteur en scène – metteur en scène de la Nouvelle Vague
→ ....

> • **S'annoncer et décrire « C'est / il est » + adjectif, nom propre ou nom de métier !**
>
> « Oui, qui est-ce ? – Bonjour, c'est Floriane et Quentin. ». – C'est un copain. Il est sympa. C'est Estelle et Amélie. Elles sont psychologues.
>
> ▪ « C'est » reste toujours au singulier quand on s'annonce.
> ▪ Pour décrire une personne ou une chose, on utilise « il est/elle est » (« ils sont/elles sont » au pluriel) avec un adjectif ou un nom de profession sans déterminant.

371 Complétez avec « c'est » ou « ce sont ».

Exemple : C'est Pauline, une vieille amie.

a. .... Noé et Romain, mes amis.
b. .... Sandra, ma femme.
c. .... des amis de longue date.
d. .... un voisin.
e. .... mes enfants : Élise et Baptiste.
f. .... Simon et Victor, vos copains ?
g. .... des camarades de classe ?
h. .... Caroline, ma copine.

372 « C'est » ou « il est » ? Complétez.

Exemple : Regarde ! C'est David Guetta. Il est beau.

a. .... écrivain. .... un très grand romancier.
b. .... mon professeur. .... australien.
c. .... dentiste. .... un homme très agréable.
d. .... mon ami. .... retraité.
e. .... Kylian Mbappé. .... un footballeur français.
f. .... ton voisin. .... célibataire ?
g. .... Noémie. .... la mère de mon fiancé.
h. .... notre médecin. .... très compétent.

373 « C'est », « il est », « ce sont » ou « ils sont » ? Complétez.

Exemple : C'est une nouvelle exposition sur les impressionnistes.

a. .... des tableaux du XIXᵉ siècle.
b. .... très beaux.
c. .... un siècle particulièrement riche en peinture
d. .... les toiles de Monet, Manet et Renoir.
e. .... un style remarquable.
f. J'adore ce tableau, ... splendide.
g. .... des peintres très célèbres.
h. .... connus pour la lumière dans leurs tableaux.

« C'est » et « il y a »

- **Situer dans l'espace : « C'est en … »**

  « Où se trouvent les Alpes ? – C'est en France, en Italie, en Suisse et en Allemagne. »

  - On utilise « c'est » au singulier avec les noms géographiques pour situer dans l'espace.

374 Complétez avec « c'est », « il est », « elle est », « ils sont », ou « elles sont ».

Exemples : « Où se trouve ton appartement ? » « Il est place Garibaldi. »
« Où est La Haye ? » « C'est aux Pays-Bas. »

a. La Camargue, ……………………………… en France, ……………………………… dans le sud.
b. « Tu sais où est la boulangerie ? » « ……………………………… au coin de la rue. »
c. « Le kiosque à journaux, s'il vous plaît ? » « ……………………………… à votre droite, à 100 mètres. »
d. « Vous connaissez les Vosges ? » « Oui, ……………………………… en France. »
e. « Où se trouve la maison de Claude Monet ? » « ……………………………… en Normandie, à Giverny. »
f. « Pouvez-vous m'indiquer les toilettes, s'il vous plaît ? » « ……………………………… au premier étage. »
g. Lille, ……………………………… dans la région Hauts-de-France, ……………………………… dans le Nord.
h. « Les enfants ne sont pas là ? » « ……………………………… dans leur chambre. »

- **Caractériser : « c'est » et « il est » + adjectif**

  Les téléphones portables, c'est cher. • Je voudrais ce smartphone mais il est trop cher.

  - On utilise « c'est » + adjectif pour une appréciation générale, et « il/elle est » (« ils/elles sont » au pluriel) + adjectif pour caractériser en particulier.

375 Complétez avec « c'est », « il/elle est », « ils/elles sont ».

Exemple : Les promenades en forêt, c'est agréable.
a. Les visites touristiques, ……………………………… fatigant.
b. La visite de la Sainte-Chapelle, ……………………………… passionnante.
c. Un safari au Kenya, ……………………………… génial.
d. ……………………………… très exotique, ce voyage.
e. ……………………………… monumentales, ces ruines romaines.
f. Les croisières en mer, ……………………………… bon marché.
g. Mes week-ends en Normandie, ……………………………… toujours reposants.
h. Ces spécialités culinaires, ……………………………… délicieuses.
i. ……………………………… formidable, un séjour à la mer.

376 Complétez avec « c'est » ou « il est ».

Exemples : C'est lui ? C'est Tom ?   C'est un artiste. Il est américain.
a. ……………………………… un sportif. ……………………………… très populaire.
b. ……………………………… socialiste. ……………………………… un député d'Île-de-France.
c. ……………………………… un film très drôle. ……………………………… le succès de l'année.
d. ……………………………… toi ou ……………………………… elle ?
e. ……………………………… le mari de Sophie. ……………………………… est belge.

07. « C'est », « il y a » et les verbes impersonnels

f. Palerme, ... en Sicile, ... en Italie.
g. .... Vincent. .... amusant.
h. Les Pyrénées, ... en France, mais .... aussi en Espagne.

377 Répondez aux questions et complétez avec « il/elle est », « ils/elles sont » ou « c'est/ce sont ».

Exemple : « Comment est votre nouveau quartier ? » « Il est animé. »

a. « Vous avez une vue ? » « Oui, une vue sur le lac, ... sympa. »
b. « Qui est-ce ? » « .... des voisines italiennes. »
c. « Où est ton appartement ? » « .... au bord de la mer. »
d. « Où se trouve ton village ? » « .... en Corse. »
e. « Qui parle à l'agent immobilier ? » « .... Lucas, un nouveau collègue. »
f. « Quelle est la nationalité des clientes ? » « .... espagnoles. »
g. « Qu'est-ce que c'est ? » « .... une annonce pour un meublé. »
h. « Quelle est sa profession ? » « .... décoratrice. »

Les verbes impersonnels

> **• Les verbes impersonnels**
>
> Aujourd'hui, il pleut, mais il ne fait pas froid. Il y a des nuages mais il ne neige pas. Il faut prendre un parapluie, il ne s'agit pas d'attraper un rhume avant les fêtes !
>
> ▪ Les verbes impersonnels ne se conjuguent qu'à la 3ᵉ personne du singulier. Ils sont souvent utilisés pour parler de la météo, mais d'autres verbes existent tels que : « il faut », « il convient de », « il s'agit de », « il risque de ». Ces verbes peuvent s'utiliser à tous les temps.

378 Soulignez les formes impersonnelles.

Exemple : Adam s'est disputé avec son amie. Il est malheureux. Il faut du courage pour affronter ce genre de situation.

a. Il y a trois ans qu'il n'est pas rentré chez lui.
b. C'est la fête ce soir, il y aura du monde !
c. Il pleut et il vente, une vraie tempête ! Il se peut qu'il grêle bientôt.
d. Il parle mais il s'agit de quoi ?
e. Il risque de neiger. Il a pris des pneus neige pour passer le col ?
f. Il faisait trop chaud et il est sorti prendre l'air.
g. Il paraît que ce nouveau film est formidable ; il me recommande d'aller le voir.
h. Il y a des fois où je me demande ce qu'il fait ici.

379 Regardez ces pictogrammes et cette liste de verbes et écrivez la légende.

~~grêler~~ – venter – pleuvoir – neiger – geler – bruiner – faire chaud – faire froid – bruiner – y avoir du soleil

Ex. : Il grêle

a. ....

b. ....

Les verbes impersonnels

c. .... d. .... e. ....

f. .... g. .... h. ....

380 Écrivez les verbes de l'exercice 379 à l'imparfait, puis au passé composé.

Imparfait	Passé composé
Exemple : Il grêlait	Il a grêlé
a.	....
b.	....
c.	....
d.	....
e.	....
f.	....
g.	....
h.	....

381 Complétez les phrases dans la même logique.

Exemple : Prenez une casquette, *il risque de faire chaud* (risquer / faire chaud).

a. N'oublie pas ton parapluie, ... (pleuvoir).
b. Cette randonnée est longue et difficile, ... (falloir / bonnes chaussures).
c. Attention, prenez un bon pull, ... (risquer / faire froid).
d. Encouragez les randonneurs sur le chemin, ... (se passer bien).
e. Partagez vos provisions, ... (falloir / donner aux pauvres).
f. Emportez des protections d'oreilles pour dormir en dortoir, ... (risque / y avoir du bruit).
g. (falloir / du courage) .... partir très tôt le matin.
h. Mettez dans vos sacs des vêtements confortables, ... (être important).

Bilan 7

Complétez le texte avec « c'est » ou « il y a ».

.... (a) une vieille maison bretonne. Juste en face .... (b) la mer et devant une grande plage. Amélie passe ses vacances dans cette maison. Elle invite souvent des amis car .... (c) trois chambres. .... (d) la maison où vivait sa grand-mère. Autour, ... (e) un petit jardin et des rochers. Dans le jardin, ... (f) beaucoup d'oiseaux : d'un côté, ... (g) les oiseaux de mer, l'autre côté, ... (h) le rendez-vous des oiseaux de terre. Le matin, les oiseaux se réveillent très tôt et .... (i) le rouge-gorge qui réveille Amélie.

Amélie n'a pas fait de potager mais dans son jardin, ... (j) beaucoup de fleurs ; ....(k) des moments où elles sont jaunes, plus tard roses et enfin rouges. Cette maison, ... (l) le refuge d'Amélie. .... (m) tout ce qu'elle aime en vacances.

08 • L'impératif
La formation de l'impératif

> **• Sens et conjugaison**
>
> D'accord, **allons** au cinéma. **Marche** plus vite. • **Viens** avec moi, s'il te plaît.
>
> • L'impératif exprime un ordre, un conseil ou une interdiction. Il n'y a pas de pronom sujet et il n'a que trois personnes. Sa conjugaison est celle du présent : v**iens**, v**enons**, v**enez**.
>
> ✋ Pour les verbes en « -er », il n'y a pas de « s » au singulier : tu manges → mange, tu vas → va.

382 Soulignez les verbes à l'impératif.

Exemples : Ne pas jeter de mégots au sol. Ne <u>fumez</u> pas dans le bâtiment.
a. Attendez votre tour.
b. Avancez jusqu'à la ligne jaune.
c. Vous ne devez pas jeter vos papiers dans la rue.
d. Passez par ici.
e. Défense de plonger.
f. Emprunter le passage souterrain.
g. Ne pas traverser les voies ferrées.
h. Conserver le titre de transport.

383 Donnez des conseils avec l'impératif.

Exemple : Avant de partir en vacances, tu dois ranger l'appartement. → Range l'appartement.
a. Nous devons fermer les fenêtres. → ....
b. Vous devez donner l'adresse de l'hôtel à la voisine. → ....
c. Tu dois laisser les clés à Mme Féron. → ....
d. Vous devez arroser les plantes. → ....
e. Tu dois débrancher Internet. → ....
f. Vous devez fermer l'eau. → ....
g. Vous devez sortir le chat. → ....
h. Nous devons brancher l'alarme de sécurité. → ....

> **• Les impératifs irréguliers**
>
> **Soyons** à l'heure pour le film. • **Ayez** un peu de courage. • **Sachons** pardonner.
>
> Les verbes « être », « avoir » et « savoir » sont irréguliers : être : sois, soyons, soyez ; avoir : aie, ayons, ayez ; savoir : sache, sachons, sachez.
>
> « Veuillez » est l'impératif du verbe « vouloir ». Il s'utilise surtout à l'écrit : « Veuillez fermer la porte en sortant. »

384 Complétez les verbes par « er » ou « ez ».

Exemples : Prière de ne pas claqu**er** la porte.   Ferm**ez** la porte doucement.
a. Si vos chaussures sont sales, frott.......-les sur le paillasson.
b. Je vous prie d'enlev....... vos chaussures dans la maison.
c. Les enfants, pass....... dans la salle de bains avant de dîn.......
d. Interdiction d'écout....... de la musique après minuit.

La formation de l'impératif

e. Ne pas oubli…… d'éteindre la lumière du jardin.
f. Prière de sonn…… avant d'entrer.
g. Chers locataires, veuill…… retirer les clés de la cave auprès de l'agence.
h. Vous êtes priés de ramass…… votre courrier régulièrement.

385 Mettez le verbe au singulier.

Exemple : Faites les courses autrement. → **Fais** les courses autrement.

a. Pensez aux produits bio. → ……………………………………………………………………………………………
b. Prenez du lait et des fromages fermiers. → ………………………………………………………………
c. Achetez des légumes locaux. → ……………………………………………………………………………………
d. Choisissez des fruits de saison. → …………………………………………………………………………
e. Comparez les prix. → …………………………………………………………………………………………………
f. Recherchez les produits durables. → ………………………………………………………………………
g. Pesez vos articles. → …………………………………………………………………………………………………
h. Soyez modéré dans vos achats. → ……………………………………………………………………………

386 Donnez des conseils de vie saine : employez l'impératif.

Exemples : Il faut manger plus équilibré (*nous*). → **Mangeons** plus équilibré.
Vous devez dormir davantage. → **Dormez** davantage.

a. Il faut boire beaucoup d'eau (*vous*). → ………………………………………………………………
b. Tu dois faire du sport plus souvent. → …………………………………………………………………
c. Nous devons rester calmes. → …………………………………………………………………………………
d. Il faut sortir moins le soir (*tu*). → …………………………………………………………………
e. Vous devez avoir plus de temps libre. → ………………………………………………………………
f. Tu dois marcher davantage. → …………………………………………………………………………………
g. Il faut prendre des vacances plus souvent. (*nous*) → ……………………………………
h. Vous devez arrêter de fumer. → ………………………………………………………………………………

> • **La forme négative**
>
> **Ne passez pas** devant les autres, attendez votre tour. • **Ne courons pas** au bord de la piscine, c'est dangereux. • **Ne parle pas** sans réfléchir.
>
> Pour interdire ou donner un conseil à la forme négative, « **ne** » et « **pas** » entourent le verbe.

387 Cours de Pilates débutant : mettez ces consignes à l'impératif.

Exemple : Allongé sur le sol, vous pliez vos genoux. Vous ne placez pas les pieds loin des fessiers.
→ Allongé sur le sol, **pliez** les genoux. **Ne placez pas** les pieds loin des fessiers.

a. Vous devez basculer votre bassin plusieurs fois. → ……………………………………………
b. Vous ne décollez pas le dos du sol. → ……………………………………………………………………
c. Vous devez décoller la hanche droite puis la hanche gauche. → ……………………
d. Vous ne bougez pas les genoux. → …………………………………………………………………………

08 • L'impératif

e. Vous devez garder les bras au sol le long du corps. → ....
f. Vous levez la jambe gauche et vous inspirez. → ....
g. Vous baissez la jambe gauche et vous expirez. → ....
h. Vous faites le même mouvement avec la jambe droite. → ....
i. Vous n'oubliez pas de respirer entre les mouvements. → ....

388 Voici quelques phrases clés de l'éducation. Écrivez-les à l'impératif.

Exemple : Nous devons commencer à manger quand tout le monde est servi.
→ **Commençons** à manger quand tout le monde est servi.

a. Tu ne dois pas manger trop de bonbons. → ....
b. Nous ne devons pas traîner les pieds. → ....
c. Tu ne dois pas parler la bouche pleine. → ....
d. Vous ne devez pas oublier de dire « merci ». → ....
e. Tu ne dois pas passer ton temps à regarder ton portable. → ....
f. Nous ne devons pas jouer trop longtemps aux jeux vidéo. → ....
g. Tu ne dois pas rester une heure dans la salle de bains. → ....
h. Vous ne devez pas couper la parole. → ....

389 Écrivez ces interdictions à l'impératif.

Exemple : Ne pas prendre les rues en sens interdit. → **Ne prenez pas** les rues en sens interdit.

a. Il est interdit de klaxonner en ville. → ....
b. Défense de dépasser les 80 km/h sur les nationales. → ....
c. Interdiction de téléphoner au volant. → ....
d. Ne pas rouler à plus de 50 km/h en ville. → ....
e. Il est interdit de conduire à gauche. → ....
f. Il ne faut pas garer de voiture devant les sorties de secours. → ....
g. Défense de franchir la ligne blanche. → ....
h. Ne pas faire d'auto-stop sur les autoroutes. → ....

390 Donnez l'ordre contraire.

Exemples : Prenons le RER. → **Ne prenons pas** le RER.
Ne vérifiez pas l'heure du départ. → **Vérifiez** l'heure du départ.

a. N'appelle pas un taxi. → ....
b. Achetez votre billet de train. → ....
c. Ne réserve pas deux places pour Avignon. → ....
d. N'enregistrons pas nos bagages. → ....
e. Faites votre réservation pour Paris. → ....
f. Demandons des places près de la fenêtre. → ....
g. Ne téléphonons pas aux renseignements. → ....
h. Prends le tramway T3. → ....

La formation de l'impératif

391 Voici des recommandations pour devenir un « cordon-bleu ». Réécrivez-les à l'impératif.

Exemples : Il faut choisir la recette sur Marmiton.org (tu) → **Choisis** la recette sur marmiton.org.
Vous devez acheter des produits de bonne qualité. → **Achetez** des produits de bonne qualité.

a. Il ne faut pas faire plusieurs choses en même temps. (vous) → ....
b. Tu dois organiser ton plan de travail. → ....
c. Nous devons réunir les ustensiles de cuisine nécessaires. → ....
d. Il ne faut pas aller trop vite. (vous) → ....
e. Tu dois suivre attentivement la recette. → ....
f. Nous ne devons pas perdre notre calme. → ....
g. Il faut goûter de temps en temps la préparation. (tu) → ....
h. Vous devez soigner la présentation de votre plat. → ....

392 Lisez cette affiche et écrivez les conseils à l'impératif.

> « Chers habitants de Molière,
> Pour permettre un recyclage des déchets plus efficace, nous vous demandons de *(ex.)* respecter les règles suivantes :
> a. Il faut séparer les déchets organiques des autres déchets.
> b. Vous devez utiliser les bacs jaunes pour les plastiques.
> c. Prière de placer les papiers et journaux dans les bacs marron.
> d. Vous ne devez pas utiliser les bacs à verre pour les bouteilles en plastique.
> e. Interdiction de placer les piles et ampoules dans les bacs à plastiques.
> f. Il est interdit de jeter des médicaments périmés. Vous devez aller à la pharmacie.
> g. Il faut respecter les horaires d'ouverture de la déchetterie.
> h. Nous vous demandons d'être respectueux envers les employés de la déchetterie. »

Exemple : **Respectez** les règles suivantes.

a. ....
b. ....
c. ....
d. ....
e. ....
f. ....
g. ....
h. ....

Les verbes pronominaux

• La place du pronom à l'impératif

Détends-**toi**, ne **te** stresse pas. • Relaxons-**nous**. Ne **nous** crispons pas.

- À l'impératif affirmatif, le pronom est à la forme tonique (« **toi** », « **nous** », « **vous** »). Il est placé derrière le verbe, séparé par un tiret. À l'impératif négatif, le pronom est à la forme faible (« **te** », « **nous** », « **vous** »). Il est placé entre « ne » et le verbe.

08 • L'impératif

393 Réécrivez ces consignes avec l'impératif.

Exemples : Tu te dépêches. → **Dépêche-toi.**   Nous nous levons plus tôt. → **Levons-nous** plus tôt.

a. Tu te laves les cheveux deux fois par semaine. → ....
b. Tu te fais un brushing de temps en temps. → ....
c. Vous vous maquillez légèrement. → ....
d. Nous nous habillons rapidement. → ....
e. Vous vous douchez le soir. → ....
f. Nous nous brossons les dents en douceur. → ....
g. Vous vous coupez les ongles chaque semaine. → ....
h. Tu te rases tous les jours. → ....
i. Tu te démaquilles chaque soir. → ....

394 Dites le contraire.

Exemple : Ne te brosse pas les ongles. → **Brosse-toi** les ongles.

a. Ne te couvre pas la tête. → ....
b. Ne nous faisons pas remarquer. → ....
c. Ne t'enferme pas dans les toilettes. → ....
d. Ne te balance pas sur ta chaise. → ....
e. Ne nous occupons pas des voisins. → ....
f. Ne te tiens pas droite. → ....
g. Ne nous éloignons pas. → ....
h. Ne vous pressez pas pour finir vos exercices. → ....

395 Donnez le conseil inverse.

Exemples : Ne t'inquiète pas de ta santé. → **Inquiète-toi** de ta santé.
Allongez-vous de temps en temps, le matin. → **Ne vous allongez pas** de temps en temps, le matin.

a. Ne te prends pas la tension régulièrement. → ....
b. Inscrivons-nous au test de dépistage du cancer. → ....
c. Ne vous vaccinez pas contre la grippe. → ....
d. Prévoyez-vous un rendez-vous chez le dentiste chaque mois. → ....
e. Reposons-nous dans la journée. → ....
f. Ne vous alimentez pas mal. → ....
g. Détendons-nous dix minutes après le déjeuner. → ....
h. Ne t'endors pas tard. → ....

396 Donnez l'ordre inverse.

Exemples : Préoccupe-toi de ton examen. → **Ne te préoccupe pas** de ton examen.
Ne nous inscrivons pas au contrôle continu. → **Inscrivons-nous** au contrôle continu.

a. Ne vous inscrivez pas aux examens de juillet. → ....
b. Présente-toi au secrétariat. → ....
c. Préparons-nous pour la partie orale. → ....

Les pronoms compléments

d. Renseignez-vous sur les sujets possibles. → ....
e. Ne vous occupez pas des dossiers d'inscription. → ....
f. Munissez-vous des documents demandés. → ....
g. Rappelle-toi de payer les frais d'inscription. → ....
h. Ne nous angoissons pas à l'avance. → ....
i. Informons-nous des résultats. → ....

397 Remettez les mots dans l'ordre.

Exemple : souci / fais / te / ne / pas / de → Ne te fais pas de souci.

a. vous / ne / pour / inquiétez / moi / pas → ....
b. pas / nous / ne / fâchons → ....
c. vos / occupez / de / affaires / vous → ....
d. documents / moi / vos / donnez → ....
e. l' / mettons / à / aise / nous → ....
f. toi / force / davantage / travailler / à → ....
g. mêlons / de / pas / nous / ne / ça → ....
h. toi / plus / repose / souvent → ....

398 Pour garder le moral : transformez ces phrases et utilisez l'impératif.

Exemple : Pour garder le moral, tu dois t'obliger à voir le bon côté des choses.
→ Oblige-toi à voir le bon côté des choses.

a. Tu ne dois pas t'énerver. → ....
b. Nous ne devons pas nous disputer avec notre entourage. → ....
c. Tu dois te faire plaisir quand c'est possible. → ....
d. Vous devez vous entourer de bons amis. → ....
e. Nous ne devons pas nous fâcher pour un rien. → ....
f. Tu dois te forcer à sourire. → ....
g. Vous ne devez pas vous coucher trop tard. → ....
h. Nous devons nous éloigner des conflits. → ....

Les pronoms compléments

• La place des pronoms compléments

Donne-**moi** ton numéro de téléphone mais ne **le** donne pas à mon copain. • Vous voulez aller au musée ? Allez-**y** sans moi.

- À l'impératif affirmatif, le pronom complément est placé après le verbe, avec un tiret. À l'impératif négatif, le pronom complément est placé devant le verbe.

✋ Les verbes en « -er » prennent « **s-** » devant le pronom à la forme affirmative : « **vas-y** », « **manges-en** », « **penses-y** » (mais « n'y va pas », « n'en mange pas », « n'y pense pas »).

08 • L'impératif

399 Réécrivez ces phrases avec un pronom complément.

Exemple : Préparer le repas. → Préparez-le.

a. Faire les courses. → ....
b. Passer chez le teinturier. → ....
c. Étendre le linge. → ....
d. Vider le lave-vaisselle. → ....
e. Repasser les chemises. → ....
f. Passer l'aspirateur. → ....
g. Nettoyer les vitres. → ....
h. Laver le sol de la salle de bains. → ....

400 Donnez l'ordre inverse et utilisez un pronom.

Exemple : N'achète pas cette chemise. → Achète-la.

a. N'essaie pas ces bottes. → ....
b. Ne choisis pas ce modèle. → ....
c. Ne prends pas cette couleur. → ....
d. Ne mets pas ce pull. → ....
e. N'échange pas ces gants. → ....
f. Ne commande pas cette robe. → ....
g. Ne rends pas cet article. → ....
h. Ne paie pas cette jupe par chèque. → ....

401 Réécrivez ces consignes à l'impératif, avec un pronom.

Exemple : Tu ne dois pas laver les pulls à la machine. → Ne les lave pas à la machine.

a. Tu ne dois pas essuyer les verres en cristal. → ....
b. Tu ne dois pas balayer la chambre. → ....
c. Tu ne dois pas ranger le service en porcelaine. → ....
d. Tu ne dois pas frotter l'argenterie. → ....
e. Tu ne dois pas nettoyer les toilettes. → ....
f. Tu ne dois pas lessiver les murs. → ....
g. Tu ne dois pas faire la poussière. → ....
h. Tu ne dois pas cirer le parquet. → ....

402 Réécrivez ces conseils comme dans les exemples.

Exemples : Il faut rendre visite *à tes grands-parents*. → Rends-leur visite.
Il ne faut pas dire bonjour *à ce commerçant*. → Ne lui dis pas bonjour.

a. Il faut répondre *à cette collègue*. → ....
b. Il ne faut pas poser cette question *au notaire*. → ....
c. Il faut envoyer ce paquet *à Laura*. → ....
d. Il ne faut pas raconter cette histoire *aux enfants*. → ....

Les pronoms compléments

e. Il faut obéir *à ton maître d'école.* → ....
f. Il ne faut pas téléphoner *à Mme Laurentin.* → ....
g. Il faut réclamer tes jeux vidéo *à tes copains.* → ....
h. Il ne faut pas demander ce service *au voisin.* → ....

403 Écrivez ces consignes à l'impératif.

Exemple : Tu m'envoies un mail. → Envoie-moi un mail.
Nous leur envoyons un colis. → Envoyons-leur un colis.

a. Vous nous écrivez de temps en temps. → ....
b. Tu me prêtes ton vélo électrique. → ....
c. Nous leur donnons l'autorisation de sortir. → ....
d. Tu lui demandes son adresse électronique. → ....
e. Nous lui téléphonons. → ....
f. Tu me passes Louisa. → ....
g. Nous lui indiquons la procédure. → ....
h. Vous lui communiquez les informations nécessaires. → ....

404 Écrivez le contraire.

Exemple : Prêtons-lui notre tablette. → Ne lui prêtons pas notre tablette.

a. Emprunte-lui sa voiture. → ....
b. Parlez-leur librement. → ....
c. Prête-nous ce magazine. → ....
d. Montrons-leur notre blog. → ....
e. Commandez-lui ce smartphone. → ....
f. Apportez-moi une copie du contrat. → ....
g. Emmène-moi avec toi. → ....
h. Conduisez-moi à l'aéroport. → ....

405 Donnez l'ordre contraire.

Exemples : Informez-moi sur ce dossier. → Ne m'informez pas sur ce dossier.
Ne nous invite pas. → Invite-nous.

a. Parlez-moi fort. → ....
b. Ne me félicite pas. → ....
c. Ne me donnez pas ses coordonnées. → ....
d. Prêtons-leur l'appartement. → ....
e. Ne me donne pas de nouvelles. → ....
f. Rejoins-moi à la sortie. → ....
g. Raccompagnons-la chez elle. → ....
h. Ne m'apportez pas le courrier. → ....

08 • L'impératif

406 Associez les situations et les phrases.

a. Votre ami est très étourdi.
b. Votre sœur part au Japon.
c. Elle fume beaucoup trop.
d. Il a encore manqué la sortie d'autoroute.
e. Vos enfants sont en retard pour aller l'école.
f. Mon amie a beaucoup grossi pendant l'été.
g. Votre frère se met facilement en colère.
h. La machine à laver a débordé, vous appelez le dépanneur.

1. « Appelle-moi si tu as un problème. »
2. « Arrête-toi de fumer. »
3. « Et surtout ne vous arrêtez pas en chemin. »
4. « Je t'en prie, ne te fâche pas. »
5. « Dépêchez-vous de venir. »
6. « Souviens-toi que lundi c'est mon anniversaire. »
7. « Concentre-toi, tu t'es encore trompé. »
8. « Mets-toi quelques semaines au régime. »

407 Mettez ces phrases à l'impératif et reliez-les au complément. (Il y a parfois plusieurs possibilités.)

Exemples : Nous y allons. → Allons-y. (Au concert.)   Tu en prends. → Prends-en. (Du sucre.)

a. Vous y êtes. → ....
b. Nous en achetons. → ....
c. Tu en regardes. → ....
d. Tu en sors. → ....
e. Vous en buvez. → ....
f. Tu y goûtes. → ....
g. Nous en partons. → ....
h. Tu en manges. → ....

1. Des yaourts.
2. De l'eau gazeuse.
3. Des fruits.
4. Au cinéma.
5. Au dessert.
6. Des films policiers.
7. Du poisson.
8. Du bureau.

408 Transformez ces phrases avec les pronoms « en » ou « y ».

Exemples : Apporte des fleurs à Mamie. → Apportes-en à Mamie.
N'achète pas de bonbons aux enfants. → N'en achète pas aux enfants.

a. Commande des chaussettes. → ....
b. Jette des vieux journaux. → ....
c. Ne regarde pas de séries. → ....
d. Emmène Louise au cinéma. → ....
e. N'écoute pas de musique. → ....
f. Ne cueille pas de fleurs. → ....
g. Offre des chocolats. → ....
h. Conduis tes amis à l'aéroport. → ....

409 Dites le contraire.

Exemples : Achètes-en. → N'en achète pas.   Allez-y. → N'y allez pas.

a. Prenez-en. → ....
b. Vas-y. → ....
c. Demandons-en plus. → ....
d. Rentrons-y. → ....
e. Sortez-en. → ....
f. Sers-en plus. → ....
g. Buvez-en. → ....
h. Passons-y. → ....

Les pronoms compléments

410 Réécrivez ces phrases à l'impératif.

Exemples : Tu n'en manges pas trop. → N'en mange pas trop.
Tu n'en emportes pas en voyage. → N'en emporte pas en voyage.

a. Nous y passons peu de temps. → ....
b. Vous y allez plus souvent. → ....
c. Tu en prends quelques-unes. → ....
d. Nous y restons longtemps. → ....
e. Vous en consommez peu. → ....
f. Nous y partons une semaine. → ....
g. Vous en offrez souvent. → ....
h. Tu n'en fais pas beaucoup. → ....

411 Répondez aux questions avec l'impératif.

Exemples : Nous pouvons aller au cinéma ce soir ? → Oui, allons-y / Oui allez-y.
Je peux prendre des photos ? → Non, n'en prends pas.

a. Vous passez devant la pharmacie ? → Oui, ...
b. Je peux apporter du vin ? → Non, ...
c. Nous pouvons partir à Tokyo ? → Oui, ...
d. Vous pouvez donner des nouvelles d'Alexia ? → Non, ...
e. Je peux prendre du champagne ? → Oui, ...
f. Nous pouvons reprendre de la tarte ? → Oui, ...
g. Je peux passer chez Mme Léonard ? → Non, ...
h. Vous pouvez offrir des fleurs ? → Oui, ...

412 Remettez les phrases dans l'ordre.

Exemple : pas / touchons / y / n' → N'y touchons pas.

a. mets / n' / pas / en / partout.
→ ....
b. aux / n' / donnez / enfants / en / pas
→ ....
c. n' / vite / allez / y / pas / trop
→ ....
d. faites / n' / pas / trop / en
→ ....
e. en / plusieurs / distribuons
→ ....
f. en / quelques / buvez / gouttes
→ ....
g. un / en / petit / manges / peu
→ ....
h. deux / n' / prends / en / pas
→ ....

08 • L'impératif

413 Complétez ces phrases avec l'impératif.

Exemple : Nous ne voulons pas acheter une voiture neuve, alors n'en achetons pas.

a. Vous voulez emmener les chiens ? D'accord, ...
b. Tu ne veux plus aller au cinéma, eh bien ....
c. Vous ne voulez pas choisir de dessert ? D'accord ....
d. Tu ne veux pas prendre cette robe, alors ....
e. Vous souhaitez commander un apéritif ? Très bien, ...
f. Tu veux passer tes vacances en Corse, alors ....
g. Nous voulons prendre une femme de ménage, alors ....
h. Vous ne voulez pas avoir d'enfant, eh bien ....

414 Reliez les questions et les réponses.

a. J'ai envie de chocolats.
b. Nous avons envie de lire ce roman.
c. Nous pouvons prendre une demi-bouteille ?
d. Nous voudrions faire des courses.
e. J'ai envie de téléphoner à ta sœur.
f. Je voudrais lire cette pièce de Feydeau.
g. Nous aimerions téléphoner à nos amis belges.
h. On aimerait faire ce voyage.

1. Faites-en !
2. Prenez-en une !
3. Prends-en !
4. Téléphonez-leur !
5. Faites-le !
6. Lisez-le !
7. Téléphone-lui !
8. Lis-la !

415 Donnez l'ordre inverse.

Exemples : Écoute *ce morceau*. → Ne *l'*écoute pas.
Ne *me* dis pas la vérité. → Dis-*moi* la vérité.

a. Racontez-*moi* vos voyages.
→ ....

b. Ne regarde pas *cette émission*.
→ ....

c. Cet hiver, partons *en Thaïlande*.
→ ....

d. Ne mets pas *ce pull*.
→ ....

e. Buvez *de l'eau*.
→ ....

f. Ne prends pas *le métro* aujourd'hui.
→ ....

g. Téléphone-*nous* plus souvent.
→ ....

h. Accompagne *les enfants* à l'école.
→ ....

Bilan 8

1. Voici quelques conseils d'un médecin pour vivre mieux et plus longtemps. Réécrivez-les à l'impératif.

(a) Vous devriez vous arrêter de fumer. (b) Il ne faut pas manger trop de viandes et de graisses animales. (c) On doit manger chaque jour cinq légumes ou fruits. (d) Il est bon de faire du sport chaque semaine, au moins une heure. (e) Vous devez vous habituer à monter les escaliers, c'est mauvais de prendre l'ascenseur. (f) Il faut prendre votre temps. (g) Vous devez vous détendre et il ne faut pas vous stresser. (h) Vous devez arrêter de penser à vos problèmes. (i) Il faut vous organiser et aller à la campagne régulièrement. (j) Il faut vous faire plaisir et lire de bons livres. (k) Il est important de dormir suffisamment et il ne faut pas vous coucher trop tard. (l) Il faut retrouver le sourire, rire et rester optimiste.

....
....
....
....
....
....

2. Voici quelques phrases très courantes pour faire l'éducation d'un enfant. Réécrivez-les à l'impératif.

a. Je veux que tu enlèves tes mains de tes poches. Tu ne dois pas crier sans raison et tu dois parler moins fort.
b. Je voudrais que tu t'occupes de ta sœur, que tu joues avec elle. Tu ne dois pas te disputer avec elle. Il faut que tu l'emmènes jouer dans la chambre.
c. Quand les adultes parlent, tu ne dois pas leur couper la parole et tu dois réfléchir avant de dire quelque chose.
d. Tu dois laisser passer les grandes personnes devant toi.
e. Il ne faut pas mettre tes coudes sur la table. Tu devrais te tenir droit. Tu dois finir le repas avant de sortir de table.
f. Tu ne dois pas jouer trop longtemps sur ta console de jeux.
(*À vous de trouver d'autres conseils et interdictions destinés aux jeunes enfants !*)

a. ....
b. ....
c. ....
d. ....
e. ....
f. ....
g. ....
h. ....

09 • Le conditionnel et les temps du futur

Le conditionnel de politesse

> **• Le souhait et la demande au conditionnel**
>
> Je **voudrais** une baguette s'il vous plaît. • On **aimerait** passer vous voir. • **Pourriez-vous** me donner votre numéro de téléphone ?
>
> • Pour faire poliment un souhait ou une demande, on utilise le conditionnel présent des verbes « **vouloir** », « **aimer** » ou « **pouvoir** » + nom ou verbe à l'infinitif.
>
> • Conjugaison : j'aimer**ais**, tu aimer**ais**, il/elle/on aimer**ait**, nous aimer**ions**, vous aimer**iez**, ils/elles aimer**aient**.

416 Soulignez les demandes avec un conditionnel.

Exemple : Un kilo de bananes, s'il vous plaît.   Je voudrais aussi une livre de fraises.

a. Je veux aller au restaurant ce soir.
b. Pourriez-vous nous réserver une table pour 20 heures ?
c. On aimerait un repas indien.
d. J'ai envie d'un plat épicé.
e. Apportez-nous la carte, s'il vous plaît.
f. Nous voudrions une table pour deux.
g. Tu voudrais boire une bière chinoise ?
h. L'addition, s'il vous plaît.

417 Associez les demandes de la 1re colonne aux phrases de la 2e.

a. Une part de pizza, s'il vous plaît.
b. Une place pour *En liberté*.
c. Donnez-moi un croissant aux amandes.
d. Tu veux un café ?
e. Vous n'avez plus *Libération* ?
f. Tu as envie de venir avec moi ?
g. Je vous dois ?
h. Une boule à la pistache et une au cassis, s'il vous plaît.

1. Tu voudrais un expresso ?
2. Tu aimerais m'accompagner ?
3. J'aimerais une place pour la séance de 18 heures.
4. Pourriez-vous me donner le bien grillé ?
5. Je voudrais la grosse.
6. Vous pourriez me dire combien ça fait ?
7. Pourriez-vous me donner une glace double ?
8. Je voudrais le journal *Libération*, mais je ne le vois pas.

418 Réécrivez ces demandes avec un conditionnel de politesse. Variez les verbes.

Exemple : Un pass mensuel pour les cinémas Gaumont, s'il vous plaît.
→ **Je voudrais** / **J'aimerais** un pass mensuel pour les cinémas Gaumont, s'il vous plaît.

a. Une baguette bien cuite, s'il vous plaît. → ....
b. S'il vous plaît, donnez-moi un camembert bien fait. → ....
c. Deux kilos de pommes, s'il vous plaît. → ....
d. S'il vous plaît, pouvez-vous me servir 500 grammes de fraises ? → ....
e. Un poulet fermier, s'il vous plaît. → ....

Le futur proche

f. S'il vous plaît, donnez-moi deux tranches de thon. → ....
g. Choisissez-moi une mangue bien mûre, s'il vous plaît. → ....
h. Une douzaine d'huîtres, s'il vous plaît. → ....

419 Demandez poliment. Attention au destinataire. (Il y a plusieurs phrases possibles.)

Exemples : (À *un ami*) prêter la voiture. → Tu pourrais me prêter ta voiture s'il te plaît?
(À *un passant dans la rue*) chercher une pharmacie.
→ Vous pourriez me dire où il y a une pharmacie ? / Je voudrais une pharmacie, s'il vous plaît.

a. (À *votre sœur*) garder vos enfants demain soir.
→ ....

b. (À *une caissière de supermarché*) vérifier la monnaie.
→ ....

c. (À *un chauffeur de taxi*) aller à la gare Saint-Charles.
→ ....

d. (À *un collègue de travail*) demander de l'aide pour un dossier.
→ ....

e. (À *une fleuriste*) faire un joli bouquet.
→ ....

f. (À *votre amie*) demander un café.
→ ....

g. (*Au pharmacien*) demander une boîte de pansements.
→ ....

h. (À *votre fils*) aller acheter du pain.
→ ....

Le futur proche

• Emploi et formation

Allume la télé, le film va commencer. • L'année prochaine, je vais étudier au Japon.

- Le futur proche exprime un événement immédiat et presque certain. Il est utilisé aussi pour indiquer un projet. Il se forme avec « aller » au présent + infinitif : je vais partir, tu vas partir, il/elle/on va partir, nous allons partir, vous allez partir, ils /elles vont partir.

420 Soulignez le verbe « aller » avec une valeur de futur.

Exemples : Je vais au théâtre.   On <u>va</u> prendre un taxi.

a. Tu vas boire un café.
b. Il va au cinéma tous les mercredis.
c. Ils vont aller en boîte de nuit.
d. Nous allons regarder un film à la télé.
e. Elle va demander le prix de la place.
f. Vous allez au spectacle régulièrement.
g. Je vais assister à un concert ce soir.
h. On va souvent à l'Opéra.

09 • Le conditionnel et les temps du futur

421 Reliez les pronoms aux verbes. (Il y a parfois plusieurs possibilités.)

a. Nous
b. Tu
c. Vous
d. Ils
e. Je
f. On

1. vas visiter Barcelone.
2. allez voyager en famille.
3. vais prendre l'avion.
4. allons acheter un billet de train.
5. vont réserver une chambre à l'hôtel.
6. va dormir chez l'habitant.

422 Répondez aux questions comme dans l'exemple.

Exemple : Actuellement, vous travaillez au musée du Louvre ?
→ Non, mais **je vais bientôt travailler** au musée du Louvre.

a. Actuellement, elle étudie l'informatique ? → Non, mais ....
b. Actuellement, tu vis à Marseille ? → Non, mais ....
c. Actuellement, vous faites du sport ? → Non, mais ....
d. Actuellement, vos amis voyagent en Europe ? → Non, mais ....
e. Actuellement, on a de l'argent ? → Non, mais ....
f. Actuellement, tu es employé de banque ? → Non, mais ....
g. Actuellement, vous parlez russe ? → Non, mais ....
h. Actuellement, il prend des cours d'anglais ? → Non, mais ....

423 Mettez les verbes au futur proche.

Exemple : Dépêche-toi, tu vas manquer (*manquer*) le bus.

a. Vite, les caisses du magasin .... (*fermer*).
b. Dépêchons-nous, il .... (*pleuvoir*).
c. Attention, le train .... (*partir*).
d. Chut, vous .... (*réveiller*) le bébé.
e. Rentrons, il .... (*neiger*).
f. Vite, nous .... (*rater*) la séance de 16 heures.
g. Roule moins vite, tu .... (*avoir*) un accident.
h. Arrête-toi ici, je .... (*descendre*).

424 Reformulez ce programme touristique avec le futur proche.

Exemple : Arrivée à Tunis à 10 h 40 (*arriver*). → Vous allez arriver à Tunis à 10 h 40.

a. Dépôt des bagages à l'hôtel. (*déposer*) → ....
b. Déjeuner sur la terrasse de l'hôtel à 12 h 30. (*déjeuner*) → ....
c. Départ pour Carthage à 14 h 00. (*partir*) → ....
d. Visite guidée des ruines de 15 h 00 à 17 h 00. (*visiter*) → ....
e. Dégustation de pâtisseries arabes. (*déguster*) → ....
f. Retour à l'hôtel. (*rentrer*) → ....
g. Dîner cabaret à 20 h 30. (*dîner*) → ....
h. Spectacle folklorique à la salle des spectacles. (*voir*) → ....

Le futur simple

> **• Les verbes pronominaux**
>
> Je vais me réveiller de bonne heure, comme ça, nous n'allons pas nous dépêcher. Nous allons nous préparer tranquillement.
>
> • Avec un verbe pronominal au futur proche, le pronom se trouve devant le verbe à l'infinitif.

425 Conjuguez les verbes entre parenthèses au futur proche.

Exemple : Elle va se préparer (se préparer) avant l'arrivée de ses invités.

a. Je (se coucher) ...., j'ai trop sommeil.
b. Tu .... (se changer) avant d'aller à la soirée ?
c. Nous .... (se maquiller) avant de sortir.
d. Les enfants .... (s'endormir) très vite, ils sont fatigués.
e. Ma voisine .... (s'installer) à Paris.
f. Vous .... (se déguiser) en Arlequin ?
g. On .... (s'habiller) en smoking.
h. Il .... (se doucher) avant de retourner au travail.

426 Remettez les phrases dans l'ordre.

Exemple : ne / va / elle / se / réveiller / l' / à / heure → Elle ne va pas se réveiller à l'heure.

a. Nos / vont / pas / le / monde / tour / parents / faire / ne / du → ....
b. Ma / pas / sa / prendre / mère / retraite / ne / va → ....
c. Ne / m' / à / campagne / la / je / installer / pas / vais → ....
d. Retourner / il / dans / ne / va / son / pas / pays → ....
e. Nous / pas / pouvoir / n' / venir / allons → ....
f. Pas / vous / n' / vous / absenter / allez → ....
g. On / pas / va / se / ne / dépêcher → ....
h. Tu / pas / t' / ne / en / aller / vas → ....

Le futur simple

> **• Sens et formation du futur simple**
>
> Je te promets, j'arriverai à l'heure. • Ils apprendront leurs leçons.
>
> • Le futur simple exprime une action à venir ou un ordre. Il se forme à partir de l'infinitif du verbe : partir → je partirai, tu partiras, il/elle/on partira, nous partirons, vous partirez, ils/elles partiront.
> • Pour les infinitifs qui se terminent par « -re », on supprime le « e » et on ajoute les terminaisons : apprendre → j'apprendrai…

427 Écrivez ces verbes au futur.

Exemples : jouer : tu joueras   prendre : tu prendras

a. boire : je ....
b. écrire : vous ....
c. danser : tu ....
d. prendre : elle ....
e. dire : nous ....
f. chanter : on ....
g. grandir : tu ....
h. mettre : je ....

09 • Le conditionnel et les temps du futur

• Les verbes irréguliers

Bientôt, tous nos objets seront connectés. • Vous ferez ces deux exercices à la maison.

- Avoir : j'aurai… – être : je serai – aller : j'irai – faire : je ferai… – savoir : je saurai…
- Vouloir : je voudrai… – falloir : il faudra – venir : je viendrai… – tenir : je tiendrai… – valoir : il vaudra…
- Pouvoir : je pourrai… – voir : je verrai… – (r)envoyer : j'/je (r)enverrai… – mourir : je mourrai… – courir : je courrai
- Devoir : je devrai… – recevoir : je recevrai… – pleuvoir : il pleuvra

428 Retrouvez l'infinitif de ces verbes.

Exemples : tu verras : voir   vous tiendrez : tenir

a. je serai : ....
b. vous devrez : ....
c. tu iras : ....
d. on aura : ....
e. je courrai : ....
f. nous saurons : ....
g. vous ferez : ....
h. ils pourront : ....

429 Mettez les verbes au pluriel.

Exemple : Tu parleras bien fort face aux élèves. → **Vous parlerez** bien fort face aux élèves.

a. Il répondra aux questions du professeur. → ....
b. Elle inscrira les devoirs sur le cahier. → ....
c. Tu attendras la fin de la classe. → ....
d. Je lirai la poésie. → ....
e. Il notera le cours sur son ordinateur. → ....
f. J'éteindrai mon portable. → ....
g. Tu allumeras l'ordinateur. → ....
h. Elle pourra faire son exposé. → ....

430 Reliez le début et la fin des phrases.

a. L'année prochaine, vous
b. Demain, le temps
c. Je partirai vivre à Madrid quand j'
d. Dans quelques jours, nous
e. La semaine prochaine, elle
f. Cet été, mes parents
g. Mercredi prochain, il n'y
h. Quand tu seras en Chine, tu

1. iront en Australie chez mon frère.
2. viendra nous rendre visite.
3. passerez des vacances plus calmes.
4. m'enverras une carte postale.
5. aurai assez d'argent.
6. sera beau sur tout le pays.
7. ferons une croisière en Méditerranée.
8. aura pas cours.

Le futur simple

431 Reliez les situations et les phrases au futur.

a. À la poissonnerie.
b. À la pharmacie.
c. À la banque.
d. Chez le boucher.
e. Chez la coiffeuse.
f. Chez le fleuriste.
g. À la poste.
h. À la pâtisserie.

1. Pourrez-vous m'envoyer un nouveau chéquier ?
2. Quand aurez-vous ces médicaments ?
3. Je viendrai chercher ce gâteau vers 11 h 30.
4. Je serai prête pour 19 heures ?
5. Vous recevrez probablement votre colis demain.
6. À quelle heure m'apporterez-vous ce plateau de fruits de mer ?
7. Ce poulet devra cuire combien de temps ?
8. Vous voudrez bien livrer ces fleurs à Mme Lemarchand ?

432 Écrivez les verbes entre parenthèses au futur simple.

Exemple : Quand il sera (être) grand, il ira (aller) étudier à l'étranger.
a. Nous .... (sortir) lorsque la pluie .... (s'arrêter).
b. Vous .... (quitter) votre bureau et vous .... (rejoindre) vos amis au théâtre.
c. Elle .... (conduire) quand elle .... (avoir) 18 ans.
d. Je .... (voir) mieux lorsque je .... (porter) des lunettes.
e. Lorsque tu .... (sentir) la fatigue, tu .... (prendre) un café.
f. Nous .... (prendre) la voiture quand vous le .... (vouloir).
g. Elle .... (faire) des progrès quand elle .... (étudier) sérieusement.
h. Vous .... (courir) plus vite lorsqu'il .... (pleuvoir) plus fort.

433 Réécrivez les prédictions de cette voyante au futur simple.

Exemple : Vous allez faire une rencontre importante. → Vous ferez une rencontre importante.
a. Votre situation professionnelle va s'améliorer. → ....
b. Vous allez connaître un grand amour. → ....
c. Il va durer quelques années. → ....
d. Puis vous allez être déçue. → ....
e. Alors, votre vie va changer. → ....
f. Quelqu'un va tomber follement amoureux de vous. → ....
g. Vous allez l'épouser. → ....
h. Vous allez vivre le bonheur parfait toute votre vie. → ....
i. Vous allez avoir beaucoup de chance. → ....

• Les verbes en « -ayer », « -oyer » et « -uyer

Vous me payerez/paierez deux heures de ménage à l'avance et je nettoierai la maison.

- Verbes en « -ayer » ont deux conjugaisons : je payerai/paierai...
- Verbes en « -oyer » et « -uyer » : j'emploierai... ; j'essuierai...
- ✋ « Envoyer » et « renvoyer » sont des exceptions, ils sont irréguliers : j'enverrai...

09 • Le conditionnel et les temps du futur

434 Mettez les verbes au futur.

Exemple : Ces chiens agressifs **aboieront** (*aboyer*).
a. Je n'ai pas le temps, j'.. (*essayer*) demain.
b. Vous .... (*essuyer*) l'eau qui est sur le sol.
c. Tu .... (*employer*) ton frère pour faire ce travail.
d. Nous .... (*balayer*) la salle à manger.
e. J'.. (*appuyer*) votre candidature pour ce poste.
f. Elle .... (*payer*) plus tard.
g. On .... (*nettoyer*) l'appartement après la soirée.
h. Ils .... (*ennuyer*) les voisins avec leur musique.

435 Réécrivez ces consignes au futur simple.

Exemple : Quand vous arrivez, vous nettoyez la chambre des enfants.
→ Quand vous **arriverez**, vous **nettoierez** la chambre des enfants.
a. Il faut refaire les lits. → ....
b. Vous lavez les vitres du salon. → ....
c. N'oubliez pas d'essuyer la poussière sur les meubles. → ....
d. Il y a du repassage à finir. → ....
e. Vous étendez le linge qui est dans la machine à laver. → ....
f. À 16 h 30, vous allez chercher les enfants à l'école. → ....
g. Vous me dites combien je vous dois pour le mois de septembre. → ....
h. Vous partez à l'heure habituelle. → ....

436 Soyez rassurant sur la météo de demain. Faites des phrases comme dans l'exemple.

Exemple : Aujourd'hui, il pleut à Lyon. → Demain, il **ne pleuvra pas** à Lyon.
a. Aujourd'hui, il n'y a pas de soleil à Cannes.
   → Demain, ...
b. Aujourd'hui, il fait froid à Lille.
   → Demain, ...
c. Aujourd'hui, il neige à Chamonix.
   → Demain, ...
d. Aujourd'hui, les températures baissent dans le Nord.
   → Demain, ...
e. Aujourd'hui, une tempête se prépare en Bretagne.
   → Demain, ...
f. Aujourd'hui, le vent souffle très fort à Biarritz.
   → Demain, ...
g. Aujourd'hui, il gèle à Grenoble.
   → Demain, ...
h. Aujourd'hui, il faut faire attention au verglas dans l'Est.
   → Demain, ...

Le futur simple

437 Réunissez le début et la fin des phrases. (Il y a parfois plusieurs possibilités.)

a. Je vais vous passer M. Besson,
b. Dans quelques années, vous
c. À la rentrée prochaine, vous
d. Les enfants, mettez vos manteaux, vous
e. L'an prochain, vous
f. Dans quelques secondes, vous
g. C'est promis, vous
h. Je suis certaine que vous

1. allez avoir froid.
2. allez voir la suite de votre série.
3. irez les voir dimanche.
4. fêterez vos 40 ans.
5. prendrez votre retraite.
6. vous marierez bientôt.
7. ne quittez pas.
8. suivrez un stage aux États-Unis.

438 Choisissez le futur proche ou le futur simple : soulignez la forme choisie.

Exemple : Écoute cette histoire, tu *vas rire* / *riras*.

a. Quand vous *téléphonerez* / *allez téléphoner*, on prendra la décision définitive.
b. Dans deux ans, nous *fêterons* / *allons fêter* nos noces d'or.
c. La secrétaire me dit que le directeur *s'occupera* / *va s'occuper* de moi dans une minute.
d. Je suis convaincue qu'on *soignera* / *va soigner* bientôt le cancer.
e. Reste calme ! Ta grand-mère *ouvrira* / *va ouvrir* la porte dans quelques secondes.
f. Nathan espère qu'il *aura* / *va avoir* une bonne note à son devoir de mathématiques.
g. Dans six mois, ce *sera* / *ça va être* le printemps.
h. Elles *arriveront* / *vont arriver* d'une minute à l'autre.

439 Mettez les verbes entre parenthèses au futur simple ou au futur proche.

Exemple : Je raccroche, je *vais être* (être) en retard.

a. Qu'est-ce que vous .... (faire) maintenant ?
b. Quand elles .... (parler) bien français, elles feront un beau voyage à Paris.
c. Entre une seconde, je .... (te préparer) un café.
d. Dépêchez-vous, nous .... (arriver) en retard.
e. Un jour, mon frère .... (vivre) en Provence.
f. Mets la radio, on .... (écouter) les informations.
g. Pendant que tu dormiras, j'.. (étudier) ma leçon d'histoire.
h. Dans quelques années, j'........................... (acheter) un appartement dans le centre-ville.

Bilan 9

1. Écrivez les verbes entre parenthèses au futur proche ou au futur simple.

– Votre année scolaire est finie, qu'est-ce que vous .... (a. *faire*) après ?
– D'abord, je .... (b. *partir*) en vacances avec des copains.
– Et après, à la prochaine rentrée ?
– Je .... (c. *entrer*) dans une école de tourisme. Quand je .... (d. *être*) dans cette école, je .... (e. *aller*) aussi faire un séjour en Espagne pour améliorer mon espagnol. L'année suivante, j'..................... (f. *essayer*) de trouver un stage dans un pays anglophone. Et je .... (g. *revenir*) de temps en temps en France
– Et vous ?
– Moi, d'abord, je .... (h. *prendre*) quelques jours de repos et ensuite je .... (i. *travailler*) dans une colonie de vacances pendant un mois.
– Et l'année prochaine ?
– Je .... (j. *étudier*) la comptabilité et mon père .... (k. *m'employer*) dans sa société à la fin de mes études. Je sais qu'il y .... (l. *avoir*) un travail pour moi. Ce .... (m. *être*) facile.

2. Rayez ce qui ne convient pas dans ce discours.

« Chers habitants de Menton,
« Je suis votre nouveau maire et je *vais apporter / apporterai* (a), en accord avec vous, quelques changements dans notre ville. Samedi prochain, vous *allez être / serez* (b) invités à la mairie pour une soirée amicale. J'espère que vous *allez venir / viendrez* (c) nombreux !
« Ensemble, nous *allons décider / déciderons* (d) les nouvelles orientations de Menton. Je *vais être / serai* (e) heureux d'entendre vos idées sur l'aménagement de la place de l'église et sur le projet concernant l'école maternelle. Nous *allons commencer / commencerons* (f) ensemble une vie nouvelle à Menton avec plus de possibilités de loisirs : à la fin de l'année, la piscine *va ouvrir / ouvrira* (g) ses portes et dans deux ans vous *allez pouvoir / pourrez* (h) profiter d'une bibliothèque. Nous *allons voir / verrons* (i) ensemble d'autres réalisations dans l'avenir. Je *vais avoir / aurai* (j) l'immense honneur de vous recevoir à la mairie mais vous *allez devoir / devrez* (k) au préalable prendre rendez-vous auprès de ma secrétaire ou sur le site internet de la mairie.
« Vous *allez savoir / saurez* (l) me surprendre et vous *allez faire / ferez* (m) de notre ville, une ville encore plus agréable.
« Chers Mentonnais, nous *allons travailler / travaillerons* (n) ensemble pour un avenir commun. »

10 • La négation

La négation simple

• « Ne... pas »

Léon **ne** va **pas** au cinéma. Il **n'**aime **pas** sortir. Il **ne** regarde **pas** la télévision.

- Pour exprimer une négation, on place « **ne** » devant le verbe et « **pas** » derrière.

 Devant un verbe commençant par une voyelle et un « **h** » muet, « **ne** » devient « **n'** ».

440 Complétez ces négations par « ne » ou « n' ».

Exemple : Amanda est intelligente ; c'est vrai, elle **n'**est pas bête du tout.
a. Ça ...... sent pas bon dans la cuisine, il y a une mauvaise odeur.
b. Ce garçon est bien maigre. Peut-être qu'il ...... mange pas assez.
c. « Ce gâteau est excellent, non ? » « Oui mais je ...... ai plus faim. »
d. Couvre-toi, il ...... fait pas chaud ce matin.
e. « Ma sœur ...... se sent pas bien. » « C'est vrai elle ...... a pas l'air en forme. »
f. « Je ...... aime pas ce pull. » « Je te comprends, il ...... est pas très joli. »
g. Ce soir nous ...... sortons pas donc nous ...... viendrons pas chez vous, désolé !
h. « Vous ...... avez pas envie d'un café ? » « Non merci, je ...... bois pas de café le soir. »

441 Remettez ces phrases négatives dans l'ordre.

Exemple : en / ce / Marina / cours / pas / n' / matin / est. → Marina n'est pas en cours ce matin.
a. vous / de / son / téléphone / numéro / n' / pas / avez ? → ....
b. connaissons / ne / nous / son / adresse / pas / électronique. → ....
c. ne / sais / où / elle / je / pas / travaille. → ....
d. n' / habite / Marion / à / Lille / pas. → ....
e. on / pas / comprend / attitude / son / ne. → ....
f. parle / beaucoup / elle / avec / les / pas / étudiants / ne / autres. → ....
g. elle / sort / le / soir / pas / ne. → ....
h. ne / elle / sa / pas / raconte / vie. → ....

442 Répondez négativement à ces questions.

Exemple : Tu connais le réseau social Ello ? → Non, je ne connais pas ce réseau social.
a. Anna a son identifiant sur Instagram ? → ....
b. Vous vous connectez souvent sur Google Maps ? → ....
c. On communique souvent sur Facebook ? → ....
d. Tu utilises Twitter avec tes amis ? → ....
e. Tes amis postent des photos sur Instagram ? → ....
f. Vous envoyez des messages à vos copains sur Snapchat ? → ....
g. On échange des SMS avec ta famille ? → ....
h. Tu téléphones avec Skype ? → ....

10 • La négation

443 Les bonnes manières à table : écrivez le contraire.

Exemple : Manger avec les doigts, c'est poli. → Manger avec les doigts, ce n'est pas poli.

a. On met les coudes sur la table. → ....
b. On aspire les spaghettis. → ....
c. On parle la bouche pleine. → ....
d. Souffler sur la soupe, ça se fait. → ....
e. On sauce son assiette avec du pain. → ....
f. On se mouche à table. → ....
g. On noue sa serviette autour du cou. → ....
h. Lire ses messages pendant le repas, ça se fait. → ....

444 Ces affirmations sont fausses : corrigez-les.

Exemple : Marion Cotillard est une chanteuse. → Marion Cotillard n'est pas une chanteuse.

a. Une ouvreuse vend les places de spectacle. → ....
b. Un producteur fabrique les costumes. → ....
c. Un metteur en scène dirige les musiciens. → ....
d. La costumière s'occupe des jeux de lumière. → ....
e. Le décorateur prépare les costumes. → ....
f. Un comédien chante à l'Opéra. → ....
g. Une cantatrice filme les acteurs. → ....
h. Un chef d'orchestre dirige les comédiens. → ....

• La place du pronom

Ce film, je **ne l'ai pas** vu, et cet acteur, je **ne le connais pas**. • Véronique, **je ne lui écris pas** souvent.

- Dans une phrase négative avec un pronom complément, le pronom se place entre « **ne** » et le verbe ou l'auxiliaire.

---

445 Répondez négativement à ces phrases, avec le pronom « le », « la », « l' » ou « les ».

Exemple : Tu as vu ce documentaire sur Arte ? → Non, je ne l'ai pas vu.

a. Vous avez enregistré ce film sur la chaîne Canal + ? → ....
b. On regardera cette émission scientifique demain soir ? → ....
c. Tu suis la série sur France 2 ? → ....
d. Nous verrons ce film en streaming la semaine prochaine ? → ....
e. Vous avez écouté les infos sur France Inter ce matin ? → ....
f. Tes parents ont regardé le J.T. à 20 heures ? → ....
g. On retransmet cet opéra cette semaine sur la chaîne France 2 ? → ....
h. Alicia écoute la radio tous les soirs ? → ....

La négation simple

446 Associez questions et réponses.

a. Tu as pris des places pour le concert samedi ?
b. Vous allez souvent au théâtre ?
c. Ton frère va chaque semaine au cinéma ?
d. Tu m'accompagneras à l'expo Monet dimanche ?
e. On emmènera les enfants au cirque ?
f. Vous avez fait les réservations pour samedi ?
g. Je dépose ta mère devant l'entrée du cabaret ?
h. Tu nous conduis à Eurodisney ?

1. Non, il n'y va pas très régulièrement.
2. Non, je ne t'accompagnerai pas.
3. Non, on ne les emmènera pas au cirque.
4. Non, ne la dépose pas, vas-y avec elle.
5. Non, nous n'y allons pas souvent.
6. Non, je ne vous conduis pas là-bas, c'est trop loin.
7. Non, je n'en ai pas pris. C'était complet.
8. Non, on ne les a pas faites.

447 Répondez négativement à ces questions avec un pronom complément.

Exemple : Tu prendras du vin ? → Non, je n'en prendrai pas.

a. Vous choisissez la soupe à l'oignon ? → ....
b. Ta femme commande un dessert ? → ....
c. On prend la choucroute ? → ....
d. Tu veux un plat du jour ? → ....
e. On boit de la bière ? → ....
f. Vous mangez du porc ? → ....
g. Tu aimes l'aïoli ? → ....
h. On prend une pizza ? → ....

448 Répondez négativement. Remplacez les mots en italique par un pronom.

Exemple : Vous conduisez *vos parents* à l'aéroport ? → Non, je ne **les** conduis pas à l'aéroport.

a. Tu prêtes ta voiture *à Irma* ? → ....
b. On emmène *les garçons* à la campagne ? → ....
c. Vous adressez une lettre recommandée *aux propriétaires* ? → ....
d. Tu invites *les voisins* pour l'apéritif ? → ....
e. Elle emprunte la moto *à son frère* ? → ....
f. Vous envoyez des cartes de vœux *à vos amis* ? → ....
g. Tu téléphones souvent *à ta tante* ? → ....
h. Ils livrent *les colis* à domicile ? → ....

• **Le changement de déterminant**

Je ne mange pas **de** gâteaux, et je ne bois pas **d'**alcool, je suis au régime.

• À la forme négative, « **un** », « **une** », « **de la** », « **de l'** », « **du** » et « **des** » deviennent « **de** » ou « **d'** » devant une voyelle et un « h » muet.

✋ Les articles « **le** », « **la** », « **l'** » et « **les** » ne changent pas à la forme négative.

10 • La négation

449 Reliez les questions et les réponses.

a. Vous prenez un apéritif ?
b. Tu manges de l'ananas ?
c. On commande une soupe ?
d. Ta mère veut un dessert ?
e. Les enfants veulent des glaces ?
f. Nous choisissons un vin blanc ?
g. Tu bois de la limonade ?
h. On offre des chocolats ?

1. Non, pas de glaces, il fait trop froid.
2. Non, pas de limonade. Je vais prendre du thé.
3. Non, pas de chocolats. Apportons un gâteau.
4. Non merci, je ne prends pas d'alcool.
5. Non, on ne prend pas de dessert, directement un café.
6. Non, pas de vin blanc, plutôt du rouge.
7. Non, pas d'entrée, on prend directement un plat.
8. Non merci, je ne mange pas d'ananas. Je préfère une mangue.

450 Rayez ce qui ne convient pas.

Exemple : « Adam commande des pizzas ? » « Non, il ne commande pas ~~des~~ / de pizzas. »

a. « Tu mets la table ? » « Non, je ne mets pas la / de table. »
b. « Votre mère aime l'ail ? » « Non, elle n'aime pas d' / l'ail. »
c. « Il y a des oignons dans ce plat ? » « Non, il n'y a pas des / d'oignons dans ce plat. »
d. « Tu goûtes la sauce ? » « Non, je ne goûte pas de / la sauce. »
e. « Vous aimez le chocolat ? » « Non, je n'aime pas beaucoup le / de chocolat. »
f. « Il y a de l'eau sur la table ? » « Non, il n'y a pas d' / de l'eau sur la table. »
g. « Vous buvez du café ? » « Non, je ne bois pas beaucoup du / de café »
h. « On prend une salade verte ? » « Non, je ne mange pas une / de salade. »

451 Faites des réponses négatives.

Exemples : Tu aimes la charcuterie ? → Non, je n'aime pas la charcuterie.
Vous mangez de la saucisse ? → Non, je ne mange pas de saucisse.

a. Tes amis aiment le champagne ? → ....
b. Vous prenez un cocktail ? → ....
c. Nous choisissons une entrée ? → ....
d. Vos amis aiment les brioches ? → ....
e. Tu prends le plat du jour ? → ....
f. On achète des croissants ? → ....
g. On prend un dessert ? → ....
h. Vous connaissez la bouillabaisse ? → ....

452 Faites des réponses négatives.

Exemple : Vous prendrez des cours d'italien ? → Non, je ne prendrai pas de cours d'italien.

a. Tu prépares un concours ? → ....
b. Nous remplirons une fiche d'inscription ? → ....
c. Lisa a obtenu un diplôme ? → ....
d. Les enfants prennent des cours particuliers. → ....
e. Vous poursuivez des études ? → ....

La négation complexe

f. Tu as des professeurs ennuyeux ? → ....
g. Elles auront des examens à la fin de l'année ? → ....
h. Tu as un cours à 16 heures ? → ....

453 Complétez les réponses.

Exemple : « Vous aimez le sport ? » « Non, je n'aime pas le sport. »

a. « Ta fille fait de la danse ? » « Non, Aurélie ne fait pas .... danse. »
b. « Vos élèves aiment l'athlétisme ? ? » « Non, ils n'aiment pas .... athlétisme. »
c. « Vous faites du jogging le samedi matin ? » « Non, on ne fait pas .... jogging. »
d. « Vos parents font du ski ? » « Non, ils ne font pas .... ski. »
e. « Les enfants aiment la natation ? » « Non, ils n'aiment pas .... natation. »
f. « Ton fils fait de la planche à voile ? » « Non, il ne fait pas .... planche à voile. »
g. « Tu aimes le yoga ? » « Non, je n'aime pas .... yoga, je préfère le tai-chi. »
h. « Vous choisissez le cours de gymnastique ? » « Non, on ne prend pas .... cours de gymnastique, on préfère le cours de Pilates. »

La négation complexe

• « Ne … plus »

« Ton frère fume encore ? – Non, depuis le 1er janvier il ne fume plus. » • «Tu reprends du fromage ? – Non merci, je n'en veux plus. »

• Le contraire de « encore » (par exemple, une action s'est arrêtée, un produit manque), est « ne… plus ».

454 Soulignez les expressions négatives.

Exemples : Il y a plus de monde qu'hier.   Je n'ai plus de mouchoirs.

a. Il ne pleut plus. On peut sortir.
b. Tu roules plus vite qu'avant.
c. Il y a plus de circulation aujourd'hui.
d. Il n'y avait plus le journal, je t'ai pris un magazine.
e. Oh, tu n'as plus de chewing-gums, dommage !
f. Ce soir, il y a plus de monde. C'est bien pour la troupe.
g. Plus on est de fous, plus on rit.
h. Il n'y a plus personne dans la rue.

455 Complétez les phrases par « pas » ou « plus ».

Exemple : « Je reprendrai bien de la galette. » « Désolée, il n'y en a plus. »

a. Dépêche-toi si tu ne veux .... manger froid.
b. Je n'en peux ...., j'ai trop mangé.
c. « Il reste du fromage ? » « Non, il n'y en a .... On l'a fini à midi. »
d. Clara est maintenant végétarienne, elle ne mange .... de viande.
e. J'ai pris des yaourts, aujourd'hui il n'y avait .... de fromage blanc au menu.
f. Mon père ne boit .... d'alcool. Il a décidé de perdre du poids.
g. « Vous ne voulez .... une tisane ? » « Non merci, on va rentrer, il est tard. »
h. « Sophie a des problèmes de santé et elle ne mange .... de gluten. »

10 • La négation

456 Répondez aux questions par « ne … pas » ou « ne… plus ».

Exemple : Vous faites toujours du tir à l'arc ? → Non je ne fais plus de tir à l'arc depuis deux ans.

a. Tu as encore des cigarettes ? → Non, ...
b. Tu peux me prêter de l'argent ? → Désolé, ...
c. J'ai besoin d'un stylo, tu en as un dans ton sac ? → Non, ...
d. Vous avez lu le dernier roman de Houellebecq ? → Non, ...
e. Ton frère a toujours une moto ? → Non, ...
f. Vous revoyez toujours vos amis de lycée ? → Non, ...
g. Tu as reconnu Isabelle Huppert dans le café ? → Non, ...
h. Tes parents ont gardé leur maison de campagne ? → Non, ...

— • « Ne … jamais » ————————————————————————

« Vous allez souvent au concert ? – Non, jamais. » • « Tu prends quelquefois le taxi ? – Je ne prends jamais le taxi. »

« Ne… jamais » est le contraire de « toujours », « souvent », « quelquefois » …

457 Répondez à ces phrases avec « ne… jamais ».

Exemple : Tu pars parfois à la campagne le week-end ? → Non, je ne pars jamais à la campagne le week-end.

a. Tu fais du sport de temps en temps ? → ....
b. Ton fils lit souvent ? → ....
c. Vous jouez aux jeux vidéo ? → ....
d. Vos parents sortent parfois le soir ? → ....
e. Vous lisez les programmes culturels ? → ....
f. Ton mari visite beaucoup d'expositions ? → ....
g. Vous allez danser parfois ? → ....
h. Tu emmènes parfois tes enfants au cinéma ? → ....

458 Répondez par « ne … plus » ou « ne … jamais ».

Exemple : Tu regardes toujours aussi souvent la chaîne Arte ? → Non, je ne la regarde plus.

a. Maël et Léa communiquent encore par Whattsap ? → ....
b. Tu écoutes quelquefois de la musique sur Deezer ? → ....
c. Vos amis belges regardent des films américains, parfois ? → ....
d. Vous écoutez toujours autant la radio ? → ....
e. Tes enfants regardent souvent des films en streaming ? → ....
f. Tu regardes encore des films sur Youtube ? → ....
g. Ton mari est toujours abonné au réseau Linkedin ? → ....
h. Jeanne se connecte parfois sur Facebook ? → ....

La négation complexe

> • « Ne ... rien » et « ne ... personne »
>
> « *Qui* a appelé ? – Personne n'a appelé./ Personne. » • « Tu as acheté *quoi* ? – Rien./Je n'ai rien acheté. »
>
> • Quand on parle de personnes, la forme négative est « ne ... personne ». Quand on parle de choses, la forme négative est « ne... rien ». « Rien » et « personne » peuvent être sujet ou complément.
>
> • Remarque : on peut répondre par « personne » ou « rien » seulement, sans faire une phrase.

459 Reliez les questions et les réponses. (Il y a parfois plusieurs possibilités.)

a. Tu veux boire quelque chose ?
b. Tu attends ta copine ?
c. Alors, tu choisis quoi ?
d. Tu as croisé des étudiants dans le couloir ?
e. Tu as compris le film ?
f. Qu'est-ce que vous faites ce soir ?
g. Qui a téléphoné ?
h. Vous invitez quelqu'un dimanche midi ?

1. Rien, on reste à la maison.
2. Non, personne, c'était désert.
3. Finalement rien. J'attends.
4. Absolument rien. C'est nul.
5. Non merci, je ne prends rien.
6. Non personne, je serai seule pour déjeuner.
7. Non personne, Lucile ne vient pas.
8. Personne.

460 Complétez ces phrases avec « rien » ou « personne ».

Exemple : Paul ne va pas bien : il ne s'intéresse à rien.

a. Il ne veut voir ....
b. Il ne lit .... dans les journaux.
c. Il ne répond à ....
d. Il ne regarde .... à la télévision.
e. Dans la rue, il ne parle à ....
f. Il ne mange presque ....
g. Il ne communique avec ....
h. On dirait que .... ne le touche.

461 Complétez ces réponses par « rien » ou « personne ».

Exemple : « Quelqu'un chante ? » « Personne ne chante. »

a. « Quelqu'un parle ? » « .... ne parle. »
b. « Quelque chose siffle ? » « .... ne siffle. »
c. « Quelqu'un regarde ? » « .... ne regarde. »
d. « Quelque chose s'allume ? » « .... ne s'allume. »
e. « Quelqu'un passe ? » « .... ne passe. »
f. « Quelqu'un écoute ? » « .... n'écoute. »
g. « Quelque chose marche ? » « .... ne marche. »
h. « Quelque chose te gêne ? » « .... ne me gêne. »

462 Répondez en utilisant « ne ... rien » ou « ne ... personne » avec la préposition « à », « avec », « contre », « de », « en »...

Exemple : Tu penses *à quoi* ? → Je ne pense à rien.

a. Vous travaillez *avec qui* ? → ....
b. Tu es bon *en quoi* ? → ....
c. Elle est fâchée *contre qui* ? → ....
d. Ce soir, vous sortez *avec qui* ? → ....
e. Tu écris *à qui* ? → ....
f. Tu comptes *sur quoi* ? → ....
g. Elle s'intéresse *à quoi* ? → ....
h. Ils parlent *de quoi* ? → ....

10 • La négation

Synthèse

463 Reliez les questions et les réponses.

a. Il y a quelqu'un dans la salle de bains ?
b. Vous avez toujours votre Twingo ?
c. Tu fais quelque chose dimanche ?
d. Ta sœur travaille toujours à la Fnac ?
e. Vous écoutez parfois Debussy ?
f. Vous connaissez du monde ici ?
g. Vous cherchez quelque chose ?
h. Il y a quelque chose de bien à la télévision ce soir ?

1. Non, je n'écoute jamais de musique classique.
2. Non, je ne connais personne à part vous.
3. Non, rien de spécial. Je regarde seulement.
4. Non, il n'y a rien d'intéressant.
5. Non, elle n'y travaille plus depuis deux mois.
6. Non, il n'y a personne ; tu peux y aller.
7. Non rien de particulier. Et toi ?
8. Non, on ne l'a plus. On a changé de voiture.

464 Répondez négativement et donnez deux possibilités, comme dans l'exemple.

Exemple : Ton fils va souvent à Paris ? Non, il ne va jamais à Paris. / Non, il n'y va jamais.

a. Elsa travaille toujours en Indonésie ? → ....
b. Tes enfants ont toujours des projets de voyage ? → ....
c. Paula va souvent au restaurant japonais ? → ....
d. Louise vit toujours avec Bastien ? → ....
e. Vous étudiez toujours à la Sorbonne ? → ....
f. Tu cherches encore le nom du magasin ? → ....
g. Ils invitent souvent leurs voisins ? → ....
h. Tu passes de temps en temps devant chez moi ? → ....

465 Faites le portait de cet homme : complétez les phrases négatives.

Exemple : Le directeur de l'école, M. Dumont, n'est jamais content. Il y a dix ans, c'était un excellent directeur.

a. Aujourd'hui, ce .... est ...... le même homme.
b. Il .... reçoit .... dans son bureau.
c. Il .... s'occupe de ....
d. Il .... parle à ....
e. Il .... sourit ....
f. Il ...... s'intéresse à .... sauf à son téléphone.
g. Il .... connaît .... à la pédagogie.
h. D'ailleurs, on .... le voit .... dans les couloirs !

La place de la négation

> **• La place de la négation avec deux verbes ou auxiliaire + verbe et avec l'auxiliaire**
>
> Je **ne** veux **pas** venir. • Je **ne** suis **pas** venue. • Je **ne** vais **pas** aller au restaurant ce soir. • **Ne** téléphone **plus** à ce numéro.
>
> - La négation entoure les verbes : « pouvoir », « devoir », « vouloir », « aller » et « venir » quand ils sont suivis d'un verbe.
> - Elle entoure les auxiliaires « être » et « avoir ».

La place de la négation

466 Remettez les mots dans l'ordre.

Exemple : soir / envie / elle / n' / ce / pas / de / a / manger → Elle n'a pas envie de manger ce soir.

a. ne / vous / dans / fumer / pas / chambre / devez / la → ....
b. pas / tu / peux / le / studio / ne / réserver → ....
c. avoir / je / pas / connexion / ne / Internet / peux / de → ....
d. réception / elle / veut / ne / la / passer / à / pas → ....
e. nous / rentrer / ne / maintenant / voulons / à / l'hôtel / pas → ....
f. ne / réussis / ouvrir / la / je / pas / porte / à → ....
g. voudrait / la / garer / pas / voiture / dans / ne / on / la / rue → ....
h. savez / utiliser / la / vous / pas / ne / climatisation → ....

467 Mettez ces phrases à la forme négative.

Exemple : Nous allons fêter la Saint-Valentin. → Nous n'allons pas fêter la Saint-Valentin.

a. Mes parents viennent d'emballer les cadeaux de Noël. → ....
b. La mairie va organiser une soirée galette des Rois. → ....
c. On vient de décorer le sapin de Noël de l'école. → ....
d. Nous allons participer à la Fête de la musique. → ....
e. Mes amis vont danser au bal du 14 Juillet. → ....
f. Les touristes viennent d'admirer les décorations dans les rues. → ....
g. Le marché de Noël vient de commencer. → ....
h. On va cacher les œufs de Pâques dans le jardin. → ....

468 Répondez négativement aux questions.

Exemple : Tu sais conduire ? → Non, je ne sais pas conduire.

a. Vous pouvez traduire cette lettre en espagnol ? → ....
b. Tu dois apprendre à nager le crawl ? → ....
c. Tu peux apprendre le japonais ? → ....
d. Alice a envie d'utiliser son ordinateur ? → ....
e. Vous savez vous servir d'une tablette ? → ....
f. Ta mère sait coudre ? → ....
g. J'ai besoin de comprendre le russe ? → ....
h. Vous voudriez parler français comme moi ? → ....

469 Reliez les questions et les réponses.

a. Vous avez joué au tennis samedi ?
b. Mélissa est allée à la piscine hier.
c. Tu as couru ce matin ?
d. Tu t'es inscrit à la compétition de mars ?
e. Manon a remporté une médaille ?
f. Nous avons fait une belle partie ?
g. Florentin a gagné le match ?
h. Vous vous êtes échauffés ?

1. Non, il ne l'a pas gagné.
2. Non, je n'ai pas couru, j'étais fatigué.
3. Non, vous n'avez pas très bien joué.
4. Non, nous ne nous sommes pas encore échauffés.
5. Non, on n'y a pas joué, il pleuvait.
6. Non, elle n'en a pas remporté, dommage !
7. Non, elle n'y est pas allée, elle travaillait.
8. Non finalement, je ne m'y suis pas inscrit.

10 • La négation

470 Finissez les réponses.

Exemple : Tu as lu cet article ce matin ? → Non, je n'ai pas lu cet article.

a. Vous avez appris la nouvelle ? → Non, ...
b. Tu as écouté les informations ? → Oui, ...
c. Tes parents ont regardé le journal télévisé ? → Oui, ...
d. Alexandre a lu les nouvelles sur Internet ? → Non, ...
e. Damien a écouté cette interview à la radio ? → Non, ...
f. On a regardé ce reportage sur Netflix ? → Oui, ...
g. Vos filles sont intéressées par l'actualité ? → Non, ...
h. Tes enfants ont suivi cette série française ? → Oui, ...

471 Répondez négativement, puis écrivez une deuxième réponse avec un pronom complément.

Exemple : Vous avez regardé ce documentaire ? → Non, je n'ai pas regardé ce documentaire.
　　　　　　Non, je ne l'ai pas regardé.

a. Tu as rencontré des journalistes ? → ....
b. Vous êtes allés au musée de la télévision ? → ....
c. Vous avez aimé ce film ? → ....
d. Les enfants ont participé à ce jeu ? → ....
e. Elsa s'est inscrite au concours radiophonique ? → ....
f. Tu as enregistré ce reportage ? → ....
g. Jules a écouté ce morceau de rap ? → ....
h. Les spectateurs sont venus nombreux à l'enregistrement ? → ....

• La négation à l'infinitif

Ne pas fumer. Nous préférons ne pas sortir ce soir.

▪ Dans une phrase infinitive, la négation « ne pas » est placée devant le verbe à l'infinitif.

---

472 Remettez dans l'ordre ces phrases avec l'infinitif.

Exemple : mon / ai / pas / peur / ne / reconnaître / ami / j' / de / → J'ai peur de ne pas reconnaître mon ami.

a. demande / pas / elle / de / sur / la / marcher / ne / pelouse → ....
b. fleurs / cueillir / ne / pas / les → ....
c. de / la / porte / prière / pas / claquer / ne → ....
d. disent / ne / tôt / elles / rentrer / pas → ....
e. Alice / déçue / ne / de / venir / pas / est → ....
f. je / content / l' / ne / être / à / école / suis / de / pas → ....
g. merci / ne / raccrocher / pas / de → ....
h. veuillez / manger / la / dans / ne / pas / bibliothèque → ....

Bilan 10

1. Complétez le mail de mécontentement de Léa.

« Chère Pauline,
« Je t'écris de l'Hôtel des mouettes que tu nous as conseillé pour les vacances. En un mot, je ...... suis .... (a) satisfaite du tout.
« Tout d'abord, le confort de la chambre ...... me convient............... (b). Dans la salle de bain, à partir de 8 heures il ...... a .... (c) d'eau chaude ; le réceptionniste dit qu'il faut se lever plus tôt pour avoir de l'eau chaude. De la fenêtre, on ...... voit .... (d), seulement une cour sombre.
« Le service est déplorable : quand on appelle la réception, ... (e) répond. C'est vrai que le réceptionniste ...... est .... (f) là puisqu'il fait aussi le service, le pauvre. D'ailleurs pour le petit-déjeuner, c'est le service minimum, il ...... y a .... (g) à part un café et un croissant.
« Je vais donc changer d'hôtel mais je te demande de .... (h) recommander cet hôtel car l'ancien propriétaire ...... est .... (i) là et vraiment tout a bien changé.
« Mais ...... t'inquiète .... (j), j'ai trouvé une chambre chez l'habitant et je m'installe demain.
« Je t'embrasse,
Léa »

2. Complétez ce dialogue par des négations.
(Rencontre entre un professeur et une mère d'élève)

« Bonjour madame Leroy et merci d'être là. Je voudrais vous parler de votre fille Léonie. Son comportement a beaucoup changé en classe. A-t-elle des problèmes à la maison ?
– Non, elle ...... a .... (a) problèmes particuliers et elle .... a .... (b) changé dans son attitude à la maison.
– Elle m'a dit .... (c) vivre chez son père, c'est vrai ?
– Effectivement, elle ...... vit .... (d) chez son père depuis la rentrée de septembre.
– Est-ce que quelque chose la préoccupe en ce moment ?
– Non, ... (e). Mais c'est l'adolescence, une période un peu difficile.
– Elle est souvent triste, vous ...... trouvez .... (f) ? Est-ce qu'elle pleure à la maison ?
– Non, elle ...... pleure .... (g), elle échange beaucoup avec sa grande sœur et elles ont l'air d'être très complices. Elle ...... lui cache .... (h), vous savez.
– Elle a un petit ami ?
– Je pense qu'elle ...... en a .... (i) en ce moment ; Mais je ne suis pas au courant de tout. – En tout cas, je ...... pense à .... (j)
– Bon alors, madame Leroy, ... vous inquiétez .... (k) ; Je vous informe si son comportement ...... change .... (l). »

11 • L'interrogation

L'interrogation simple

• Avec ou sans « Est-ce que... ? »

Tu viens avec nous ? Tu es bientôt prête ? Est-ce qu'on prend un taxi ? • « Tu as assez d'argent pour payer le taxi ? – Oui. »

- Pour poser une question simple, on utilise la phrase affirmative avec un point d'interrogation (?). Dans ce cas, l'intonation de la phrase est montante. Toutes les phrases interrogatives se terminent par un « ? ».
- On peut aussi ajouter au début de la phrase l'expression « est-ce que » + sujet + verbe.

✋ Devant un sujet commençant par une voyelle, « est-ce que » devient « est-ce qu' ».
On répond à une question simple par « Oui », « Non » ou « Je ne sais pas ».

473 Transformez ces questions avec « Est-ce que ».

Exemple : Tu vas au concert ce soir ? → Est-ce que tu vas au concert ce soir ?

a. Vous aimez la musique classique ? → ....
b. Tu connais ce morceau de Ravel ? → ....
c. Le concert finit tard ? → ....
d. Vous avez les places ? → ....
e. Ce chef d'orchestre est connu ? → ....
f. C'est un orchestre philharmonique ? → ....
g. Il y a des chœurs ? → ....
h. Vous avez le programme ? → ....

474 Réécrivez ces questions comme dans les exemples.

Exemples : Est-ce que les bagages sont prêts ? → Les bagages sont prêts ?
La voiture est devant la porte ? → Est-ce que la voiture est devant la porte ?

a. Tu prends un parapluie ? → ....
b. Est-ce que vous avez coupé l'eau ? → ....
c. Les fenêtres sont bien fermées ? → ....
d. Le chien est dans la voiture ? → ....
e. Tu as les clés ? → ....
f. Est-ce que les enfants sont descendus ? → ....
g. Hugo, tu mets les bagages dans la voiture ? → ....
h. Je peux fermer la porte ? → ....

475 Posez des questions à partir des réponses données.

Exemple : Tu pars en vacances ? ← Oui, je pars en vacances.

a. .... ? ← Oui, je vais chez mes parents.
b. .... ? ← Non, pas le train, je prends l'avion.
c. .... ? ← Oui, assez longtemps ; je pense rester une semaine chez eux.
d. .... ? ← Non, pas seule, je pars avec mon fils.

L'interrogation simple

e. .... ? ← Non, je ne vais pas faire de voile. Je veux me reposer.
f. .... ? ← Oui, nous partons bientôt, samedi prochain.
g. .... ? ← Non, ne nous accompagne pas à l'aéroport, Paul nous emmène.
h. .... ? ← Je ne sais pas, on aura peut-être du soleil.

476 Posez des questions avec « Est-ce que… ».

Exemple : Est-ce que le centre Pompidou est ouvert le mardi ?
 ← Non, le centre Pompidou n'est pas ouvert le mardi.

a. .... ? ← Oui, la bibliothèque est très agréable.
b. .... ? ← Non, le cinéma se trouve au premier étage.
c. .... ? ← Oui, il est déjà ancien ; il date de 1977.
d. .... ? ← Oui, il accueille beaucoup de visiteurs, environ 3 millions et demi de visiteurs par an.
e. .... ? ← Non, le musée d'Art moderne se trouve au cinquième étage.
f. .... ? ← Oui, on peut étudier 95 langues au centre Pompidou.
g. .... ? ← Oui, le Centre de Création Industrielle propose des expositions sur la vie quotidienne.
h. .... ? ← Oui, vous devez absolument visiter ce bâtiment.

• L'interrogation avec inversion du sujet

Allez-vous à Marseille ? **Fait-il** beau là-bas ? **Se sont-ils** promenés ?

- Dans un langage plus soutenu ou formel, pour une phrase interrogative, on inverse le sujet et le verbe conjugué ou l'auxiliaire. Le sujet est placé derrière un tiret (-). La réponse attendue est encore « oui » ou « non ».

✋ On ne fait pas l'inversion verbe sujet pour la première personne du singulier (« je »).

---

477 Posez ces questions dans une langue plus soutenue.

Exemple : Vous êtes étudiant ? → **Êtes-vous** étudiant ?

a. Vous habitez à Aix-en-Provence ? → ....
b. Vous allez à l'université ? → ....
c. Vous étudiez la littérature française ? → ....
d. Vous vivez chez vos parents ? → ....
e. Vous cherchez un studio ? → ....
f. Vous avez un petit job pour payer vos études ? → ....
g. Vous remplissez ce formulaire ? → ....
h. Vous pouvez repasser le mois prochain ? → ....

478 Posez les questions à partir des réponses données.

Exemple : Ont-ils déménagé ? ← Oui, ils ont déménagé.

a. .... ? ← Oui, j'aime beaucoup leur nouvel appartement.
b. .... ? ← Non, ils ne sont pas loin du métro.
c. .... ? ← Oui, ils vont organiser une petite fête.

11 • L'interrogation

d. .... ? ← Oui, ils ont une grande pièce.
e. .... ? ← Bien sûr, je suis invité et toi aussi.
f. .... ? ← Oui, je connais la date ; c'est le samedi 20 mai.
g. .... ? ← Avec plaisir, on peut y aller ensemble.
h. .... ? ← Oui, il faut apporter de la musique.

479 Posez la question et inversez le sujet et le verbe.

Exemple : Tu t'es réveillé à l'heure ? → T'es-tu réveillé à l'heure ?
a. Tu as pris une douche ? → ....
b. Vous vous êtes préparés ? → ....
c. Il s'est rasé ? → ....
d. Elle s'est maquillée ? → ....
e. Vous vous êtes occupés des enfants ? → ....
f. Ils se sont habillés seuls ? → ....
g. Vous vous êtes dépêchés ? → ....
h. Ils se sont rendus à la gare en taxi ? → ....

> • **L'inversion du sujet avec ajout de « -t- »**
>
> Écoute-t-elle du jazz ou préfère-t-elle le rock ? Va-t-elle souvent à des concerts ? • Attend-il quelqu'un ?
>
> ▪ Si le verbe se termine par « -e », « -i » ou « -a », on ajoute « -t- » devant le pronom sujet pour faciliter la prononciation.
>
> ✋ Si le verbe se termine par « d », on n'ajoute pas de « t » (attend-il ?, prend-il ?). Le « d » se prononce /t/ en liaison.

480 Ajoutez « - » ou « -t- ».

Exemples : Prend-on le métro ?   Appelle-t-il un taxi ?   Se dépêche-t-elle ?
a. Attend .... il le tramway ?
b. Vérifie .... il les horaires ?
c. Se réserve .... elle un taxi partagé ?
d. Préfère .... on prendre un bus ?
e. S'achète .... elle un abonnement de transport ?
f. Le train est .... il en retard ?
g. Ce bus circule .... il la nuit ?
h. Composte .... elle son ticket ?

481 Reformulez ces questions comme dans l'exemple.

Exemple : Il fait le ménage ? → Fait-il le ménage ?
a. Elle repasse le linge ? → ....
b. On change les draps ? → ....
c. Il nettoie la baignoire ? → ....
d. Elle range le salon ? → ....
e. On lave le carrelage ? → ....
f. Il passe l'aspirateur ? → ....
g. Elle enlève la poussière ? → ....
h. On secoue le tapis ? → ....

L'interrogation simple

482 Réécrivez les questions comme dans l'exemple.

Exemple : Parle-moi d'Arthur. Est-ce qu'il est sympa ? → **Est-il sympa ?**

a. Est-ce qu'il aime sortir ? → ....
b. Est-ce qu'il va au cinéma ? → ....
c. Est-ce qu'il apprécie la musique ? → ....
d. Est-ce qu'il fait du sport ? → ....
e. Est-ce qu'il a le sens de l'humour ? → ....
f. Est-ce qu'il voyage souvent ? → ....
g. Est-ce qu'il veut rencontrer une femme ? → ....
h. Est-ce qu'il est libre ? → ....

483 Réécrivez ces questions dans une langue plus soutenue.

Exemple : Vous vous êtes rendu à l'entretien ? → **Vous êtes-vous rendu** à l'entretien ?

a. Elle s'est présentée à l'heure ? → ....
b. Ils se sont installés dans une grande salle ? → ....
c. Vous vous êtes assis à l'écart ? → ....
d. Tu t'es mise à l'aise ? → ....
e. Vous vous êtes exprimé naturellement ? → ....
f. Elle s'est retirée très vite ? → ....
g. Ils se sont salués ? → ....
h. Tu t'es mise à trembler ? → ....

484 Reliez les questions et les réponses. (Il y a parfois plusieurs possibilités.)

a. Nous rencontrons-nous ce soir ?   1. Oui, ils ont passé une excellente soirée.
b. Vous êtes-vous endormi facilement ?   2. Oui, ce soir à 20 heures.
c. Se réveille-t-elle à l'heure ?   3. Je suis en train de finir.
d. Vous êtes-vous reconnues ?   4. Dès que je me suis couché.
e. T'es-tu habillée ?   5. Non, pas immédiatement.
f. Se sont-ils bien amusés ?   6. Non, elle est souvent en retard.
g. Se retrouve-t-on devant le cinéma ?   7. D'accord, à 17 h 50.
h. Vas-tu te doucher ?   8. J'y vais tout de suite.

485 Posez la question avec le sujet et le verbe inversés.

Exemple : Vous voulez déjeuner avec nous dimanche ? → **Voulez-vous déjeuner avec nous dimanche ?**

a. Tu peux inviter Mamie ? → ....
b. On peut préparer une choucroute ? → ....
c. Vous savez faire la tarte Tatin ? → ....
d. Il veut choisir le vin ? → ....
e. Ils vont apporter le fromage ? → ....
f. Nous allons acheter une entrée chez le traiteur ? → ....
g. Tu veux inviter les enfants ? → ....
h. Elle va prévoir le menu ? → ....

11 • L'interrogation

> **• La reprise du sujet**
>
> Alice organise-t-elle une fête pour ses 18 ans ? Sa sœur a-t-elle invité tous ses amis ?
>
> • Dans une question plus formelle, on peut reprendre le sujet par un pronom sujet après le verbe, relié par un tiret (-) ou par « -t- » si nécessaire.

486 Réécrivez ces questions au passé composé.

Exemple : Le train a eu du retard ? → Le train a-t-il eu du retard ?

a. L'annonce a précisé l'horaire d'arrivée ? → ....
b. Paul a pris un T.G.V. ? → ....
c. Mona a voyagé en première ? → ....
d. Votre sœur a réservé sa place ? → ....
e. M. Leroux a annulé sa réservation ? → ....
f. Les enfants ont composté leurs billets ? → ....
g. Les voyageurs ont demandé un remboursement ? → ....
h. Le contrôleur est passé dans la voiture 4 ? → ....
i. David est descendu à Lyon ? → ....

487 Réécrivez ces questions dans une langue plus soutenue.

Exemples : Anita finit son travail à 18 heures ? → Anita finit-elle son travail à 18 heures ?
Ses enfants sont à l'école primaire ? → Ses enfants sont-ils à l'école primaire ?

a. Ses enfants sortent de l'école à 16 heures ? → ....
b. Sa voisine va chercher les enfants ? → ....
c. Ses enfants font leurs devoirs seuls ? → ....
d. Sa mère prépare le dîner ? → ....
e. La baby-sitter donne le bain aux enfants ? → ....
f. Son mari arrive vers 20 heures ? → ....
g. Anita couche les enfants à 20 heures 30 ? → ....
h. Son mari et elle regardent un film dans la soirée ? → ....

488 Reformulez ces questions et inversez le sujet et le verbe.

Exemples : Est-ce que Lucile fait de la musique ? → Lucile fait-elle de la musique ?
Est-ce que ses amis en font aussi ? → Ses amis en font-ils aussi ?

a. Est-ce que sa sœur est pianiste ? → ....
b. Est-ce qu'Emma travaille son morceau ? → ....
c. Est-ce que Noé connaît bien le solfège ? → ....
d. Est-ce que Mélissa joue du violon ? → ....
e. Est-ce que leurs parents aiment la musique ? → ....
f. Est-ce que toute la famille est musicienne ? → ....
g. Est-ce que les voisins apprécient ? → ....
h. Est-ce que l'appartement est bien insonorisé ? → ....

L'interrogation simple

489 Trouvez les questions qui correspondent à ces réponses.

Exemples : Paul aime-t-il la peinture ? ← Non Paul n'aime pas la peinture.

Sa sœur prend-elle des cours de dessin ? ← Oui, Sa sœur prend des cours de dessin.

a. .... ? ← Oui, Léo va souvent au musée d'Orsay.
b. .... ? ← Non, Jonathan ne visite pas d'expositions.
c. .... ? ← Oui, Valentin connaît un peu le cubisme.
d. .... ? ← Non, Jules ne s'intéresse pas au dessin.
e. .... ? ← Oui, sa mère adore les peintres impressionnistes.
f. .... ? ← Non, son père ne fait pas de sculpture.
g. .... ? ← Oui, Manon fabrique des collages.
h. .... ? ← Non, les enfants ne font pas de photographie.

• **L'interrogation négative**

« Vous ne mangez pas ? – Si, vous avez raison. » • « Il ne veut pas se reposer ? – Non, il a du travail. »

Dans une question, on peut utiliser une question négative avec « ne/n' … pas » autour du verbe. La réponse commence par « si » quand elle est positive et « non » quand elle est négative.

---

490 Reliez les questions et les réponses. (Il y a parfois plusieurs possibilités.)

a. On ne dîne pas bientôt ?
b. On dîne à la maison ?
c. Il n'y a rien à manger ?
d. Tu n'as pas appelé Louis ?
e. Les enfants, vous ne venez pas ?
f. Tu as pensé à téléphoner à Vanessa ?
g. Vous n'avez pas invité Théo ?
h. Le livreur n'a pas appelé ?

1. Oui, j'ai tout préparé.
2. Si, il arrive.
3. Si, le repas est prêt dans cinq minutes.
4. Si, je l'ai invité mais il n'est pas libre.
5. Non, on n'a qu'à dîner au restaurant.
6. Non, pas encore, il ne devrait pas tarder.
7. Si, on arrive.
8. Oui, elle ne peut pas venir dîner.

491 Transformez ces questions comme dans les exemples.

Exemples : Tu avais un cours à midi ? → Tu n'avais pas de cours à midi ?

Tu as tout compris ? → Tu n'as pas tout compris ?

a. Le cours était intéressant ? → ....
b. Le prof est arrivé à l'heure ? → ....
c. Il y avait beaucoup d'étudiants ? → ....
d. Le professeur a distribué des documents ? → ....
e. Tu as pris des notes ? → ....
f. Tu me prêtes ton cours ? → ....
g. On a donné des exercices à faire ? → ....
h. Tu peux me montrer les corrections ? → ....

11 • L'interrogation

Les mots interrogatifs

— • « Est-ce que ? », « Qu'est-ce que ? » et « Qui est-ce que ? » —

Est-ce que c'est bien ? • Qui est-ce que tu vois ce soir ? Qu'est-ce que vous faites cet après-midi ? • Qui est-ce qui joue dans ce film ? • Qu'est-ce qui est sur la table ?

• « Est-ce que ? » pose une question sur l'exactitude : on répond par « oui » ou « non ». « Qui est-ce que/qui ? » pose une question sur une ou des personnes ; « Qu'est-ce que/qui ? » pose une question sur un ou des objets. « Qui/qu'est-ce qui ? » pose une question sur le sujet du verbe. « Qui/qu'est-ce que/qu' ? » pose une question sur l'objet du verbe.

492 Reliez les questions et les réponses.

a. Qui est-ce qui achète une moto ?
b. Qu'est-ce que tu veux pour goûter ?
c. Qu'est-ce qu'Adam regarde ?
d. Qu'est-ce que tu lis ?
e. Qu'est-ce que vous faites ?
f. Qu'est-ce qu'on dit ?
g. Qu'est-ce que je vous sers ?
h. Qui est-ce qu'on attend?

1. Une entrecôte avec frites et salade.
2. On prépare des pâtes.
3. « Merci madame ».
4. Léon, il prend une 450 Honda.
5. Un croissant.
6. Jade, elle est un peu en retard.
7. Un documentaire scientifique.
8. Le dernier roman de Modiano.

493 Posez les questions à partir des réponses données.

Exemples : Qu'est-ce que tu prends ? ← Je prends un café.
                Qui est-ce qui a commandé un thé ? ← Louison a pris un thé au lait.

a. .... ? ← Il veut un sandwich au fromage.
b. .... ? ← Elle aime les hamburgers.
c. .... ? ← Elle mange une part de quiche.
d. .... ? ← Max, il a mal à la tête.
e. .... ? ← Je pense qu'il devrait voir un médecin.
f. .... ? ← C'est Anaïs, elle ne se sent pas bien.
g. .... ? ← Maintenant, je dois rentrer chez moi.
h. .... ? ← Tu laisses 50 centimes de pourboire.

494 Associez les questions et les réponses.

a. Qu'est-ce que tu écris ?
b. Est-ce que tu fais du sport ?
c. Est-ce que tu prends un dessert ?
d. Qu'est-ce que vous prenez comme dessert ?
e. Qu'est-ce qu'il vend ?
f. Qu'est-ce que tu fais comme sport ?
g. Est-ce que tu écris en ce moment ?
h. Qui est-ce qui vous vend sa voiture ?

1. Oui, du Pilates.
2. Une crème brûlée.
3. Sa Citroën, elle marche très bien.
4. Un mail à la propriétaire.
5. Non, je n'ai pas beaucoup de temps pour écrire.
6. Mes parents. Elle n'a pas beaucoup de kilomètres.
7. Du tir à l'arc.
8. Non directement un café.

Les mots interrogatifs

495 Complétez les questions par « est-ce que/qu'… », « qui est-ce qui… » ou « qu'est-ce que/qu'… ».

Exemples : Est-ce que tu veux venir avec nous ?   Qu'est-ce qu'elle décide ?

a. .... il préfère ?
b. .... veut sortir avec moi ce soir ?
c. .... vous êtes célibataire ?
d. .... elle fait dans la vie ?
e. .... tu connais la chanteuse Juliette ?
f. .... vous pensez de ce film ?
g. .... elle fait la sieste l'après-midi ?
h. .... on décide pour le week-end ?

496 Posez des questions avec « est-ce que/qu'… », « qui est-ce qui… » ou « qu'est-ce que/qu'… ».

Exemple :   Qu'est-ce que tu choisis ? ← Je choisis ce bouquet.

a. .... ? ← Il achète une baguette.
b. .... ? ← Vanessa est végane.
c. .... ? ← Elle mange seulement des légumes.
d. .... ? ← Oui, il aime beaucoup les gâteaux aux fruits.
e. .... ? ← Non, ils ne boivent pas d'alcool.
f. .... ? ← Les enfants, ils veulent toujours des bonbons.
g. .... ? ← Non, je ne bois pas de bière.
h. .... ? ← Nous achetons des clémentines.

497 Cochez la bonne réponse.

Exemple : Qu'est-ce que vous cherchez ?
   1. Oui, je cherche un emploi. ☐   2. Mes clés de voiture. ☐   3. M. Miot. ☐

a. Est-ce que vous suivez l'actualité ?
   1. Oui, j'écoute la radio. ☐   2. La télévision. ☐   3. Delahousse sur France 2. ☐
b. Qu'est-ce que vous aimez comme musique ?
   1. Non, pas beaucoup. ☐   2. Oui, les chansons de Brel. ☐   3. J'aime bien l'opéra. ☐
c. Qui est-ce que vous voulez voir ?
   1. Mme Lariven. ☐   2. Le dernier film de Téchiné. ☐   3. Oui, M. Morin. ☐
d. Qu'est-ce que vous mangez ?
   1. Non je n'aime pas la viande. ☐   2. Une tarte aux pommes. ☐   3. Je mange peu. ☐
e. Qui est-ce qu'il demande ?
   1. Il demande où est Noé. ☐   2. Il veut parler à M. Arnoux. ☐   3. Oui, il cherche son pass. ☐
f. Est-ce que tu comprends ?
   1. La solution du problème. ☐   2. Le professeur. ☐   3. Non, pas très bien. ☐
g. Qu'est-ce que vous faites ?
   1. Non je ne fais rien. ☐   2. Oui, j'envoie un mail. ☐   3. J'écris une lettre. ☐
h. Qui est-ce qui parle ?
   1. Il parle de son voyage. ☐   2. Sa sœur. ☐   3. Oui, Fanny parle trop. ☐

11 • L'interrogation

> **• Les prépositions**
>
> « **Avec qui** est-ce que tu sors ? –Je sors avec Margot » • « **À quoi** est-ce que tu penses ? – À nos vacances. »
>
> • « **À qui** », « **de qui** », « **avec qui** », « **pour qui** », « **chez qui** »... interrogent sur une personne. « **À quoi** », « **de quoi** », « **avec quoi** », « **pour quoi** »... interrogent sur une chose.

498 Reliez les questions et les réponses.

1. Une clé USB.
2. Une carte bancaire.

a. Qui est-ce ? —————————→ 3. La nouvelle stagiaire.

4. Lucas, un ami.
5. Valériane, ma sœur.

b. Qu'est-ce que c'est ?

6. Une surprise.
7. Mme Lewis.
8. Mon chargeur de téléphone.

499 Associez les questions et les réponses.

a. De qui est-ce que vous parlez ?
b. Qui est-ce qui conduit ?
c. Qu'est-ce que vous cherchez ?
d. À qui est-ce que tu écris ?
e. Qui est-ce que vous allez voir ?
f. Sur quoi est-ce que tu t'assois ?
g. Qui est-ce qui a appelé ?
h. Qu'est-ce qui a de l'importance pour vous ?

1. Le téléphone portable de Jade.
2. Grand-mère, elle est malade.
3. Paul, il n'a rien bu ce soir.
4. Sur cette chaise.
5. On parle de ma cousine Cécile.
6. La famille.
7. À mon copain Alex.
8. Ta sœur, elle nous invite demain.

500 Complétez ces questions par « qui est-ce qui », « qui est-ce que » ou « qu'est-ce que ».

Exemples : Qui est-ce que tu as rencontré ? ← Mes voisins.
Qu'est-ce qu'ils t'ont dit ? ← « Bon anniversaire ! »

a. .... vous voulez ? ← Une écharpe en laine.
b. .... vient avec toi ? ← Manon et sa sœur.
c. .... tu fais dans la vie ? ← Je suis informaticien.
d. .... ne va pas ? ← J'ai très mal à la tête.
e. .... elle aime comme chanteur ? ← Gainsbourg et Souchon.
f. .... vous faites ici ? ← On attend Paul, il fait une course.
g. .... tu attends ? ← Les enfants, ils viennent me chercher en voiture.
h. .... te ferait plaisir ? ← Une sortie en amoureux.

Les mots interrogatifs

501 Complétez les questions en fonction des réponses.

Exemple : Qu'est-ce qui ne va pas ? ← J'ai mal au dos.

a. .... on entend ? ← Le chat de la voisine.
b. .... vient de rentrer ? ← Papa.
c. .... tu veux ? ← 20 €.
d. .... on attend ? ← Cécile et Louis.
e. .... passe ce soir à la télé ? ← Un bon film de Miller, Le Secret.
f. .... va acheter le pain ? ← Moi.
g. .... il faut réparer ? ← Le grille-pain, il ne fonctionne plus.
h. .... a ouvert la boîte de chocolats ? ← C'est Théo.

502 Complétez les questions puis reliez les questions et les réponses.

a. À qui est-ce que tu penses ?
b. .... vous avez choisi ?
c. Avec .... vous partez en vacances ?
d. .... t'ennuie ?
e. .... on peut faire pour toi ?
f. .... vous ferait plaisir ?
g. .... vous invitez ?
h. De .... tu parles ?

1. J'ai des ennuis au travail.
2. Une coupe de champagne.
3. Maria et ses parents.
4. À ma mère.
5. Du bilan annuel.
6. Le filet de poisson avec salade verte.
7. Avec un club de voyage.
8. Rien, je vais trouver une solution tout seul.

• Qui ? », « Que ? » et « Quoi ? »

Qui vient ce soir ? • Qui Léo amène-t-il ? • Avec qui vient-elle ? • Que prépares-tu ? • À quoi cela sert-il ? • Tu fais quoi ?

- « Qui » interroge sur une personne. Il peut y avoir inversion du sujet.
- « Que » interroge sur une chose. L'inversion du sujet est obligatoire.
- « Qui » et « quoi » peuvent être précédés d'une préposition.

---

503 Allégez les phrases en employant « qui ».

Exemple : Qui est-ce qui prend le T.G.V. ? → Qui prend le T.G.V. ?

a. Qui est-ce qui connaît le site de covoiturage Blablacar ? → ....
b. Qui est-ce qui utilise le covoiturage ? → ....
c. Qui est-ce qui réserve des places en Ouibus ? → ....
d. Qui est-ce qui accepte des passagers inconnus ? → ....
e. Qui est-ce qui laisse un commentaire sur le conducteur ? → ....
f. Qui est-ce qui voyage par Ouigo ? → ....
g. Qui est-ce qui préfère les vols low cost ? → ....
h. Qui est-ce qui emprunte les transports partagés ? → ....

11 • L'interrogation

504 Allégez ces questions en employant « que » ou « qu' ».

Exemples : Qu'est-ce que vous souhaitez ? → **Que** souhaitez-vous ?
Qu'est-ce qu'Arthur regarde ? → **Que** regarde Arthur ?

a. Qu'est-ce que Léonie joue comme rôle ? → ....
b. Qu'est-ce que tu choisis comme B.D. ? → ....
c. Qu'est-ce que vous pensez de ce film ? → ....
d. Qu'est-ce que Bérénice préfère ? → ....
e. Qu'est-ce qu'Élise offre à son père ? → ....
f. Qu'est-ce qu'ils décident pour le week-end ? → ....
g. Qu'est-ce que Mickaël étudie ? → ....
h. Qu'est-ce que les enfants veulent ? → ....

505 Associez questions et réponses. (Il y a parfois plusieurs réponses possibles.)

a. Que prends-tu ?   1. J'ai très mal au ventre.
b. Qu'étudie ton fils ?   2. Je suis la nouvelle bibliothécaire.
c. Qui a écrit cette lettre ?   3. La gardienne.
d. Qui vient d'appeler ?   4. Un stylo.
e. Que regardez-vous ?   5. La géographie.
f. Qu'avez-vous ?   6. Une choucroute garnie.
g. Qui êtes-vous ?   7. La voisine.
h. Que cherches-tu ?   8. Un documentaire sur le Guatemala.

506 Complétez par « qui », « que » ou « qu' ».

Exemples : **Que** veux-tu pour le dîner ?   **Qui** a écrit cette lettre ?

a. .... t'a parlé de ça ?   e. .... caches-tu derrière ton dos ?
b. .... m'as-tu rapporté du Japon ?   f. .... croyez-vous, que je m'amuse ?
c. .... crie comme ça ? C'est insupportable.   g. .... a cassé un verre ?
d. .... avez-vous trouvé dans cette boutique ?   h. .... as-tu choisi comme entrée ?

507 Complétez par « que » ou « quoi ».

Exemples : De **quoi** as-tu besoin pour le repas de ce soir ?
Que préfères-tu, dîner à la maison ou au restaurant ?

a. Avec .... tu fais cette sauce ?   e. Tu veux des œufs pour .... faire ?
b. Elle utilise .... pour préparer cette recette ?   f. .... prenez-vous comme plat principal ?
c. À .... ressemble ce plat marocain ?   g. .... peuvent-ils apporter ?
d. .... pense-t-elle faire comme dessert ?   h. De .... te sers-tu ?

508 Complétez ces questions par « qui », « que », « qu' » ou « quoi ».

Exemples : Vous faites **quoi** dans la vie ?   **Que** cherchez-vous comme emploi ?

a. « Vous vous intéressez à .... ? » « À l'informatique. »
b. « .... comprend-il à cette annonce ? » « Pas grand-chose. »
c. « .... a rédigé cette offre d'emploi ? » « La directrice des ressources humaines. »

Les mots interrogatifs

d. « De .... parlez-vous ? » « De l'agence d'intérim. »
e. « Avec .... aurez-vous un entretien ? » « Avec le chargé de recrutement. »
f. « .... envoyez-vous comme documents ? » « Un C.V. et une lettre de motivation. »
g. « Dans .... vous avez déjà travaillé ? » « Dans l'aéronautique. »
h. « .... attendez-vous comme salaire ? » « Au moins 2 000 € net par mois. »

• « Quel/Quelle/ Quels/Quelles ? »

Quels sont vos souhaits ? • De quelle nationalité êtes-vous ? • Quelles sont vos compétences ? • Quel dossier est-ce que vous présentez ?

- « Quel » pose une question pour obtenir une réponse précise sur le nom. C'est un adjectif interrogatif et il s'accorde avec le nom.
- À l'oral, on peut utiliser « quel/le/s » … + « est-ce que/qu' ». « Quel » peut être précédé d'une préposition.

---

509 Complétez par « quel », « quelle », « quels » ou « quelles ».

Exemples : Quel jour êtes-vous disponible ?   Quels horaires vous conviennent le mieux ?

a. .... heure est-il ?
b. En .... année s'est passé cet événement ?
c. À .... service souhaitez-vous parler ?
d. .... mois aimeriez-vous avoir un rendez-vous ?
e. .... documents doit-on apporter ?
f. .... matinées êtes-vous disponible ?
g. De .... semaine parlez-vous ?
h. .... est votre date de naissance ?

510 Réécrivez les questions.

Exemple : Votre nom ? → Quel est votre nom ?

a. Votre adresse ? → ....
b. Vos diplômes ? → ....
c. Votre nationalité ? → ....
d. Votre numéro de passeport ? → ....
e. Vos compétences ? → ....
f. Votre ancien salaire ? → ....
g. Vos objectifs ? → ....
h. Vos disponibilités ? → ....

511 Posez des questions avec « quel », « quelle », « quels » ou « quelles ».

Exemple : Vous habitez dans quelle ville ? ← J'habite à Marseille.

a. ....?
   ← Je vis dans le 6ᵉ arrondissement.
b. ....?
   ← Mon appartement est dans la rue Tilsit.

11 • L'interrogation

c. .... ?
 ← Il est au numéro 37.
d. .... ?
 ← La station de métro la plus proche est Notre-Dame-du-Mont.
e. .... ?
 ← Il y a beaucoup de distractions dans mon quartier : des cinémas, des cafés, un théâtre…
f. .... ?
 ← La population de mon quartier est très mélangée : des jeunes, des vieux, des Français et des étrangers.
g. .... ?
 ← Les bus 50, 41 et 74 s'arrêtent à Notre-Dame-du-Mont.
h. .... ?
 ← J'habite dans ce quartier depuis l'année 2003.

• « Où ? »

Où est-ce que vous allez ? / Où allez-vous ? • Par où est le théâtre ? • D'où venez-vous ?

- Pour interroger sur un lieu, on utilise « où » avec ou sans inversion du sujet. On peut le placer derrière des prépositions comme « par », « de » pour indiquer un passage, une provenance. À l'oral on peut utiliser « où est-ce que » sans inversion du sujet.

---

512 Transformez ces phrases.

Exemples : Où est-ce qu'on va ? → Où va-t-on ?   Où est-ce qu'est la gare ? → Où est la gare ?

a. Où est-ce que tu déjeunes ? → ....
b. Où est-ce que vous prenez le métro ? → ....
c. Par où est-ce que les enfants sortent ? → ....
d. D'où est-ce que tes amis arrivent? → ....
e. Où est-ce que ton frère part ? → ....
f. Où est-ce que tu gares ta voiture ? → ....
g. Où est-ce que vous vous retrouverez ? → ....
h. D'où est-ce que Jeanne a posté sa carte ? → ....

513 Posez les questions à partir des réponses.

Exemple : Où Samuel est-il né ? ← Il est né à Bordeaux.

a. .... ? ← Il fait des études à Grenoble.
b. .... ? ← Il vit dans la banlieue de Grenoble.
c. .... ? ← Il habite rue du Mont.
d. .... ? ← Valentine se marie à Orléans.
e. .... ? ← Elle travaille à La Poste.
f. .... ? ← Elle passe ses vacances dans les Pyrénées.
g. .... ? ← Son appartement se trouve à Pau.
h. .... ? ← Elle fait de la gymnastique dans un club de sport.

Les mots interrogatifs

514 Posez les questions qui correspondent aux réponses données. Employez « où », « d'où », « par où ».

Exemple : D'où est parti ce colis ? ← Ce colis est parti de Marseille.
a. .... ? ← Il faut changer à la station de métro République.
b. .... ? ← Elle peut entrer par la porte du jardin.
c. .... ? ← Ils arriveront à la gare de Lyon
d. .... ? ← On est à Montréal.
e. .... ? ← L'envoyé spécial de BFM-TV téléphone de Londres.
f. .... ? ← Les cambrioleurs sont passés par la fenêtre.
g. .... ? ← Elles descendent à l'hôtel Lutèce.
h. .... ? ← Nous ferons un détour par Rennes.

• « Quand ? »

Le taxi arrive quand ? • Quand part le train ? • Quand est-ce que les vacances commencent ? • Depuis quand travaillez-vous à la Fnac ? • À partir de quand vous travaillerez à la Fnac ?

- Pour interroger sur le temps, on utilise « quand » avec ou sans inversion du sujet. On peut aussi utiliser en début de phrase « quand est-ce que » à l'oral.
- Pour interroger sur le début d'une durée, on utilise « depuis quand » ou « à partir de quand ».

515 Transformez ces phrases.

Exemple : Quand est-ce qu'ils seront prêts ? → Quand seront-ils prêts ?
a. Quand est-ce que le film commence ? → ....
b. Quand est-ce qu'Alice finit son travail ? → ....
c. Quand est-ce qu'on mange ? → ....
d. Quand est-ce que les magasins ferment ? → ....
e. Quand est-ce que tu arrêtes de travailler ? → ....
f. Quand est-ce qu'on part en vacances ? → ....
g. Quand est-ce que nous achèterons une maison à la mer ? → ....
h. Quand est-ce que les travaux seront finis ? → ....

516 Posez les deux formes de questions qui correspondent aux réponses données. Utilisez « quand », « depuis quand », « à partir de quand ».

Exemple : À partir de quand on sera chez les grands-parents ? / À partir de quand sera-t-on chez les grands-parents ? ← On sera chez les grands-parents à partir du 15 août.
a. .... ?
  ← On signe la vente le mois prochain.
b. .... ?
  ← Maria vit en France depuis cinq ans.
c. .... ?
  ← Nous serons en congés à partir du 5 juin.

11 • L'interrogation

d. .... ?
   ← L'avion décolle à 12 heures 50.

e. .... ?
   ← Ce film sortira dans les salles à partir du 8 janvier.

f. .... ?
   ← Nous devons être à l'aéroport à 10 heures.

g. .... ?
   ← Myriam est à la retraite depuis deux mois.

h. .... ?
   ← Vous pouvez passer votre permis de conduire à partir de 18 ans.
   ....

517 « Quand » et « où » : reliez les questions et les réponses.

a. Où faut-il descendre ?   1. De la piscine.
b. Quand le bus part-il ?   2. Dans deux ans.
c. D'où arrives-tu ?   3. Au bord de la mer.
d. Quand prenez-vous la retraite ?   4. À Versailles.
e. Par où la déviation passe-t-elle ? 5. Dans un quart d'heure.
f. Où vont-ils ce week-end ?   6. À partir du 18 juin.
g. À partir de quand est-il en congé ? 7. À la prochaine station.
h. Où partez-vous en séminaire ?   8. Par Besançon.

• « Pourquoi ? »

Pourquoi est-ce que tu pleures ? • « **Pourquoi** Léa est-elle absente ? • **Parce qu'**elle était malade ce matin. »

• Pour interroger sur la cause, on utilise « pourquoi » avec ou sans inversion du sujet. À l'oral, on peut dire « Pourquoi est-ce que… ». La réponse est « parce que ».

✋ « Pour quoi » interroge sur le but : Pour quoi court-il ? Pour attraper le bus.

---

518 Allégez ces questions comme dans l'exemple.

Exemple : Pourquoi est-ce qu'Internet ne fonctionne pas ? → Pourquoi Internet ne fonctionne-t-il pas ?

a. Pourquoi est-ce que l'imprimante n'est pas connectée ? → ....
b. Pourquoi est-ce qu'il n'y a plus de wi-fi ? → ....
c. Pourquoi est-ce que cette clé USB est vide ? → ....
d. Pourquoi est-ce que vous avez débranché l'ordinateur ? → ....
e. Pourquoi est-ce que tu n'as pas enregistré les données ? → ....
f. Pourquoi est-ce que l'informaticien ne vient pas ? → ....
g. Pourquoi est-ce que tu ne sais pas utiliser le scanner ? → ....
h. Pourquoi est-ce que la stagiaire s'ennuie ? → ....

519 Est-ce que les réponses expriment la cause ou le but ? Indiquez C ou B.

Exemple : Pourquoi (C) / Pour quoi (B) il travaille autant ? Parce qu'il a du retard : C
Pour réussir son examen : B

Pourquoi (C) / Pour quoi (B) fait-elle autant de sport ?

a. Pour préparer son voyage dans l'Himalaya : ……….
b. Pour être en forme : ……….
c. Parce qu'elle veut maigrir : ……….
d. Parce qu'elle veut garder la forme : ……….
e. Pour préparer une compétition : ……….
f. Parce que son médecin lui a conseillé : ……….
g. Pour rester active : ……….
h. Parce qu'elle adore ça : ……….

520 Posez les questions à partir des réponses.

Exemple : Pourquoi fait-il déjà nuit ? ← Il fait déjà nuit parce qu'on est en hiver.

a. ……………………………………………………… ? ← Il pleut parce qu'on est en automne.
b. ……………………………………………………… ? ← Il fait encore frais parce que ce n'est pas encore l'été.
c. ……………………………………………………… ? ← Il ne neige pas très souvent à Paris.
d. ……………………………………………………… ? ← Il faut un parapluie parce qu'il pleut souvent en mars.
e. ……………………………………………………… ? ← Il n'y a pas de soleil parce qu'il y a des nuages.
f. ……………………………………………………… ? ← Il gèle parce qu'on est en janvier.
g. ……………………………………………………… ? ← Il y a du brouillard parce qu'on est en novembre.
h. ……………………………………………………… ? ← Il fait très chaud parce qu'on est en juillet.

521 Reliez les questions et les réponses. (Il y a parfois plusieurs possibilités.)

a. Pourquoi sont-ils en retard ?
b. Quand ont-ils appelé ?
c. Pourquoi viennent-ils ?
d. Pourquoi ne prennent-ils pas la voiture ?
e. Où sont-ils ?
f. D'où viennent-ils ?
g. Quand les as-tu rencontrés ?
h. Pourquoi les as-tu invités ?

1. Dans le hall.
2. Vers midi.
3. Ils viennent du Maroc.
4. Ils ont peut-être eu un empêchement.
5. Pendant une soirée chez des amis.
6. Ils ont un rendez-vous.
7. Ils sont très sympas.
8. Elle est en panne.

• « Comment ? »

Comment est-ce qu'on fait pour aller au cinéma ? • « Comment Julien vient-il ? – En voiture. »
• Comment va-t-il ?
• Pour interroger sur la manière d'être ou de faire ou sur le moyen, on utilise « comment » avec ou sans inversion du sujet. À l'oral, on peut utiliser « comment est-ce que… ».

---

522 Allégez les questions comme dans l'exemple.

Exemples : Comment est-ce que vous préparez la pizza ? → Comment préparez-vous la pizza ?
Comment est-ce que Mme Dufour travaille ? → Comment Mme Dufour travaille-t-elle ?

a. Comment est-ce que vous allez à la montagne ? → ………………………………………………………………………
b. Comment est-ce que Léonie se sent ? → ………………………………………………………………………

11 • L'interrogation

c. Comment est-ce que tu circules en ville ? → ....
d. Comment est-ce que nous rejoindrons nos amis ? → ....
e. Comment est-ce que tu as dormi ? → ....
f. Comment est-ce qu'on part à Toulouse ? → ....
g. Comment est-ce que Louis a réussi ses examens ? → ....
h. Comment est-ce que tu as été accueilli ? → ....

523 Posez les questions à partir des réponses. Utilisez « comment ».

Exemple : **Comment** vos enfants travaillent-ils en classe ? ← Nos enfants travaillent assez bien en classe.

a. .... ? ← Leurs professeurs sont excellents.
b. .... ? ← Alicia apprend bien ses leçons.
c. .... ? ← Adam est toujours assez étourdi.
d. .... ? ← Ils vont au collège à vélo.
e. .... ? ← Ils s'entendent bien, mais ils se disputent souvent.
f. .... ? ← Ils déjeunent ensemble, au restaurant scolaire.
g. .... ? ← Ils ont mal accepté la venue du bébé.
h. .... ? ← Maintenant, ça se passe beaucoup mieux.

524 Posez les questions à partir des réponses données. Utilisez « comment ».

Exemple : **Comment** allez-vous travailler le matin ? ← En bus.

a. .... ? ← En écoutant la radio ce matin.
b. .... ? ← Plutôt bien, merci et toi ?
c. .... ? ← Il faut appuyer sur le bouton pour allumer.
d. .... ? ← J'ai des bonnes notes.
e. .... ? ← Il progresse très lentement.
f. .... ? ← Elle, c'est Suzanne et moi, c'est Émilie.
g. .... ? ← À midi, je déjeune d'un sandwich.
h. .... ? ← Ma nouvelle collègue est drôle et sympathique.

525 Reliez les questions et les réponses.

a. Comment réglez-vous vos achats ?   1. En mars.
b. Où travaillez-vous maintenant ?   2. En pleine forme.
c. Quand êtes-vous libre ?   3. En bleu.
d. Comment faut-il envoyer cette lettre ?   4. En plein cœur de Paris.
e. Quand les travaux commenceront-ils ?   5. En espèces.
f. Comment te sens-tu ?   6. En janvier 2006.
g. Comment repeignez-vous votre chambre ?   7. En express.
h. Quand a eu lieu cette affaire ?   8. En fin d'après-midi.

Les mots interrogatifs

> • « **Combien (de) ?** »
>
> Vous gagnez *combien* ? • *Combien* gagnez-vous ? • *Combien est-ce que* vous gagnez ? • *Combien* d'enfants est-ce que vous avez ?
>
> • Pour interroger sur un nombre ou une quantité, on utilise « *combien* » avec ou sans inversion du sujet. Quand il est suivi d'un nom, on utilise « *combien de/d'* ». À l'oral, on peut dire « *combien* (de + nom) *est-ce que…* ».

526 Associez les questions et les réponses.

a. Combien de fraises vous voulez ?
b. Ce magazine, c'est combien ?
c. Vous voulez des croissants, combien ?
d. Combien de temps il faut pour aller chez vous ?
e. Tu prends combien de jours de vacances ?
f. Une stagiaire gagne combien ?
g. Elle travaille combien d'heures par semaine ?
h. Vous avez combien de pièces ?

1. Trois semaines.
2. Entre 450 et 700 €, c'est variable.
3. 4,50 €.
4. 35 heures.
5. 500 grammes, s'il vous plaît.
6. Un salon et deux chambres.
7. Environ vingt minutes.
8. Donnez-m'en quatre.

527 Complétez par « combien » ou « combien de ».

Exemple : Tu prends ces médicaments pendant *combien de* temps ?

a. Je vous dois .... pour les places de cinéma ?
b. Vous voulez .... places dans le train de Nîmes ?
c. Un carnet de tickets, c'est .... ?
d. Vous commandez .... tartes ?
e. Elle paie .... la location de sa voiture ?
f. Vous venez à Paris .... fois par mois ?
g. Sophie a eu le premier prix. Elle a reçu .... ?
h. Tu as envoyé un chèque de .... à maman ?
i. Vous passez .... temps en Crète ?

528 Complétez par « combien » ou « combien de/d' ».

Exemple : Tu mets *combien de* sucres dans ton café ?

a. Vous dormez .... heures par nuit ?
b. Cette pièce mesure .... ?
c. Ce sac fait .... ?
d. .... enfants ont-ils ?
e. Le maçon demande .... pour refaire le mur ?
f. Vous avez .... jours fériés en France ?
g. Vous buvez .... cafés par jour ?
h. La vitesse est limitée à .... en ville ?

11 • L'interrogation

529 Posez des questions avec « combien » ou « combien de/d' ».

Exemple : Il y a **combien de** salariés dans l'entreprise ? ← Il y a 120 salariés dans l'entreprise.

a. .... ? ← L'entreprise existe depuis trente-cinq ans.
b. .... ? ← Le chiffre d'affaires est de 3 millions d'euros par an.
c. .... ? ← Le directeur est le même depuis vingt ans.
d. .... ? ← L'entreprise ferme quatre semaines par an.
e. .... ? ← Le salaire moyen est de 1 600 € par mois.
f. .... ? ← Le directeur ? Je ne connais pas son salaire.
g. .... ? ← Les salariés ont cinq semaines de congés payés.
h. .... ? ← L'entreprise a une trentaine de clients réguliers.

Synthèse

530 Voici des informations sur la Bourgogne. Posez des questions à partir des réponses.

Exemple : Qu'est-ce que la Bourgogne ? ← C'est une région de France.

a. .... ?
  ← La Bourgogne se trouve dans le centre, à l'est du Massif Central.
b. .... ?
  ← La principale ressource économique est la culture de la vigne.
c. .... ?
  ← C'est au XVe siècle que la Bourgogne est devenue une province française.
d. .... ?
  ← Elle est devenue française parce que Charles le Téméraire, dernier duc de Bourgogne, n'avait pas d'enfant.
e. .... ?
  ← On peut aller en Bourgogne par l'autoroute ou en T.G.V.
f. .... ?
  ← Les spécialités sont le vin, les escargots et la moutarde de Dijon.
g. .... ?
  ← Il y a quatre départements en Bourgogne : la Côte-d'Or, la Nièvre, la Saône-et-Loire et l'Yonne.
h. .... ?
  ← Les grandes villes touristiques sont Dijon, Beaune, Auxerre et Vézelay.

531 Voici quelques informations sur des personnages de B.D. Posez des questions à partir des réponses.

Exemple : D'où Bécassine vient-elle ? ← Bécassine vient de Bretagne.

a. .... ?
  ← Bécassine apparaît pour la première fois en 1905.
b. .... ?
  ← Ce sont Pinchon et Caumery qui ont inventé les aventures de Bécassine.
c. .... ?
  ← Elle gagne sa vie en travaillant comme domestique dans des familles riches.

d. .... ?
   ← Elle a beaucoup de problèmes parce qu'elle est très naïve.
e. .... ?
   ← Goscinny et Uderzo ont produit 37 albums d'Astérix le Gaulois.
f. .... ?
   ← L'inséparable ami d'Astérix s'appelle Obélix.
g. .... ?
   ← Les aventures d'Astérix sont publiées pour la première fois dans le magazine *Pilote*.
h. .... ?
   ← Ces deux Gaulois sont très forts parce qu'ils boivent de la potion magique.

532 Posez des questions sur les fêtes françaises à partir des réponses. (Il y a parfois plusieurs questions possibles.)

Exemple : Combien y a-t-il de jours fériés en France ? ← En France, il y a onze jours fériés par an.

a. .... ?
   ← On achète des fleurs le 1er Novembre pour aller au cimetière.
b. .... ?
   ← On appelle le 1er Mai « la fête du Travail ».
c. .... ?
   ← Le jeudi de l'Ascension arrive quarante jours après Pâques.
d. .... ?
   ← Deux fêtes correspondent à la fin des deux guerres mondiales, le 11 novembre et le 8 mai.
e. .... ?
   ← La fête nationale est le 14 juillet parce que c'est l'anniversaire de la prise de la Bastille.
f. .... ?
   ← C'est la naissance du Christ qu'on fête le 25 décembre.
g. .... ?
   ← On réveillonne la nuit de la Saint-Sylvestre car c'est la fin de l'année et le début de la nouvelle année.
h. .... ?
   ← Ce sont des sujets en chocolat que les enfants reçoivent le jours de Pâques.

Bilan 11

1. Complétez cet entretien par des mots interrogatifs. Tenez compte des réponses.

« Bonjour mademoiselle, asseyez-vous.
– Bonjour monsieur.
– Tout d'abord, ... (a) est votre nom ?
– Olga Dürer.
– .... (b) venez-vous ?
– Je viens d'Amsterdam, je suis hollandaise.
– .... (c) est votre date de naissance ?
– Je suis née le 25 mars 1999.
– .... (d) faites-vous dans la vie ?
– Je suis fille au pair.
– .... (e) habitez-vous ?
– 37 rue des Blancs-Manteaux dans le 4e arrondissement.
– Chez .... (f) travaillez-vous ?
– Chez Mme Blancpain.
– .... (g) enfants a-t-elle ?
– Elle a une petite fille de 8 ans.
– .... (h) temps travaillez-vous chez cette dame ?
– Depuis six mois.
– Bien, alors maintenant, ... (i) venez-vous me voir ? .... (j) je peux faire pour vous ?
– Je voudrais quitter la famille Blancpain.
– .... (k) raison ? Vous n'êtes pas bien chez elle ?
– Si, mais je voudrais aller à Toulouse pour rejoindre ma sœur.
– .... (l) fait-elle à Toulouse ?
– Elle vient d'avoir un bébé et elle m'a proposé de venir habiter chez elle. Et je pourrai aussi continuer mes études là-bas.
– Je vois. Je vais entrer en relation avec Mme Blancpain. Je vous téléphonerai dans quelques jours. Au revoir Olga. »

2. Trouvez la question correspondant à chaque élément en italique.

a. En général, *les Français* (1) ont *cinq semaines* (2) de congé par an.
   1. ....
   2. ....
b. En été, *les deux tiers des Français* (3) passent leurs vacances *à la mer* (4).
   3. ....
   4. ....
c. Ils partent souvent *au mois d'août* (5) et *en voiture* (6).
   5. ....
   6. ....
d. Tous les jours, ils vont *à la plage* (7) *parce qu'ils aiment se détendre et bronzer* (8).
   7. ....
   8. ....

Bilan 11

e. Les *jeunes* (9) enfants aiment *s'amuser au bord de l'eau* (10).
   9. ....
   10. ....

f. Ils jouent *au ballon* (11), ils *font des châteaux de sable et ils se baignent* (12).
   11. ....
   12. ....

g. Les *parents* (13) lisent, nagent ou pratiquent *un sport nautique* (14).
   13. ....
   14. ....

h. *Au retour des vacances* (15), tout le monde est détendu, *prêt à reprendre le travail et l'école* (16).
   15. ....
   16. ....

12 • La condition et l'hypothèse réalisable

L'hypothèse réalisable dans le présent

> • « **Si** » + verbe au présent, + verbe au présent ou à l'impératif
>
> Si tu es libre, allons au cinéma. Si vous voulez, nous pouvons déjeuner au restaurant.
>
> • Pour une hypothèse réalisable au moment présent ou dans un avenir immédiat, on utilise « si » + verbe au présent (+ condition présent ou impératif). La condition « si » peut être placée en début de phrase ou dans la deuxième partie de la phrase.
>
> « Si » s'écrit « s' » devant « il / ils ». S'il fait beau cet après-midi, on se promène.

533 Soulignez les phrases qui expriment une condition.

Exemples : Adam peut conduire si je suis fatigué ?   Quand il fait nuit, la conduite est si fatigante !

a. Je suis fatigué, tu peux conduire ?
b. S'ils ont faim, achète-leur une pizza.
c. Si, il est un peu souffrant.
d. On est si fier de soi quand on arrête de fumer !
e. Je t'offre une jolie robe si tu réussis ton examen.
f. Vous pouvez me rendre un service demain ?
g. Si elle peut m'aider, c'est formidable.
h. Quand on fait du sport, on perd du poids.

534 Reliez le début et la fin des phrases. (Il y a parfois plusieurs possibilités.)

a. S'il pleut dimanche,   1. s'il fait froid.
b. Les fleurs vont mourir   2. on les emmène au cinéma.
c. Si les enfants arrivent tôt,   3. s'il gèle dans la nuit.
d. On prend des pulls   4. enlève ton manteau.
e. Prenons un parasol   5. on repeint la chambre, d'accord ?
f. Si on l'écoute,   6. si vous craignez le soleil.
g. Si tu as trop chaud,   7. fais une petite sieste.
h. Si tu as sommeil,   8. le monde va mal.

535 Complétez les phrases par le verbe entre parenthèses au présent ou à l'impératif.

Exemples : Si tu ne connais pas (*ne pas connaître*) le sens de ce mot, tu peux (*pouvoir*) chercher dans le dictionnaire.

Si vous ne savez pas (*ne pas savoir*) où c'est, renseignez-vous (*se renseigner*).

a. Si vous .... (*ne pas apprendre*) vos leçons, vous .... (*ne pas pouvoir*) avoir de bonnes notes.
b. On .... (*regarder*) un film en VOD s'il n'y .... (*avoir*) rien de bien à la télé ?
c. .... (*mettre*) tes lunettes si tu .... (*ne pas voir*) bien le tableau.
d. .... (*partir*) en week-end s'il .... (*faire*) beau samedi.

L'hypothèse réalisable dans le futur

e. Si vous .... (être) fatigué, ... (se reposer) quelques jours.
f. Si nos amis .... (venir) dimanche, ... (aller) visiter le jardin des Buttes Chaumont.
g. Louis, ... (sortir) seul si tu .... (vouloir), je suis fatiguée.
h. .... (acheter) des fruits et des légumes si tu .... (aller) au marché.

536 Finissez ces phrases avec un verbe au présent ou à l'impératif.

Exemple : Si tu as soif, bois un verre d'eau/ tu bois un verre d'eau.

a. Si vous êtes fatigué, ...
b. Si Fanny a froid, ...
c. Si Rémi est malade, ...
d. Si Noé a peur, ...
e. Si vous avez mal à la tête, ...
f. Si tu as chaud, ...
g. Si tu es en forme, ...
h. Si Adèle a maigri, ...

L'hypothèse réalisable dans le futur

• « Si » + verbe au présent + verbe au futur

Si on gagne le concours, on va partir en Inde cet été. • S'il fait beau, je me baignerai tous les jours.

• Quand on veut faire des hypothèses pour l'avenir, on peut utiliser « si » + verbe au présent pour la condition, et l'autre verbe est au futur simple. La condition peut être placée en début de phrase ou dans la deuxième partie de la phrase.

537 Cochez la réponse juste.

Exemple : S'il pleut dimanche,   1. nous irons au cinéma.   ☑
                                 2. nous faisons un pique-nique.   ☐

a. S'il fait très beau,
   1. ☐ nous restons à la maison.
   2. ☐ nous passerons la journée à la plage.
b. 1. ☐ Claire prendra des boissons
   2. ☐ Claire met de bonnes chaussures
… si nous faisons une randonnée dimanche prochain.
c. 1. ☐ Vous mettez de la crème solaire
   2. ☐ Vous attraperez des coups de soleil
… si on reste trop longtemps sur la plage.
d. 1. ☐ Tu mettras une casquette
   2. ☐ Tu portes des lunettes de soleil
… si le soleil est très fort.
e. 1. ☐ Amandine et Louise se baignent

12 • L'hypothèse réalisable dans le présent

   2. ☐ les garçons feront des châteaux de sable,

… si l'eau est froide.

f. Si vous voulez, le soir,

   1. ☐ on dîne au restaurant.

   2. ☐ on fera un barbecue.

g. Si vous êtes d'accord,

   1. ☐ je proposerai à Véronica de venir avec nous.

   2. ☐ on prend notre voiture.

h. 1. ☐ Vous me téléphonerez avant samedi matin

   2. ☐ On organise la journée ensemble

… si vous acceptez.

538 Reliez le début et la fin des phrases. (Il y a parfois plusieurs possibilités.)

a. Si ma tante Suzanne est malade,
b. Si le médecin lui donne un traitement,
c. Si elle va mieux,
d. Ses amis de Nice l'accueilleront,
e. J'irai la voir,
f. Nous irons au jardin botanique,
g. Nous ferons un petit voyage à Grasse
h. h. Mais on ne fera rien

1. si elle les prévient.
2. si j'obtiens quelques jours de congé.
3. elle devra consulter un médecin.
4. si ses amis sont libres.
5. elle partira se reposer à Nice.
6. si sa santé le lui permet.
7. elle guérira vite.
8. si elle se sent fatiguée.

539 Complétez les phrases et mettez les verbes au présent ou au futur.

Exemple : Si vous vous vous perdez (se perdre) vous demanderez (demander) votre chemin à un passant.

a. Si tu .... (rater) le train de 8 h 07, tu .... (prendre) le suivant.
b. Nous .... (courir) un peu si nous .... (être) en retard.
c. Ta sœur .... (pouvoir) prendre un T.G.V. si elle .... (réserver) une place maintenant.
d. Nous .... (louer) un appartement plus grand si nous .... (déménager).
e. On .... (devoir) prendre un taxi si on .... (rentrer) après 1 heure du matin.
f. Vous .... (apprécier) les Landes si vous .... (aimer) les forêts de pins.
g. Si je .... (partir) en vacances à Pâques, je t'................... (envoyer) une carte postale.
h. Anaïs .... (être) contente si on lui .... (rendre) visite dimanche.

Bilan 12

1. Complétez ce dialogue avec les verbes entre parenthèses au présent, à l'impératif ou au futur simple.

« Tu sais Simon, si Paul et Margaux .... (a. *finir*) leurs études, ils .... (b. *chercher*) du travail à Toulouse. Si tout se passe bien, ils .... (c. *trouver*) un appartement dans le centre ou une petite maison avec un jardin en banlieue. S'il y .... (d. *avoir*) des travaux à faire, nous .... (e. *aller*) les voir pour les aider. Si leur projet .... (f. *se réaliser*) ils .... (g. *avoir*) bientôt un enfant. Si c'........................ (h. *être*) une fille, elle .... (i. *s'appeler*) Mina. Si elle .... (j. *ressembler*) à Margaux, elle .... (k. *voir*) les choses du bon côté...
– Arrête un peu, Valérie, tu rêves...Et si les enfants .... (l. *ne pas obtenir*) leurs diplômes, et s'ils .... (m. *ne pas trouver*) de travail, et s'ils .... (n. *ne pas avoir*) d'enfant tout de suite, et bien la vie .... (o. *continuer*) et la terre .... (p. *ne pas s'arrêter*) de tourner. D'ailleurs, reviens sur terre et préparons le repas. »

2. Complétez ce dialogue et mettez le verbe entre parenthèses au présent ou à l'impératif.

« Clémence et Florentin sont ce week-end à Paris. Nous devons leur faire visiter la ville. S'il fait beau, ... (a. *emmener*)-les faire une promenade sur les quais. S'ils .... (b. *être*) d'accord, ... (c. *déjeuner*) ensemble dans un bistro sympa.
– Oui mais s'ils .... (d. *avoir*) envie de visiter un musée, où .... (e. *pouvoir*)-nous les amener ?
– S'ils .... (f. *ne pas connaître*) le musée de la Musique, on .... (g. *pouvoir*) y aller.
– Oui, bonne idée. Si l'exposition sur la comédie musicale .... (h. *continuer*) .... (i. *aller*)-y.
– Et puis, si .... (j. *il y avoir*) un beau concert à la philharmonie, ... (k. *essayer*) d'acheter des places.
– Bon, je regarde sur Internet s'il .... (l. *rester*) des places pour samedi soir. »

13 • Les prépositions

Les prépositions de lieu

> **• Le lieu où l'on est, où l'on va : noms de villes, de pays, etc.**
>
> Nous allons **en** Argentine puis **au** Chili. • Elle vit **à** Berlin. • Nous ferons un trekking **dans** l'Himalaya.
>
> - « **À** » : devant les villes, certaines îles, certains États ; « **au** » : devant les pays masculins (le Mexique, le Cambodge, le Mozambique, le Zimbabwe, le Belize), certaines villes (Le Caire, Le Havre, Le Cap) ; « **aux** » : devant les pays au pluriel.
> - « **En** » : devant les pays féminins, tous les pays qui commencent par une voyelle (excepté le Yémen) et les continents.
> - « **Dans** » : pour les montagnes, les mers et les océans.
>
> ✋ « **Partir** » s'utilise avec la préposition « **pour** » + « le, la, l', les ».

540 Soulignez le pays qui convient.

Exemple : Il est ingénieur au *Suisse* / *Portugal*.
a. Je suis né en *Chili* / *Colombie*.
b. Tes parents vivent au *Liban* / *Égypte*.
c. Votre famille habite en *Brésil* / *Norvège*.
d. Tu voyages en *Maroc* / *Tunisie*.
e. Elles étudient au *Luxembourg* / *Belgique*.
f. Ses amis vont en *Venezuela* / *Chine*.
g. Mes voisins travaillent au *Japon* / *Allemagne*.
h. Théo va en *Canada* / *Russie*.

541 Soulignez la bonne préposition.

Exemple : Il voudrait étudier *au* / *en* Équateur.
a. Les appartements sont chers *au* / *en* Qatar ?
b. Vous arrivez *au* / *en* Iran à quelle heure ?
c. Nous passons nos vacances *au* / *en* Sénégal.
d. Il y a des montagnes *au* / *en* Irak.
e. Elles habitent *au* / *en* Israël.
f. On mange bien *au* / *en* Vietnam ?
g. Vous voyagez *au* / *en* Kenya ?
h. Elle travaille *au* / *en* Ouganda.

542 Complétez avec « en » ou « au ».

Exemple : Tu habites *en* Hongrie ?
a. .... Mexique, on parle espagnol ?
b. Je n'habite plus .... Cambodge.
c. Nous restons deux semaines .... Espagne.
d. Vous faites escale .... Mozambique.
e. On loge à l'hôtel .... Inde.
f. Cette année, mon père retourne .... Zimbabwe.
g. Tu séjournes .... Suède combien de jours ?
h. Il y a de belles plages .... Belize.

Les prépositions de lieu

543 Complétez avec « au », « en », ou « aux ».

Exemple : « Vous vivez au Paraguay ? » « Non, nous habitons aux États-Unis. »
a. « Vous étudiez l'anglais .... Australie ? » « Non, je suis étudiante .... Canada. »
b. « Tes parents vont .... Mexique ? » « Non, ils préfèrent rester .... Pays-Bas. »
c. « Vos amis sont arrivés .... Iran samedi ? » « Non, ils vont d'abord .... Yémen. »
d. « Ta famille a une entreprise .... Malaisie ? » « Non, c'est une société .... Philippines. »
e. « Tu passes une semaine .... Bahamas ? » « Non, je passe deux semaines .... Nouvelle-Zélande. »
f. « Il faut aller .... Émirats arabes unis ? » « Non, nous devons aller .... Arabie saoudite. »
g. « Les enfants partiront en voyage .... Italie ? » « Non, ils retourneront .... Croatie. »
h. « Je passerai une nuit .... Brésil ? » « Non, tu passeras une nuit .... Bolivie. »

544 Complétez par « à », « au », « en », ou « aux ».

Exemple : À Avoriaz, il y a le Festival du film fantastique.
a. Le Festival international du film se déroule .... Cannes.
b. La cérémonie des Oscars a lieu .... États-Unis.
c. Il y a un festival de jazz .... Nice.
d. Le Festival international du film de Moscou est célèbre .... Russie.
e. Le Festival du film américain se passe .... Deauville.
f. Le Lion d'or est un grand prix décerné .... Venise.
g. Le Festival du rire se trouve .... Canada.
h. La remise des Césars se passe .... Paris.

545 Reliez les mots pour faire des phrases.

Nathan travaille :
- a. à → 2. Miami.
- b. au
- c. à la
- d. en
- e. aux

1. Seychelles.
2. Miami.
3. Havane.
4. Caire.
5. Paz.
6. Europe.
7. Cap
8. Népal.

546 Soulignez le pays, la ville ou l'île qui convient.

Exemple : La cuisine est bonne à Taïwan / Açores / Sri Lanka.
a. Je passe mes vacances aux *Hawaï / Réunion / Antilles*.
b. Ils sont retournés à *Cuba / Sardaigne / Crète*.
c. Quand j'étais petite, j'allais tous les ans en *Madagascar / Porto Rico / Sicile*.
d. Elle est allée au *Tokyo / Caracas / Caire*.
e. Mes frères sont à *Niger / Soudan / Singapour*.
f. Vous aimez aller aux *Chypre / Baléares / Corse*.
g. L'hiver dure longtemps à *Vancouver / Suède / Finlande*.
h. Il fait toujours beau aux *Canaries / Madère / Malte*.

13 • Les prépositions

547 Complétez avec « à », « en », « au », « aux », « pour » ou avec un article.

Exemple : Vous serez à Bangkok bientôt ?
a. Vous connaissez .... Amérique du Sud ?
b. Nous allons quitter .... États-Unis.
c. On passera les fêtes de fin d'année .... Belgique pour aller ensuite .... Pays-Bas.
d. Vous traverserez .... Mongolie ?
e. Mon ami partira .... la Chine en juillet.
f. Les secours sont arrivés .... Guatemala dans la matinée.
g. L'organisation d'aide humanitaire traversera .... Inde en septembre.
h. Ils ont réservé une chambre .... Monaco.
i. Ils partent en vacances .... Seychelles.

> • **Les pays, les villes d'où l'on vient, d'où l'on part, où l'on passe**
>
> Vous décollez du Venezuela ou de Colombie ? • Je passe par la France et par Paris.
>
> - Pour le lieu d'où l'on vient, on utilise « de/d' » devant une ville, les noms de pays féminins, les noms de pays qui commencent par une voyelle ou un « h » muet, certaines îles et les continents. On utilise « du » devant les noms de pays masculins, « des » devant les noms des pays au pluriel.
> - Pour le lieu par où l'on passe, on utilise toujours « par ».

548 Reliez les mots pour faire des phrases.

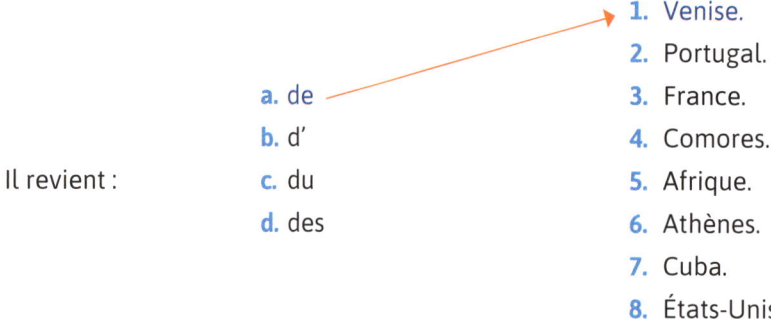

Il revient :
a. de → 1. Venise.
b. d'   2. Portugal.
     3. France.
c. du 4. Comores.
d. des 5. Afrique.
     6. Athènes.
     7. Cuba.
     8. États-Unis.

549 Complétez avec des prépositions de lieu ou un article.

Exemple : Vous allez retourner en Pologne, à Varsovie ?
a. Vous venez de quel pays ? .... Chili ou .... Uruguay ?
b. Tu pars d'où ? .... Berlin ou .... Luxembourg ?
c. Elles demeurent où .... Irlande ? .... Dublin ?
d. Tu décolles .... Italie ? .... Milan ou .... Rome ?
e. Nous nous arrêtons .... Madrid ou .... Séville ?
f. Elles sont revenues .... Côte d'Ivoire ou .... Bénin ?
g. Les touristes quittent .... Thaïlande après un long séjour.
h. D'où arrivent ces voyageurs ? .... Philippines ou .... Hawaï ?
i. Nous passons .... Berlin ou .... Vienne ?

Les prépositions de lieu

550 Réécrivez le SMS de votre ami.

Salut les copains.
Ex. : Bien arrivé Asie.
a. Suis : Malaisie.
b. Pars demain : Birmanie.
c. Reste 3 jours : Birmanie.
d. Vais : Himalaya.
e. Passe : Népal.
f. Retourne au printemps : Vietnam.
g. Fais une croisière : mer de Chine.
h. Et repars en été : Europe.
Je vous embrasse.

Exemple : Je suis bien arrivé en Asie.
a. ....
b. ....
c. ....
d. ....
e. ....
f. ....
g. ....
h. ....

• **Le lieu où l'on est, où l'on va, d'où l'on vient : noms communs**

Je ne vais pas à l'université mais chez Marie, elle revient du marché.

- « À » et « chez » indiquent où l'on est, où l'on va. « De » indique d'où l'on vient.
- « Chez » s'utilise avec les noms de personnes.

---

551 Faites des phrases.

a. Je dois acheter des livres
b. Nous allons chercher Léo
c. Mon ami s'occupe des visas
d. Je passe prendre mon billet
e. Paul a une chambre
f. Comme d'habitude, je déjeune
g. Quentin prend le métro
h. Aurélie est en train de faire les courses

au
à l'
à la

1. librairie Le Divan.
2. crèche.
3. supermarché.
4. ambassade.
5. agence de voyages.
6. hôtel Rive gauche.
7. restaurant Le Merle.
8. station Champs-Élysées.

552 Rayez les lieux incorrects.

Exemple : Demain, je me promène *au bois de Boulogne / forêt de Chantilly / rue de Bièvre*.
a. Le dimanche, je vais au *jardin du Luxembourg / place de la Concorde / hippodrome de Longchamp*.
b. Une fois par semaine, ma fille étudie à *la université / bibliothèque / laboratoire de langues*.
c. Tu viens avec nous lundi à l' *théâtre de la Ville / Opéra Bastille / concert*.
d. Je vais passer toute la journée au *musée d'Orsay / exposition de photos / galerie de peintures*.

13 • Les prépositions

e. Mes amis préfèrent aller à l' *parc Montsouris / institut du Monde arabe / piscine*.
f. Nous allons à la *Arc de Triomphe / centre Pompidou / tour Eiffel*.
g. Ce soir mes enfants vont voir un spectacle au *cabaret Le Moulin Rouge / Opéra Garnier / salle de l'Olympia*.
h. Vos parents dînent souvent à la *Bistro des amis / Café des arts / Brasserie des lilas*.

553 Complétez avec « au », « à la », « à l' » ou « aux ».

Exemple : Nous allons chaque semaine au spectacle.
a. Vous allez danser .... discothèque High Club à Nice ?
b. Ce chanteur donne un concert .... Palais des Glaces.
c. J'accompagne ma fille .... Galeries Lafayette.
d. Viens prendre un verre .... bar.
e. Ce soir, nous dînons .... Champs-Élysées.
f. J'ai rencontré ton frère .... hôtel de Paris.
g. Il emmène les enfants .... cirque samedi.
h. On va .... catacombes. Tu viens avec nous ?

554 Reliez et faites des phrases. (Il y a plusieurs possibilités.)

a. Alexandre et Anaïs se marient
b. Mon fils habite
c. Il va chercher un visa
d. Elle est secrétaire
e. Cécile étudie le droit
f. Je fais mes courses
g. Mes voisins emménagent
h. Les amis de Justine chantent

au
à la
à l'
aux
chez l'
chez

1. consulat russe.
2. M. et Mme Lepic.
3. mairie de Marseille.
4. Halles, sur la place du marché.
5. épicier au coin de la rue.
6. église Notre-Dame.
7. faculté de Bordeaux.
8. 24, boulevard des Italiens.

555 Complétez avec « au », « à la », « à l' », « aux » ou « chez ».

Exemple : Vous vivez à l'étranger.
a. Tu peux me raccompagner .... moi ?
b. Elle est venue dîner .... maison.
c. Ce week-end, je pars .... campagne.
d. Il est .... cinéma.
e. Nous faisons nos achats .... Galeries Lafayette.
f. Ils sont nés .... montagne.
g. Nos amis ont accompagné le blessé .... urgences.
h. Le médecin consulte aussi .... hôpital.

556 Faites des phrases. (Il y a plusieurs possibilités.)

a. Anthony travaille
b. Ils ont vécu
c. Ma mère habite
d. Nous voyageons
e. Elle retourne
f. Je fais mes courses
g. Vous allez en vacances
h. Tes enfants sont réceptionnistes

à
au
à la
à l'
aux
chez

1. ses amis.
2. Maldives.
3. Sébastien.
4. supermarché.
5. hôtel.
6. banque.
7. Lyon.
8. Brésil.

Les prépositions de lieu

557 Reliez le début et la fin des phrases.

Il revient :
- a. de
- b. d'
- c. du
- d. de l'
- e. de la
- f. des

1. lycée.
2. Baléares.
3. patinoire.
4. Lisbonne.
5. Canada.
6. Suisse.
7. école.
8. Afrique.

(a. → 4. Lisbonne.)

558 Complétez par « de », « d' », « de l' », « de la », « des » ou « de chez ».

Exemple : Elle vient de la poste ou de chez le coiffeur ?

a. Vous sortez .... office du tourisme ou .... agence de voyages ?
b. Tu reviens .... boucherie ou .... bureau de tabac ?
c. Il rentre .... le dentiste ou .... le médecin.
d. Elles reviennent .... boulangerie ou .... la fleuriste ?
e. Tu sors .... toilettes ou .... salle de bains ?
f. Vous arrivez .... Birmanie ou .... Inde ?
g. Ils sont revenus .... travail ou .... université ?
h. Tu viens .... aéroport ou .... gare ?

• Position, direction, mouvement

J'ai trois chambres **dans** mon appartement. **Sur** la terrasse, il y a de nombreuses plantes.

- « **Dans** » (à l'intérieur de) ; « **sur** » (au-dessus de) ≠ « **sous** » ; « **par** » (à travers), « **devant** » ≠ « **derrière** », « **entre** »…
- On utilise les prépositions dans de nombreuses expressions : *en prison, en voyage, en ville, en banlieue, en avion… ; dans le métro, dans le journal… ; sur Internet, sur mon blog, sur la place… ; à la télévision, à la mer… ; à pied, à vélo…*

---

559 Complétez par « à », « en », « dans », « sur », « sous », « par », « au » ou « entre ».

Exemple : Attention ! Tu marches sur la chaussée.

a. Il habite .... Paris ou .... banlieue ?
b. Il voyage .... la région ou .... l'étranger ?
c. Elle achète un appartement .... le 8ᵉ arrondissement .... premier étage.
d. Tu préfères vivre .... la mer, ... la montagne ou .... la campagne ?
e. Tu as mis la viande .... le réfrigérateur ?
f. Ton chapeau est .... le canapé, ... l'écharpe et les gants.
g. Je reste .... le parasol ; il fait trop chaud.
h. Je passe toujours .... le garage le matin.

13 • Les prépositions

560 Soulignez la bonne préposition.

Exemple : Rendez-vous à 19 heures à / en / <u>dans</u> ce café.

a. Il se promène *sur / dans / sous* le quartier Latin.
b. Mon appartement donne *sur / par / dans* la rue.
c. On ne voit pas la voiture. Elle est cachée *sur / dans / derrière* les arbres.
d. Tu peux poser ces livres *en / dans / sur* la table ?
e. Les parents attendent leurs enfants *devant / sur / sous* l'école.
f. J'adore nager *en / sous / par* l'eau.
g. Je suis superstitieux ; je ne passe jamais *entre / sous / à* une échelle.
h. Je cherche toujours mes clés *dans / par / sous* mon sac.

561 Remettez les mots dans l'ordre.

Exemple : repose / le / se / Marc / sur / canapé → Marc se repose sur le canapé.

a. conduis / ville / ou / en / autoroute / sur / tu ? → ....
b. mer / as / tu / sur / la / vue ? → ....
c. centre-ville / le / quartier / le / est / historique / dans → ....
d. place / mon / je / marché / fais / Berlioz / la / sur → ....
e. marchent / élèves / derrière / les / professeur / leur → ....
f. devant / attendrai / le / je / cinéma / t' → ....
g. tu / ce / t' / chaise / assois / la / sur / ou / dans / fauteuil ? → ....
h. par / vous / la / regardez / les / fenêtre / passants. → ....

562 Complétez ces expressions avec une préposition.

Exemple : J'adore marcher dans les rues désertes au petit matin.

a. J'ai parcouru toute la ville .... pied. Puis, j'ai traversé le lac Léman .... bateau.
b. Avant, nous lisions les informations de notre village .... le journal. Aujourd'hui, nous lisons les infos .... le site de la mairie.
c. Si je ne te réponds pas, laisse-moi un message .... ma messagerie. Je t'appellerai .... le train.
d. On a vu .... la télévision les inondations en Occitanie. Je n'ai rien entendu .... la radio.
e. On se retrouve .... la place Masséna ou .... la rue Masséna ?
f. Que préférez-vous ? Vous rentrez .... tram ou .... vélo ?
g. Nous préférons vivre .... ville mais nous adorons passer nos vacances .... la campagne.
h. L'année dernière mes parents sont partis .... voyage sans moi.

• Les prépositions composées

J'habite **au-dessus du** photographe, **à côté de** la poste.

- Les prépositions composées s'utilisent avec « de la », « du » ou « des ».

- Près de, à côté de ; loin de ; à gauche de ≠ à droite de ; au-dessus de ≠ au-dessous de ; en face de (= devant) ; en haut de ≠ en bas de ; à l'intérieur de ≠ à l'extérieur de ; au milieu de, au centre de ; au bord de ; autour de ; au fond de ; au bout de.

Les prépositions de lieu

563 Trouvez le contraire des prépositions.

Exemple : Vous habitez loin du centre-ville. → Vous habitez près du centre-ville.

a. Il y a un château en bas de la colline.
→ ....

b. L'oiseau s'est posé sur la branche.
→ ....

c. J'ai mangé à côté de chez moi.
→ ....

d. Pose le tableau à droite du vase.
→ ....

e. Elles habitent à côté de la bibliothèque.
→ ....

f. Les enfants joueront loin de chez les voisins.
→ ....

g. Nous nous sommes donné rendez-vous à gauche de l'hôtel.
→ ....

h. Les magasins se trouvent en haut de l'avenue.
→ ....

564 Soulignez la préposition qui convient.

Exemple : Vous trouverez un marchand de journaux autour de / *au bout de* la rue.

a. Les invités se sont installés *en haut de / autour de* la table et ont dîné.
b. Madame, les cabines se trouvent *au fond du / à l'extérieur du* magasin.
c. On se retrouve *en dessous de / au centre de* la place Vendôme.
d. Venez me voir. Mon appartement se trouve au premier étage *au-dessus de / en face de* l'escalier.
e. Tu t'es promenée *au-dessous de / au bord de* la mer.
f. On va planter un citronnier *au milieu de / en face de* notre jardin.
g. La salle 204 se trouve *au bout du / à l'intérieur du* couloir.
h. Les touristes attendent *au milieu du / au bord du* lac.

565 Complétez par les mots de la liste : au bord de, chez, dans, de, des, en face du, par, sous, sur.

Exemple : Ma maison se trouve juste en face du massif montagneux.

a. Viens .... le parapluie, il commence à pleuvoir. Même si tu aimes marcher .... la pluie.
b. Tournez à gauche puis à droite et vous tomberez .... le commissariat.
c. Notre hôtel se trouve .... la mer ; je la vois .... la fenêtre.
d. Vous revenez .... parc d'attractions ou .... magasins ?
e. Êtes-vous rentré .... la maison ou êtes-vous resté .... lui ?
f. La ferme de mes parents est .... le chemin. C'est la dernière.
g. La barque s'est immobilisée ....l'eau. Je ne pouvais plus rejoindre le bord.
h. Il y a des verres .... la première étagère et les assiettes sont .... le placard.

13 • Les prépositions

Les prépositions de temps

> **• Les prépositions de temps**
>
> **Dans** un mois, nous irons en Autriche **pour** une semaine. Nous avons voyagé **pendant** un an. Je reviendrai **en** été, **en** juillet. Je fais de la danse **depuis** cinq ans.
>
> - « **Pendant** » indique une durée limitée et finie. « **Depuis** » introduit une durée ouverte, commencée et non encore finie.
> - « **Dans** » est employé pour un moment dans le futur. « **En** » + indication chiffrée indique le temps nécessaire pour réaliser une action. « **En** » introduit aussi une saison (sauf le printemps, on dit « au printemps ») ou une date.

566 Soulignez la préposition de temps correcte.

Exemple : J'ai travaillé *pendant* / *depuis* les vacances.

a. *Dans* / *En hiver*, nous passons une semaine à la montagne.
b. *Depuis* / *Pendant* combien de temps skiez-vous ?
c. J'ai assisté au carnaval de Rio *dans* / *pendant* trois jours.
d. Je reste à Val d'Isère *pendant* / *depuis* quinze jours. Après, je rentre chez moi.
e. Nous sommes arrivés au pied des pistes *en* / *pendant* dix minutes.
f. J'ai visité le Brésil *en* / *dans* avril 2019.
g. Le train de Bourg-Saint-Maurice va partir *depuis* / *dans* quinze minutes.
h. Sa famille a séjourné *en* / *pendant* plusieurs jours dans un chalet traditionnel.

567 Complétez par « en », « pendant », « dans » ou « depuis ».

Exemple : Notre avion décolle *dans* dix minutes.

a. Ces exercices sont très faciles, je vais les faire .... cinq minutes.
b. Ma collègue est malade, je vais devoir la remplacer .... toute la semaine.
c. Elle rêve d'être vétérinaire .... l'âge de dix ans.
d. Il a plu .... toute la journée.
e. Viens me chercher au bureau, je finis .... une heure.
f. Nous sommes à Madrid .... trois jours et après nous irons à Séville.
g. Le train rentrera en gare .... deux minutes.
h. Ce spectacle est à l'affiche encore .... trois semaines à Paris, après il se jouera en province.

> **• Les horaires**
>
> La poste est ouverte **de** 9 h **à** 17 h. **À partir du** 1er juillet, elle fermera **à** 17 h 30. Moi, j'y travaillerai **jusqu'à** 12 h 30. Je partirai **vers** 18 h. Je resterai **environ** deux heures.
>
> - « **De... à...** » et « **entre... et...** » : intervalle d'un moment à un autre ; « **à partir de** » : point de départ dans le temps ; « **jusqu'à** » : point de fin.
> - « **À** » indique un point précis dans le temps ; « **environ** » une durée approximative et « **vers** » une heure approximative.
> - Quelques expressions : « sept jours **sur** sept », « **à** plein temps », « deux fois **par** mois ».

Les prépositions de temps

568 Complétez avec « jusqu'à », « à », « par », « après », « avant », « dans » ou « sur ».

Exemple : Faites ce travail avant jeudi.
a. Cette pharmacie est ouverte vingt-quatre heures .... vingt-quatre.
b. Ma mère travaille .... mi-temps.
c. J'étudie tous les jours .... dix-huit heures trente.
d. Est-ce que je peux partir .... la fin du cours ?
e. .... minuit, il est difficile de dîner au restaurant.
f. Je cours dans la forêt une heure .... jour.
g. Le technicien va passer .... la journée.
h. Elle part .... un mois en Australie.

569 Faites des phrases.

a. Victor Hugo est né		1. mi-juillet.
b. Je fête mon anniversaire	à	2. hiver.
c. La nature se réveille	au	3. mai.
d. Je fais du ski de fond	en	4. printemps.
e. Nous offrons des cadeaux	au mois de	5. Noël.
f. La Seconde Guerre mondiale s'est terminée	dans	6. 1945.
g. Elle peut apprendre le français	à la	7. XIXᵉ siècle.
h. Je t'invite à dîner		8. trois mois.

570 Complétez avec la bonne préposition.

Exemple : Tu déjeunes à quelle heure ?
a. Les magasins sont ouverts en général .... 20 heures 30.
b. Je serai en vacances .... 15 juillet .... 15 août.
c. Nous mettons .... une demi-heure pour aller au travail.
d. Je ne sais pas exactement quand j'arriverai, peut-être .... 14 heures.
e. Je prends ma pause déjeuner .... midi et 13 heures.
f. Les vacances de Noël débutent en général .... 20 décembre.
g. Nous dînerons .... 20 heures précises.
h. Pense à sortir la poubelle. Les éboueurs passent .... 22 heures et 23 heures 30.

571 Complétez par « pendant », « depuis », « en » ou « au ».

Exemple : En automne, j'ai l'habitude de prendre une semaine de congés.
a. .... mon enfance, je vis à la campagne.
b. J'ai habité au bord de la mer .... toute ma jeunesse.
c. .... le dîner, nous avons discuté de voyages.
d. Je l'attends .... deux heures.
e. .... printemps, nous passons tous nos week-ends à jardiner.
f. Maigrir de trois kilos .... deux semaines, c'est possible.
g. Je suis marié .... 2015.
h. Nous séjournons dans notre villa sur la Côte d'Azur .... juin.

Bilan 13

1. Complétez par une préposition, un article ou les deux.

À l'agence de voyages.
La cliente : Bonjour monsieur, je voudrais des renseignements sur vos voyages organisés.
L'employé : Bien sûr. Vous voulez rester .... (a) Canada ?
La cliente : Non, j'aimerais quitter .... (b) Amérique du Nord. L'Europe, par exemple.
L'employé : Vous voulez aller où ? .... (c) France ? .... (d) Suisse ? Vous connaissez .... (e) Italie ?
La cliente : D'accord pour ces trois pays.
L'employé : Vous désirez aller .... (f) mer ou .... (g) montagne ?
La cliente : Les deux, si possible.
L'employé : Je vous propose un voyage .... (h) Autriche parce que vous passerez .... (i) Suisse, c'est un beau pays montagneux. Vous irez .... (j) Vienne, ... (k) Salzbourg et .... (l) les montagnes du Tyrol. Pour finir, vous rentrerez .... (m) Italie. Tenez, voici une brochure.
La cliente : Dois-je aller .... (n) Europe .... (o) printemps ou .... (p) été ?
L'employé : Comme vous le souhaitez.
La cliente : Je voudrais aussi séjourner .... (q) Milan.
L'employé : Naturellement.
La cliente : Il y a des départs .... (r) mai ou .... (s) juillet ?
L'employé : Il y en a .... (t) avril .... (u) septembre.
La cliente : Très bien. Alors, je repasserai .... (v) quinze jours pour réserver deux billets. Vous êtes ouvert .... (w) quelle heure ?
L'employé : .... (x) 19 heures .... (y) lundi .... (z) samedi.
La cliente : Merci encore. Au revoir.

2. Complétez par des prépositions de temps ou de lieu.

J'ai étudié .... (a) un an .... (b) Londres. J'y ai appris l'anglais .... (c) quatre mois. Ensuite, j'ai fait un stage .... (d) cinq mois .... (e) février .... (f) avril. Je travaille .... (g) quelques mois .... (h) une banque anglaise. Mais .... (i) deux ans, j'obtiendrai une mutation .... (j) États-Unis. En attendant, je suis .... (k) Angleterre .... (l) quelque temps. J'habite .... (m) le centre-ville, ... (n) la banque. J'ai vécu .... (o) plusieurs années .... (p) Europe. C'est pourquoi, je voudrais partir .... (q) Amérique. Je m'y marierai et aurai des enfants.

14 • Les adverbes

Les adverbes de lieu

> **• Les adverbes de lieu**
>
> Vous, restez ici, et vous, mettez-vous là. Madame, mettez-vous ailleurs, s'il vous plaît.
> - Les adverbes ne sont pas suivis d'un nom ni d'un pronom. Ils sont invariables.
> - À l'intérieur ≠ à l'extérieur ; ici, là ≠ ailleurs ; là-bas (lieu assez éloigné) ; partout ≠ nulle part ; loin ≠ près, à côté ; devant ≠ derrière ; dessus ≠ dessous ; au-dessus, en dessus ≠ au-dessous, en dessous ; dedans ≠ dehors ; en haut ≠ en bas ; à droite ≠ à gauche ; en face.
> - « Ici » et « là », s'emploient en opposition (« ici » indique une distance plus proche que « là »).

572 Complétez les questions avec le contraire de l'adverbe en italique.
Exemple : Dans un avion, tu préfères t'asseoir *devant* ou derrière ?
a. Je m'installe *ici* ou .... ?
b. À l'aéroport, les passagers attendent la navette *dedans* ou .... ?
c. Il y a de la place *partout* ou .... ?
d. Les ascenseurs sont *à l'intérieur* ou .... ?
e. Je mets mes bagages *au-dessus* ou .... ?
f. La porte A2 est *en haut* ou .... ?
g. Le comptoir Air France se trouve *loin* ou .... ?
h. L'avion décolle *là-bas* ou .... ?

573 Complétez avec un adverbe.
Exemple : Dans mon immeuble, ma sœur habite en bas et moi j'habite en haut.
a. La boulangerie est tout .... J'y vais chaque matin pour acheter les croissants.
b. Tu vois le restaurant ? On travaille juste ....
c. En hiver, nous mangeons .... Mais l'été, c'est un plaisir de dîner ....
d. Pour aller au restaurant il suffit de tourner .... puis ....
e. Parfois, nous allons .... pour découvrir d'autres tables.
f. On aime quand il y a des bougies allumées ...., dans la salle.
g. Ma sœur adore s'installer devant la cheminée. Elle s'assoit .... et moi ....
h. Nous dégustons nos plats et attendons l'addition. Le prix à payer est indiqué ....

574 Soulignez ce qui convient.
Exemple : La boutique n'est *pas loin / partout*.
a. Mes amis habitent *ici / nulle part*.
b. Je suis inquiet, nos deux enfants ont dormi *derrière / dehors*.
c. Le temps est magnifique à Nice ; *à l'intérieur / ailleurs* il pleut.
d. Le magasin est fermé. Regarde la vitrine, c'est écrit *dessus / ailleurs*.
e. Vous voyez les chemises en promotion ? Les pantalons sont *devant / dedans*.
f. Remettez les articles en place, s'il vous plaît. Mettez-les *là-bas / nulle part*.
g. Ce week-end, je ne fais pas les magasins. Je ne vais *ici / nulle part*.

14 • Les adverbes

Les adverbes de temps et de fréquence

> **• Les adverbes de temps et de fréquence**
>
> Les enfants arrivent demain ou aujourd'hui ? • Parfois, j'ai l'impression que tu ne m'écoutes pas.
>
> - Les adverbes de temps situent dans le temps ou indiquent une durée : avant ≠ après ; d'abord, ensuite, puis, enfin ; déjà, encore ; demain, hier, maintenant ; longtemps ; tard ≠ tôt.
> - Les adverbes de fréquence indiquent combien de fois l'action se déroule : rarement ≠ souvent ; toujours/jamais ; de temps en temps, quelquefois, parfois…

575 Soulignez les adverbes de temps.

Exemple : Autrefois, les élèves n'allaient pas à l'école le jeudi.
a. Je vais beaucoup à la piscine.
b. Ne rentrez pas tard ; vous devez faire vos devoirs.
c. Parfois, mon fils est puni par son professeur parce qu'il bavarde en classe.
d. Les collégiens ont trop de travail à la maison.
e. Les lycéens sortiront bientôt.
f. Vos étudiants utilisent souvent leur ordinateur.
g. Les écoliers chahutaient, soudain le directeur est entré dans la salle de classe.
h. La secrétaire sera absente demain.

576 Soulignez l'adverbe correct.

Exemple : Appelle encore / toujours le restaurant, ils vont finir par répondre.
a. J'irai demain / autrefois au marché faire les courses.
b. Le boulanger a d'abord / enfin sorti les croissants du four, et demain / ensuite les baguettes.
c. Nous allons toujours / d'abord chez le même boucher.
d. Je n'ai jamais / avant commandé un grand plateau de fruits de mer à la poissonnerie.
e. Maintenant / Avant, nous achetions nos fruits au supermarché.
f. Quand nous cueillons les légumes directement à la ferme, nous rentrons parfois / tôt parce que nous sommes fatigués.
g. Nous passerons chercher le gâteau plus soudain / tard.
h. Apporte le vin que tu as bientôt / déjà acheté.

577 Reliez les éléments qui s'opposent.

a. Nous partons souvent à la mer
b. Il y a des fleurs partout
c. On les invite parfois
d. Elle veut encore voyager
e. Ils veulent partir tôt
f. Tu voulais arriver avant-hier
g. On ne va jamais chez ses parents
h. Ils voient quelquefois leur fils

1. mais ils acceptent rarement de venir.
2. mais jamais à la montagne.
3. mais il n'en voit nulle part.
4. mais son mari ne veut plus.
5. mais tu es arrivé hier.
6. mais on est souvent invité chez eux.
7. mais ils lui téléphonent souvent.
8. mais ils restent souvent tard.

L'adverbe « bien »

– • **La place des adverbes de temps et de fréquence** –

Je t'ai déjà dit qu'ils arrivent après-demain. Nous venons enfin de terminer.

• « Toujours », « souvent », « rarement », « encore », « enfin », « déjà » sont placés généralement entre l'auxiliaire et le participe passé du verbe dans les temps composés et avant l'infinitif du verbe au futur proche et au passé récent.

578 Complétez avec les adverbes « encore », « d'abord », « maintenant », « enfin », « toujours », « jamais », « ensuite », « avant », « quelquefois » et « rarement ».

Exemple : Mon fils ne me téléphone jamais de Tahiti. Cela coûte trop cher.

a. ...., elle aimait voyager en Europe.
b. ...., elle reste chez elle.
c. C'est une région où il fait très beau, mais bien sûr il pleut ....
d. Tu devrais voyager, tu sors .... de chez toi.
e. J'ai mangé .... une salade, ... une pizza et .... une glace.
f. Elle n'utilise .... son portable en classe.
g. Les enfants mettent .... une bouée parce qu'ils ne savent pas nager.
h. Que faites-vous .... au bureau ? Il est 20 heures. Rentrez chez vous !

579 Remettez les mots dans l'ordre.

Exemple : encore / elle / n' / fini / a / pas → Elle n'a pas encore fini.

a. pris / elles / rarement / avion / ont / l'
→ ....

b. parents / avant / arrivés / mes / sont
→ ....

c. souvent / les / nous / voisins / invité / avons
→ ....

d. couché / vous / tôt / vous / êtes ?
→ ....

e. as / enseigné / à / toujours / l' / tu / étranger ?
→ ....

f. partie / là-bas / elle / vivre / est
→ ....

g. déjà / étudiants / fini / les / ont / examens / leurs
→ ....

h. après / nous / vont / amis / rejoindre / nos
→ ....

14 • Les adverbes

L'adverbe « bien »

> **• « Bien »**
>
> « Tu te sens bien aujourd'hui ? – Oh oui, j'ai bien dormi. Je me suis bien reposée. »
>
> • L'adverbe de manière « bien » accompagne un verbe et s'oppose à « mal ». Au comparatif, il devient « mieux ». Il est placé entre l'auxiliaire et le participe passé du verbe dans les temps composés, devant l'infinitif du verbe au futur proche et au passé récent.

580 Mettez les verbes au passé composé.

Exemple : Je dessine bien. → J'ai bien dessiné.

a. Elles jouent bien du piano.
   → ....
b. Tu travailles bien.
   → ....
c. Il se coiffe bien.
   → ....
d. Nous nous entendons bien.
   → ....
e. Je ne skie pas bien.
   → ....
f. Vous comprenez bien.
   → ....
g. On dort bien.
   → ....
h. Ils se conduisent bien.
   → ....

581 Complétez ces expressions avec les verbes qui manquent et l'adverbe « bien ».
   se sentir – vouloir – aimer – aller

Exemple : Il est en bonne santé, il va bien.

a. « Comment va-t-il ? » « Il se .... »
b. Cette robe te ....
c. J'.. le cinéma.
d. J'ai soif. Je .... un verre d'eau, s'il te plaît.
e. « On va à la plage ? » « Oui, je .... »
f. Je me .... quand je sors de la piscine.
g. Il vit aux États-Unis et ses affaires ....
h. Cette couleur me .... ?

Bilan 14

Complétez par l'adverbe qui convient.

a. *Au restaurant.*
« Bonjour madame, bonjour monsieur. Vous désirez déjeuner en *bas / à l'intérieur* (1) ou *à l'extérieur / devant* (2) ?
– Tu préfères *ici / loin* (3), dans la salle ou *partout / dehors* (4), sur la terrasse, chérie ?
– Tu vois l'arbre, *là-bas / ailleurs* (5) ? Mangeons *dedans / dessous* (6).
– Très bien. Suivez-moi. »

b. *À la campagne.*
« Où sont les enfants, ils sont *à l'intérieur / à l'extérieur* (1) ?
– Oui, ils sont *dehors / nulle part* (2), dans le jardin.
– Je les vois. Ils courent *ailleurs / partout* (3)
– Laissons-les courir. Nous, nous restons *loin / dedans* (4).

c. *Dans un bar.*
« On boit un verre *ici / en haut* (1) ou on va *derrière / ailleurs* (2) ?
– *Avant / Soudain* (3), j'allais *souvent / tôt* (4) dans un bar latino.
– D'accord, ça me tente.
– C'est *nulle part / loin* (5) ?
– Non, regarde c'est *là / partout* (6) »

d. *Au parking.*
« Désolé, il n'y a de place *jamais / nulle part* (1), il y a des gens *toujours / partout* (2).
– C'est *partout / toujours* (3) plein le week-end ?
– Non, c'est *rarement / parfois* (4) moins rempli. Ça dépend.
– Où je peux me garer alors ?
– Allez *en haut / en bas* (5), au cinquième étage. »

e. *Chez le médecin.*
« Vous dormez *bien / peu* (1) la nuit ?
– Non, docteur. J'ai *bien / ailleurs* (2) essayé la tisane, l'homéopathie...
– Alors, *hier / maintenant* (3), vous allez prendre ce médicament.
– Quand je dormirai *tard / mieux* (4), j'en prendrai moins... ?
– Oui, on verra *bien / jamais* (5). »

15 • La comparaison
Le comparatif

> **• « Plus/moins/aussi... que »**
>
> Chez moi, c'est plus grand que chez toi mais ma vue est moins belle que la tienne et mon loyer est aussi cher que le tien, c'est normal ! • « C'est plus cher ! »
>
> • Pour comparer avec un adjectif, on utilise « plus » + adjectif + « que » pour la supériorité, « moins » + adjectif + « que » pour l'infériorité et « aussi » + adjectif + « que » pour l'égalité. Parfois on ne donne pas le deuxième élément de la comparaison.
>
> « Que » devient « qu' » devant un nom commençant par une voyelle ou un « h » muet.

582 Soulignez les comparatifs.

Exemples : Nous n'avons plus de chambre libre.   Cet hôtel est plus confortable que le Lion d'or.

a. Elle ne voyage plus l'été car elle ne supporte pas la chaleur.
b. Cette chambre est plus calme que l'autre.
c. La climatisation ne fonctionne plus depuis hier.
d. Mes bagages sont plus lourds que les tiens.
e. Il n'y a plus de réceptionniste ?
f. Le prix de la chambre double est plus élevé.
g. L'ascenseur n'est plus en panne, vous pouvez l'utiliser.
h. La chambre 301 est plus spacieuse que la 312.

583 Complétez par « plus ... que », « moins... que » ou « aussi... que ».

Exemple : Aujourd'hui, Noé et Adam sont (–) moins calmes qu'avant.

a. Noé est (+) .... âgé .... son frère Adam.
b. Adam est (–) .... indépendant .... son frère.
c. Ils sont (=) .... gentils l'un .... l'autre.
d. Adam est (–) .... souriant .... son frère.
e. Ils sont (=) .... blonds l'un .... l'autre.
f. Noé est (+) .... amusant .... Adam.
g. Ils sont (=) .... vifs à l'école .... à la maison.
h. Noé semble (+) .... timide .... son frère.

584 Faites des comparaisons en utilisant des adjectifs.

Exemple : actrices : Isabelle Huppert / Marion Cotillard (+/âgée)
→ Isabelle Huppert est une actrice plus âgée que Marion Cotillard.

a. Média : Internet / la télévision (– / récent)
→ ....

b. Chanteuses : Camille / Vanessa Paradis (+ / populaire)
→ ....

Le comparatif

c. Villes : Paris / New York (= / *connu*)

   → ....

d. Musique : le rap / l'opéra (– / *traditionnel*)

   → ....

e. Réseaux sociaux : Instagram / Facebook (+ / *pratique*)

   → ....

f. Vins : bordeaux / champagne (= / *bon*)

   → ....

g. Communication : mail / lettre (– / *cher*)

   → ....

h. Trains : le T.G.V. / le Thalys (+ / *utilisé*)

   → ....

• « Aussi » et « autant »

Noémie est aussi courageuse que sa collègue et elle travaille aussi vite qu'elle et autant qu'elle. Le soir, elles sont aussi fatiguées l'une que l'autre et elles doivent autant se reposer.

- On utilise « aussi… que » pour marquer l'égalité avec un adjectif ou un adverbe mais on utilise « autant… que » pour indiquer l'égalité avec un verbe.

---

585 Rayez ce qui ne convient pas.

Exemple : Je vais ~~aussi~~ / autant à la salle de sport que mes amis.

a. Ma fille skie *aussi* / *autant* que mon fils.
b. Ma sœur nage *aussi* / *autant* que Lucile.
c. Louis est *aussi* / *autant* rapide à la course que Bastien.
d. Son père est *aussi* / *autant* sportif que le mien.
e. Nous jouons *aussi* / *autant* au squash qu'au tennis.
f. Anna monte *aussi* / *autant* bien à cheval que sa mère.
g. Les cours de danse coûtent *aussi* / *autant* cher que les cours de gymnastique.
h. Mon nouvel entraîneur exige de moi *aussi* / *autant* que l'ancien.

586 Écrivez des phrases pour comparer Alex et Mattéo.

Alex, 29 ans, grand, intelligent peu sportif mais aimant le jazz, le cinéma et le théâtre, la vie en ville ; il voudrait rencontrer une jeune femme pour sortir et voyager, et peut-être plus…

Mattéo, 25 ans, beau, intelligent, aimant le tennis, la marche et tous les sports de plein air et la musique classique, mais détestant le bruit et la pollution des villes ; il cherche une compagne qui lui ressemble pour vie à deux.

Exemple : Alex est plus citadin que Mattéo.

a. Mattéo est plus ....
b. Mattéo aime moins ....
c. Alex est aussi ....
d. Mattéo aime moins ....

15 • La comparaison

  e. Alex aime plus ....
  f. Alex est moins ....
  g. Mattéo écoute plus ....
  h. Alex cherche autant ....

587 Complétez par « aussi » ou « autant ».

Exemple : Mais bien sûr, le T.G.V. atlantique roule *aussi* vite que le Thalys.
  a. « Il fume toujours .... qu'avant ? » « Mais non, il a arrêté. »
  b. Ça n'a pas d'importance : j'aime .... le café que le thé.
  c. Tu marches toujours .... lentement quand tu vas à la fac ?
  d. Malgré son âge, elle danse .... bien qu'avant.
  e. À la maison, ils parlent .... le russe que le français.
  f. Malgré le jeune âge de notre fils, nous sortons .... qu'avant.
  g. À l'étranger Jeanne communique toujours .... difficilement.
  h. Tu peux en prendre .... que tu voudras.

• **« Autant de » + nom**

Au cours de judo, Suzanne fait *autant d'*efforts que Léon et elle fait *autant de* progrès que lui.

• Pour faire une comparaison avec un nom, on utilise « autant de » + nom (singulier ou pluriel).
 « De » s'écrit « d' » devant une voyelle ou un « h » muet.

---

588 Soulignez la forme correcte.

Exemple : Vous ne devriez pas manger *autant de* / *autant* sucreries.
  a. Tu ne devrais pas boire *autant de* / *autant* ; c'est toi qui conduis.
  b. Je te déconseille de prendre *autant de* / *autant* médicaments.
  c. Promets-moi de ne plus travailler *autant de* / *autant*.
  d. Elle ne devrait pas faire *autant de* / *autant* sport.
  e. Évite de consommer *autant de* / *autant* viande.
  f. Attention, ne mets pas *autant de* / *autant* sel dans tes aliments.
  g. Alice ne devrait pas passer *autant de* / *autant* temps sur son écran.
  h. Julia a *autant de* / *autant* amis que moi sur Facebook.

589 Complétez par « aussi », « autant » ou « autant de ».

Exemple : « Je meurs de faim ! » « Tu as *aussi* faim qu'à midi ? »
  a. « Je parle très mal le portugais. » « Tu le parles .... mal que moi ? »
  b. J'ai de bons copains au lycée, ... qu'au collège.
  c. Léa a fait beaucoup de films et elle a pris .... photos que moi.
  d. Antoine utilise .... Instagram que Whatsapp.
  e. Lina est très sympa, elle est .... sympa que sa sœur.
  f. Ses grands-parents dansent .... le tango que la valse.
  g. « J'ai de la chance ! » « C'est vrai tu as .... chance que moi. »
  h. « Vous marchez vite. » « Mais non, on marche .... vite que toi. »

Le comparatif

590 Comparaison sur la vie des Français avant 2000 et aujourd'hui : complétez par « plus (… que) », « plus de », « moins (… que) », « moins de », « aussi (… que) », « autant (… que) » ou « autant de ».

Exemple : Aujourd'hui, il y a (+) plus de crèches que dans les années 2000.

a. Les charges sociales sont (=) .... importantes .... avant.
b. Les retraites sont proportionnellement (−) .... élevées .... avant.
c. Les vacances sont (+) .... longues .... avant mais les Français partent (−) .... longtemps.
d. Les Français prennent des vacances (+) .... courtes mais ils partent (+) .... souvent.
e. Dans l'administration, les femmes gagnent (=) .... les hommes.
f. Les cotisations sociales étaient (+) .... élevées .... aujourd'hui.
g. Les Français se plaignent (=) .... de leur pouvoir d'achat .... dans les années 2000.
h. Aujourd'hui, il y a (+) .... de bibliothèques dans les villes.

• « Bon », « bien », « meilleur » et « mieux »

Ce gâteau est bon mais cette tarte est meilleure. • Tu vois, tu écris bien mais tu écriras mieux bientôt.

- Le comparatif de supériorité de l'adjectif « bon/ne(s) » est « meilleur/e(s) »
- Le comparatif de l'adverbe « bien » est « mieux ». Ils sont invariables tous les deux.

---

591 Soulignez la forme correcte.

Exemple : J'entends *mieux* / *meilleur* avec le casque.

a. Ton nouvel ordinateur fonctionne *mieux* / *meilleur* que l'ancien.
b. Le son des disques vinyles est *mieux* / *meilleur* que celui des CD.
c. Tu aimes *mieux* / *meilleur* regarder un film en DVD ou à la télé ?
d. Cette série est *mieux* / *meilleure* que la précédente du même réalisateur.
e. Ce nouveau magazine est *mieux* / *meilleur* que *L'Obs*.
f. Je trouve que la chaîne Arte diffuse des films *mieux* / *meilleurs* que les autres chaînes télévisées.
g. Depuis qu'on a la fibre, on capte *mieux* / *meilleur* Internet.
h. Donne-moi ton code wi-fi, la connexion sera *mieux* / *meilleure*.

592 Complétez avec « bon », « bien », « meilleur » ou « mieux » à la forme correcte.

Exemple : Visiter Paris, c'est bien, mais visiter la France, c'est mieux !

a. Le vin de Bordeaux, c'est .... , mais le champagne, c'est .... pour la fête !
b. Les croissants, c'est .... , mais les pains au chocolat c'est .... !
c. La cuisine à l'huile d'olive, c'est .... , mais la cuisine au beurre c'est .... !
d. Lire le journal *Le Parisien*, c'est .... , mais lire *Le Monde*, c'est .... !
e. Le camembert, c'est .... , mais je trouve le fromage de chèvre .... !
f. Regarder un film en DVD, c'est .... , mais le voir dans une salle de cinéma, c'est .... !
g. Lire *Le Petit Prince* en traduction, c'est .... , mais le lire en français, c'est .... !
h. Avoir une connexion Internet c'est .... , mais avoir le wi-fi, c'est .... !

15 • La comparaison

593 Complétez avec « bon », « bien », « meilleur » ou « mieux » à la forme correcte.

Exemple : Avec ces lunettes, vous voyez *mieux* ?

a. Ce manteau a une coupe .... que l'autre ; il te va .... !
b. Vous vous sentez .... dans ces chaussures ou je vous apporte la pointure au dessus ?
c. Prends ce pull, il est de .... qualité, de la pure laine..
d. Je pense que tu as .... goût, Amélie.
e. Je vous propose cette jupe ; elle est .... marché.
f. Cette cravate est .... assortie avec votre costume.
g. Il vaudrait .... réfléchir avant de l'acheter.
h. Je vous conseille ce chemisier. Il vous va .... que le rouge.

594 Remettez ces slogans publicitaires dans l'ordre.

la / mieux / voyez / vie / lunettes / nos / avec
→ Voyez mieux la vie avec nos lunettes !

a. meilleurs / accompagne / il / plats / vos
→ ....

b. cheveux / pour / plus / des / soyeux
→ ....

c. plus / il / à / donne / réveils / énergie / d' / vos
→ ....

d. meilleur / pour / sommeil / un
→ ....

e. bébés / seront / sec / plus / vos / au
→ ....

f. faudrait / dépenser / fou / plus / il / être / pour
→ ....

g. avoir / meilleure / pour / mine
→ ....

h. sentirez / légère / vous / vous / plus
→ ....

Le comparatif

595 Les loisirs des Français : faites des phrases de comparaison à partir des éléments donnés.

Les activités de loisir des Français	
Lire	84 %
Surfer sur Internet	68 %
Regarder la télévision	64 %
Jouer aux jeux vidéo	52 %
Rencontrer des amis ou la famille	49 %
Pratiquer un sport	49 %
Faire des sorties culturelles	46 %
Écouter de la musique	40 %
Faire la cuisine	32 %

Exemple : (télévision/musique, plus de) : Les Français passent **plus de** temps devant la télévision qu'à écouter de la musique. / En France il y **plus de** téléspectateurs que de mélomanes.

a. (sorties culturelles/sport, moins... que) : ....
b. (jeux vidéo/musique, plus... que) : ....
c. (Internet/cuisine, plus... que) : ....
d. (amis et famille/sport, autant... que) : ....
e. (lire/Internet, plus... que) : ....
f. (télévision/Internet, plus de) : ....
g. (cuisine/sport, moins de) : ....
h. (jeux vidéo/télévision, moins... que) : ....

596 Comparez ces deux annonces immobilières. Faites des phrases complètes.

**Lannion, centre-ville, immeuble ancien rénové (années 70), beau trois-pièces, 65 m², grand séjour, deux chambres, cuisine équipée, clair, nombreux rangements.
Loyer : 700 € par mois charges comprises**

Lannion, à 10 minutes du centre, maison individuelle avec jardin et garage, construction années 1980, superficie de 125 m², 4 pièces, grand salon avec cheminée, salle à manger, 2 chambres à l'étage. Travaux à prévoir. Loyer mensuel 650 € charges comprises

Exemple : (distance du centre) La maison avec jardin est **plus éloignée** du centre que l'appartement.

a. (prix) ....
b. (superficie) ....
c. (nombre de pièces) ....
d. (nombre de chambres) ....
e. (état) ....
f. (cuisine) ....
g. (âge de la construction) ....
h. (votre avis) ....

15 • La comparaison

597 Comparez ces deux annonces de voitures d'occasion. Faites des phrases complètes.

Renault, Twingo commerciale, carburant diesel, 2016, noire, 3 portes, consommation : 4 litres aux 100 km, 120 000 km, 2 places, bon état moteur et carrosserie, pneus d'origine, contrôle technique 2 mois, Prix : 13 000 €

Citroën C4, 2014, modèle spécial bleu métallisé, moteur essence, consommation : 4,5 litres aux 100 km, boîte automatique, 5 portes, 55 000 km, toit ouvrant, climatisation, excellent état, pneus neufs, contrôle technique inférieur à 4 mois, grand coffre. Garée dans un garage. Prix : 13 000 €

Exemple : (année) La Twingo est plus récente que la C4.
a. (consommation) ....
b. (état général) ....
c. (nombre de places) ....
d. (kilométrage) ....
e. (état des pneus) ....
f. (confort) ....
g. (prix) ....
h. (votre avis) ....

598 Écrivez des phrases complètes à partir des éléments donnés.

Exemple : Espérance de vie des Françaises : 84,5 ans / des Français : 77,5 ans
　　　　　 Les Françaises vivent plus longtemps que les Français.

a. Espérance de vie des Finlandaises : 83,1 ans / des Suédoises : 83,1 ans.
....
b. Dépenses de santé en France : 11 % / en Italie : 9 %.
....
c. Dépenses de santé en Slovénie : 6,2 % / en Hongrie : 6,2 %.
....
d. Inégalité des revenus en Autriche : 3,8 % / en France : 3,8 %.
....
e. Inégalité des revenus en Suède : 3,4 % / en Espagne : 5,3 %.
....
f. Taux de pauvreté au Royaume Uni : 19 % / en France : 13 %.
....
g. Taux de pauvreté aux Pays Bas : 10 % / en Italie : 20 %.
....
h. Nombre de diplômés au Danemark : 77,4 % / en France : 83,2 %.
....

Le superlatif

« Le plus… / le moins… »

Rome et Paris sont les plus belles capitales, à mon avis. • La Russie est le pays le moins chaud.

- Le superlatif exprime la qualité poussée au plus haut ou au plus bas degré. On utilise le superlatif « le /la/les plus » ou « le/la/les moins » suivis de l'adjectif.

 Le superlatif de « bon/bonne » est « le meilleur/la meilleure ». Le superlatif de « mauvais/e » est « le /la plus mauvais/e » ou « le/la pire ».

599 Soulignez les superlatifs.

Exemple : New Delhi est plus pollué que Paris.   C'est à mon avis la ville la plus polluée.

a. La densité à Hong Kong est plus importante qu'à Istanbul.
b. C'est à Montréal que la qualité de l'air est la meilleure.
c. Il y a moins d'embouteillages à Toulouse qu'à Lyon.
d. On dit que les Niçois sont les gens les moins pressés de France.
e. Les Parisiens sont plus souriants qu'il y a quelques années.
f. C'est dans les Hautes Alpes que la vie est la plus saine.
g. Ploumanac'h est considéré comme le plus joli village français.
h. Paris est une des villes les plus chères de France.

600 Complétez avec « le plus », « la plus », « le moins », « la moins », « le meilleur » ou « la meilleure ».

Exemple : Gérard Depardieu, c'est l'acteur (+ *connu*) le plus connu en France.

a. La chicorée, c'est la boisson (– *consommée*) .... en France.
b. Isabelle Huppert, c'est l'actrice (+ *aimée*) .... des Français.
c. « La cane de Jeanne », c'est la chanson (– *entendue*) .... à la radio.
d. *Dix pour cent*, c'est la série (+ *suivie*) .... par les Français.
e. Le jean, c'est le vêtement (+ *porté*) .... par les ados.
f. Le rap est la musique (+ *appréciée*) .... par les jeunes garçons.
g. Le hamburger-frites, c'est le plat (+ *commandé*) .... par les enfants.
h. Chéri 25 est la chaîne de télévision (– *populaire*) .... en France.

601 Utilisez des superlatifs.

Exemple : Elle a acheté le parfum (+) le plus cher de la boutique.

a. Il lui a offert le collier (+) .... luxueux.
b. Elle a choisi la robe (–) .... simple.
c. Elle a sorti (+) .... beaux bijoux de son coffre.

15 • La comparaison

d. Elle portait la tenue (+) .... voyante.
e. Elle avait (+) .... grosse bague à son doigt.
f. Elle avait la coiffure (–) .... classique.
g. Elle a été (+) .... remarquée.
h. Elle a été (–) .... appréciée de la soirée.

602 Écrivez des phrases avec des superlatifs sur cette année en France.

Exemple : chaud (+) → Cette année a été **la plus chaude** depuis longtemps.

a. pluvieux (–) : ....
b. bon pour la vigne (+) : ....
c. mauvais pour les potagers (–) : ....
d. agréable pour les vacanciers (+) : ....
e. facile pour les agriculteurs (–) : ....
f. compliqué pour les transports (+) : ....
g. bénéfique pour les hôteliers (–) : ....
h. mauvais pour les restaurateurs (+) : ....

603 Faites des phrases à partir des éléments donnés, comme dans l'exemple.

Exemple : Événement important : Pour moi, **l'événement le plus important** est la Conférence sur les changements climatiques.

a. Film intéressant : ....
....
b. Sport dangereux : ....
....
c. Bon moment de la journée : ....
....
d. Tenue confortable : ....
....
e. Vacances réussies : ....
....
f. Animal affectueux : ....
....
g. Destination agréable : ....
....
h. Beau rêve : ....
....

Bilan 15

1. Voici deux locations de vacances proposées sur le site de l'agence Loc-Breizh. Comparez-les : laquelle conviendra le mieux à un couple avec deux jeunes enfants.

Perros-Guirec, appartement récent, centre-ville, 60 m², petit balcon, une chambre et un grand séjour, couchage 4 personnes, cuisine américaine, salle de bains/W.-C., plage à proximité, salle de ping-pong au sous-sol. Prix : 650 €/semaine

Tréguier, petite maison de pêcheur ancienne, 60 m², 2 petites chambres à l'étage, salle de séjour avec coin cuisine, salle de bains et toilettes indépendants. Petit jardin, ruelle calme, port et plage au bas de la rue, possibilité de stationnement. Prix : 650 €/semaine

Les deux locations sont ……………………… (a) l'une que l'autre, elles font 60 m² toutes les deux, mais l'appartement de Perros est ……………………… (b) que la maison de Tréguier, une ancienne cabane de pêcheur. La location de Tréguier est ……………………… (c) pour une famille parce que les toilettes et la salle de bains sont séparées, et il y a ……………………… (d) chambres. L'appartement de Perros-Guirec est moins ……………… (e), mais il est ……………… (f) équipé avec une salle de ping-pong. Les deux locations sont ……………………… (g) : 650 € par semaine. Il y a ……………………… (h) avantages, mais je pense que celle de Tréguier correspond ……………… (i) à une famille avec des enfants parce qu'ils auront ……………… ……… (j) place et ils passeront de ……………… (k) vacances.

2. Complétez l'horoscope des femmes Poisson par des comparatifs et des superlatifs. Faites les accords nécessaires

Cœur : Vous serez toujours (a. =/heureux) ……………………… en amour. Votre compagnon vous aime (b. =) ……………………… aux premiers jours. Néanmoins, quelques petites querelles apparaîtront ici et là, mais elles seront (c. –/important) ……………………… que les moments de bonheur. La période (d. –/bon) ……………………… se situera entre le 20 et le 30 novembre

Vie professionnelle : Votre (e. +/bon) ……………………… arme, c'est votre sourire. Votre gentillesse aura (f. + valeur) ……………………… qu'un long discours s'il faut signer un contrat. C'est (g. +/bon) ……………………… moment de l'année pour faire des projets professionnels. Si vous êtes du deuxième décan, vous obtiendrez (h. +/bon) ……………………… résultats autour du 25 novembre.

Santé : Ce sont les personnes nées le premier décan qui se porteront (i. +/bien) ……………………… Les personnes du troisième décan devront prendre des précautions : (j. –) ……………………… surmenage ! Elles auront (k. –) ……………………… tonus et de vitalité que les natifs du deuxième décan. Profitez de l'hiver pour vous refaire une santé : il vous faut (l. +) ……………………… sommeil, faites (m. +) ……………………… exercice et alimentez-vous (n. +/bien) ……………………… . N'oubliez pas de manger (o. –) ………………………

16 • La quantité
La quantité indéterminée

> • « Un, une, des »
>
> J'ai mangé des frites et une pomme. • Je n'ai pas pris de baguette.
>
> ▪ On peut utiliser « un » (masculin), « une » (féminin) et « des » (pluriel).
>
> ▪ À la forme négative, « un, une, des » se transforment en « de/d' » (devant une voyelle ou un « h » muet).

604 Reliez le début et la fin des phrases.

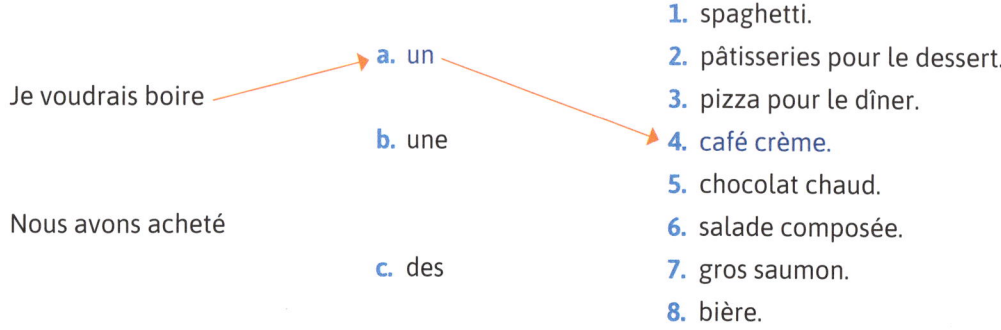

605 Complétez ces phrases affirmatives et négatives.

Exemple : Elle ne veut pas faire de crêpes.

a. Nous n'achetons pas ……………… huîtres pour Noël, mais nous mangeons ……………… fruits de mer pour le jour de l'An.
b. J'ai commandé ……………… quiche lorraine et ……………… crudités.
c. Je ne prends pas ……………… omelette au fromage mais ……………… omelette au jambon.
d. Ma fille a préparé ……………… gâteau au chocolat et ……………… macarons.
e. On ne mange pas ……………… croissants au petit-déjeuner mais ……………… tartines.
f. Je voudrais ……………… orange pressée avec ……………… glaçons, s'il vous plaît.
g. Non, merci. Pas ……………… apéritif. Nous allons prendre ……………… entrée directement.
h. J'ai bu ……………… excellent vin rouge mais je n'ai pas voulu boire ……………… vin blanc.

606 Soulignez la bonne réponse.

Exemple : Pour faire un / <u>une</u> / des ratatouille, il faut un / une / <u>des</u> tomates.

a. Je déteste un / une / le / la poisson, je préfère un / une / le / la viande.
b. Je n'ai pas pris un / des / de / les petits pois, j'ai acheté des / les / de épinards.
c. Il adore un / une / le / la pain, il mange un / une / le / la baguette par jour.
d. Les enfants n'aiment pas des / les / de légumes mais ils adorent manger les / des / de pommes de terre.
e. Nos amis ont apporté un / une / des / les fromages, un / une / des / les tartes aux pommes et aux framboises.
f. Le plat préféré des Français, c'est une / un / le / steak avec les / des / de frites. C'est vrai ?
g. Vous adorez les / des / d'escargots, mais je sais que vous détestez les / des / d'huîtres.
h. Ne me donnez pas une / des / de / la salade, apportez-moi un / une / des / de croque-monsieur.

Les adverbes

• « Du, de la, de l' »

« Vous voulez du parmesan sur vos pâtes ? – Non, merci. Je ne mets pas de fromage. »

- La quantité est exprimée par l'article partitif « du » au masculin, « de la » au féminin « de l' » (devant une voyelle ou un « h » muet) et « des » au pluriel. À la forme négative, l'article se transforme en « de /d' » (devant une voyelle ou un « h » muet).
- On utilise le partitif parce qu'on ne peut pas ou on ne veut pas compter.

---

607 Reliez le début et la fin des phrases.

Fais les courses, s'il te plaît. Achète :

a. du → 1. champagne.
2. poulet.
b. de la — 3. haricots verts.
4. fruits.
c. de l' — 5. jus d'orange
6. mayonnaise.
d. des — 7. eau gazeuse.
8. œufs.

608 Mettez les phrases à la forme négative.

Exemple : Il y a du vin dans la bouteille. → Il n'y a pas de vin dans la bouteille.

a. Tu prends des céréales au petit-déjeuner. → ....
b. Vous mettez de la moutarde sur vos frites ? → ....
c. J'ai commandé des aubergines en gratin. → ....
d. Nos invités nous ont apporté de l'huile d'olive du sud de l'Italie. → ....
e. J'ai acheté de la confiture d'oranges. → ....
f. Elle va faire des avocats en entrée. → ....
g. Il y aura de la viande et de la purée au menu. → ....
h. Il a cuisiné du chou-fleur et des saucisses. → ....

• Les adjectifs indéfinis

J'ai pris plusieurs photos du port de Marseille. Certaines sont réussies, quelques-unes sont floues.

- Il existe d'autres indéfinis : « quelques » + nom au pluriel « quelques-uns/quelques-unes », « plusieurs » (+ nom au pluriel), « certain(e)s » (+ nom au pluriel), « différent(e)s » + nom au pluriel.

---

609 « Quelques », « un peu de » : rayez ce qui ne convient pas.

Exemple : Il y a un peu de / quelques sable dans ma chaussure.

a. J'ai un peu de / quelques problèmes avec mon chauffage.
b. Il y a encore un peu de / quelques neige en mai.
c. Il me reste quelques / un peu de jours de vacances.
d. Il y a quelques / un peu de touristes en automne.
e. Au bord de la mer, nous mangeons un peu de / quelques poisson.

16 • La quantité

f. Il y a toujours quelques / un peu de vent sur le bord de mer.
g. J'économise un peu d' / quelques argent pour mes vacances.
h. Quelques / Un peu de Français ne partent jamais en vacances.

610 Complétez avec « différent(e)s », « certain(e)s », « plusieurs » ou « quelques ».

Exemple : J'ai fait quelques achats samedi.
a. Dans cette boutique, il y a .... genres de robes que tu aimerais.
b. .... jupes sont chères, mais elles sont en général abordables.
c. J'ai acheté .... fleurs chez ce fleuriste.
d. Nous sommes allés .... fois dans ce magasin.
e. Aux Galeries Lafayette, j'ai hésité entre .... modèles de manteaux.
f. Dans ce centre commercial, il y a .... étages pour l'habillement.
g. .... magasins sont ouverts le dimanche à Paris.
h. Je vais faire .... courses dans le quartier.

611 Complétez avec « quelques », « quelques-uns » ou « quelques-unes ».

Exemple : Nous avons quelques voisines sympathiques, mais quelques-unes sont distantes.
a. J'ai .... brochures à vous proposer, ... datent de l'été dernier.
b. Mes frères ont .... CD de Charles Aznavour ; .... sont d'anciens vinyles.
c. La police a .... informations sur sa vie. Mais .... restent à vérifier.
d. Mon voisin possède .... chevaux en Normandie ; .... viennent de Camargue.
e. Le directeur a .... propositions à vous faire ; .... sont très intéressantes.
f. Simon a .... livres très anciens ; .... datent du XVIIIe siècle.
g. Les enfants ont .... amis étrangers ; .... sont africains.
h. Tu as .... timbres originaux ; .... sont vraiment introuvables.

• **« En » et la quantité**

Tu as du miel ? J'**en** mets dans mon thé. • « Tu as des frères ? – Oui, j'**en** ai. / Oui j'**en** ai deux. »
• « En » remplace souvent « du, de la, des » + nom.
• On peut employer « en » seul ou préciser la quantité.

---

612 Répondez positivement ou négativement aux questions.

Exemple : Vous avez de l'appétit ?
        → Oui, j'en ai. / Non, je n'en ai pas.
a. Tu m'achètes des cornichons, s'il te plaît ?
    → Oui, ...
b. Tu prends du pain en rentrant ?
    → Non, ...
c. Il faut du temps pour être un bon cuisinier ?
    → Oui, ...

d. Vous mettez de la crème dans votre soupe ?
   → Non, ...
e. Tu veux de l'huile d'olive ?
   → Oui, ...
f. Tu manges des petits pois ?
   → Non, ...
g. Vous voulez de la moutarde avec votre viande ?
   → Non, ...
h. Tu as des épices pour faire cette recette ?
   → Oui, ...

613 Imaginez les questions correspondant aux questions données.

Exemple : Tu achètes beaucoup de viande ? ← Oui, j'en achète beaucoup.

a. ....
   ← J'en veux un morceau..
b. ....
   ← Un verre pas plus. ....
c. ....
   ← Donnez-m'en trois. ....
d. ....
   ← J'en bois beaucoup ....
e. ....
   ← Je n'en mets pas. ....
f. ....
   ← J'en ai lu plusieurs. ....
g. ....
   ← Il en a acheté quelques-uns. ....
h. ....
   ← Vous m'en mettez cinq tranches. ....

Adverbes de quantité

> **• Adverbes de quantité**
>
> Vous faites assez de bénéfices ? • Nous travaillons beaucoup. Notre société est très performante.
>
> • La quantité peut s'exprimer avec des adverbes. Ils sont invariables et précisent ou changent le sens d'un verbe, d'un adjectif, ou d'un autre adverbe, seuls ou avec « de » + nom : beaucoup, trop (= excessivement), peu/un peu, assez, suffisamment, très…

614 Transformez : utilisez « trop (de) », « assez (de) » ou « beaucoup (de) ».

Exemples : Vous avez du travail. (trop) → Vous avez trop de travail.
   Elle ne voyage pas. (beaucoup) → Elle ne voyage pas beaucoup.

16 • La quantité

a. Tu as de la chance. (*beaucoup*) → ....
b. Est-ce qu'ils font du sport ? (*trop*) → ....
c. Les enfants ont de l'argent. (*assez*) → ....
d. Votre fils ne parle pas. (*beaucoup*) → ....
e. Les élèves ne mangent pas. (*assez*) → ....
f. Vous regardez la télé. (*trop*) → ....
g. Vous ne vous amusez pas. (*beaucoup*) → ....
h. Tes amis ont des congés. (*trop*) → ....

615 Complétez avec la quantité demandée.

Exemple : J'ai assez de temps pour finir cet exercice. (*quantité suffisante*)
a. Il y a .... huile dans ce plat. (*quantité excessive*)
b. Je n'ai pas .... argent pour partir en congés. (*quantité insuffisante*)
c. Nous avons .... travail au bureau en ce moment. (*faible quantité*).
d. Mes enfants lisent .... pendant les vacances. (*quantité importante*)
e. Il n'y a pas .... attente pour voir ce médecin ? (*quantité excessive*)
f. Ma grand-mère regarde .... la télévision en journée. (*quantité excessive*)
g. Nous achetons .... viande en semaine. (*quantité faible*)
h. Ta fille a .... de chambres pour ses invités ? (*quantité suffisante*)

• « Très » et « trop »

Elle est **très** fatiguée. • Il a eu **très** peur. • Ce pull est affreux, **il est beaucoup trop** cher.

• « **Très** » s'emploie avec un adjectif et dans de nombreuses expressions : avoir faim / soif / mal / peur / sommeil / envie / honte / chaud / froid ; faire attention / mal / peur

 On n'emploie jamais « très » ni « trop » avec les adjectifs « **excellent** », « **magnifique** », « **extraordinaire** », « **délicieux** », « **superbe** », « **horrible** », « **affreux** », « **terrible** »...
On n'utilise jamais « très » avec « beaucoup ».

---

616 Complétez avec « beaucoup », « beaucoup de/d' » ou « très ».

Exemple : Vous devez avoir très soif ?
a. Dans ma famille, il y a .... enfants.
b. Vous avez .... mal à la tête ?
c. Clara aime .... les animaux.
d. Ma fille téléphone .... à l'étranger.
e. Nous passons .... temps sur les réseaux sociaux.
f. Elles ont .... faim. Donne-leur à manger.
g. Je fais .... attention. Il y a .... neige sur la route.
h. Mon amie a .... peur de la ville. Elle ne sort pas ....

Les noms et les indéfinis

617 Répondez aux questions avec « trop (de) », « beaucoup (de) », « assez(de) », « peu (de) », « pas du tout ». (Il y a parfois plusieurs possibilités.)

Exemple : Vous buvez du café ? → Oui, je bois beaucoup de café./ Non, je bois peu de café.

a. Vous aimez les pizzas ? → Non, ...
b. Faites-vous du sport ? → Oui, ...
c. Vous avez beaucoup de temps libre ? → Non, ...
d. Vous étudiez ? → Non, ...
e. Vous mangez des gâteaux ? → Oui, ...
f. Vous jouez beaucoup aux jeux vidéo ? → Oui, ...
g. Achetez-vous du chocolat ? → Oui, ...
h. Avez-vous de la mémoire ? → Non, ...

618 Soulignez ce qui convient.

Exemple : Ils sont beaucoup / *très* fatigués.

a. Cette tarte aux fraises est *très / Ø* délicieuse.
b. Mon amie est *très / beaucoup* amusante.
c. Vos enfants sont *très / Ø* magnifiques.
d. J'ai *très / beaucoup* envie de rentrer chez moi.
e. Les enfants dorment *très / beaucoup* le week-end.
f. J'adore cette plage ; elle est *très / Ø* splendide.
g. Nous avons *très / beaucoup* chaud. Il fait trente degrés.
h. Pendant les vacances, on nage *très / beaucoup* à la mer ou à la piscine.

> **• La place des adverbes**
>
> « Encore du champagne ? » « Non merci, j'ai trop bu. Je vais un peu me reposer sur le canapé. »
> - Au passé composé, au futur proche et au passé récent les adverbes de quantité se placent devant le participe passé ou l'infinitif.

619 Remettez les mots dans l'ordre.

Exemple : élèves / n' / assez / les / ont / pas / révisé / leçons / leurs
→ Les élèves n'ont pas assez révisé leurs leçons.

a. a / beaucoup / la / elle / étudié / biologie / examen / son / avant
→ ....

b. avec / est / ce / sorti / professeur / élèves / ses / peu
→ ....

c. transformer / va / la / notre / directrice / beaucoup / école
→ ....

d. hier / en / trop / j' / joué / réseau / ai
→ ....

e. énormément / à / amusés / fête / enfants / anniversaire / la / sont / se / mes / d'
→ ....

16 • La quantité

f. connectée / s' / sur / pendant / est / elle / Facebook / vacances / peu / les

→ ....

g. regardé / ce / week-end / nous / peu / un / télé / la / avons

→ ....

h. Ils / plus / vont / reposer / se / dimanche / samedi / que

→ ....

Les noms et les indéfinis

> • **Les noms de quantité (« kilo », « litre », etc.)**
>
> Pour la Saint-Valentin, je vais lui offrir une boîte de chocolats et un bouquet de fleurs. Et toi ?
>
> ▪ La quantité peut être aussi exprimée par un groupe nominal spécifique à un domaine. Quelques exemples : un kilo de sucre, de farine, d'oranges… ; un litre, un demi-litre de lait, d'huile, d'eau… ; une douzaine d'œufs, d'huîtres… ; un morceau, une tranche de…, un paquet, un pot de… ; une tasse, une bouteille de…

620 Reliez une quantité et un aliment ou une boisson.

a. On boit une tasse de   1. soupe.
b. Clara va prendre une boule de   2. glace à la fraise.
c. Le soir, je ne mange qu'un bol de   3. café.
d. Nous avons commandé deux verres de   4. jus de fruits.
e. Tu peux aller me chercher un pot de   5. eau.
f. Je voudrais quatre tranches de   6. sucre ?
g. J'ai demandé une carafe d'   7. yaourt.
h. Combien de morceaux de   8. jambon.

621 Choisissez les bonnes quantités de la recette des grenouilles sautées.

Exemple : Servez avec une bouteille de / un bol de vin blanc.

a. Pour six personnes, il faut quatre morceaux / douzaines de cuisses de grenouilles.
b. Un pot / demi-litre de lait.
c. 200 g / un litre de beurre.
d. Quatre cuillerées à soupe / bouteilles d'huile.
e. Trois cuillerées à soupe / sachets de persil haché.
f. Une goutte / gousse d'ail.
g. Trop / Un peu de sel.
h. Très / Beaucoup de poivre.

Bilan 16

1. Choisissez ce qui convient.

Dans un magasin de vêtements.
La cliente : Bonjour madame, je cherche un blouson de cuir.
La vendeuse : Oui. Avez-vous une idée précise ?
La cliente : Non, je n'*en / y* (a) ai pas vraiment.
La vendeuse : Alors nous avons ici *quelques / quelques-uns* (b) modèles. Dans ce rayon, *chaque / plusieurs* (c) blouson est en cuir noir. Et là, il y a des blousons de *chacun / différentes* (d) couleurs.
La cliente : Oh, mais vous avez *très / beaucoup* de (e) choix !
La vendeuse : Oui, en effet, les blousons sont *très / beaucoup* (f) à la mode cet hiver. Vous aimez ce type de coupe ?
La cliente : Non, elle est *trop / beaucoup* (g) classique.
La vendeuse : Alors, voici un modèle plus sport.
La cliente : Il ne m'a pas l'air *assez / peu* (h) grand.
La vendeuse : Voici la taille au-dessus.
La cliente : Quels sont les prix de ces blousons ?
La vendeuse : Certains / Quelques-uns (i) sont à 250 euros, d'autres à 300 euros. Mais *chaque / chacun* (j) blouson est très original.
La cliente : Je n'ai pas *beaucoup / en* (k) l'occasion de porter *du / de la / des* (l) cuir.
La vendeuse : Pourtant, ça vous va *beaucoup / très* (m) bien.
La cliente : J'hésite *un peu / un peu de* (n) entre ces deux-là.
La vendeuse : Chacun / Plusieurs (o) a son charme.
La cliente : Je préfère réfléchir, je repasserai. Il vous *en / y* (p) reste combien dans ma taille ?
La vendeuse : Nous *en / y* (q) avons *très / plusieurs* (r), vous avez *de la / de* (s) chance.
La cliente : Bien. Dans ce cas, vous pouvez m'en garder un de *chaque / quelques-uns* (t) jusqu'à demain ?
La vendeuse : Sans problème. À demain, madame.

2. Faites le bon choix.

Quelques / Assez (a) informations sur Paris
La Seine traverse Paris sur *quelques / un peu de* (b) kilomètres. La ville est divisée en vingt arrondissements de *différentes / chacune* (c) tailles. Le 15e arrondissement est *trop / très* (d) grand comparé au 2e arrondissement. *Chacun / certains* (e) offre des avantages.
Il ne fait jamais *beaucoup / très* (f) froid à Paris en hiver, mais il peut faire *trop / très* (g) chaud en été. Au total, Paris et la banlieue ont *beaucoup d' / beaucoup* (h) habitants. C'est une grosse agglomération européenne, mais elle est *beaucoup / très* (i) loin derrière Tokyo. Dans la population de 2,2 millions d'habitants, *certains / beaucoup* (j) sont étrangers. *Plusieurs / Chaque* (k) nationalités sont représentées. C'est une vraie ville cosmopolite.

Imprimé en février 2025 par Vincenzo Bona S.p.A. à Turin en Italie
N° de projet : 10307566 - Dépôt légal : 19/09/2019 - contact@cle-inter.com